读客文化

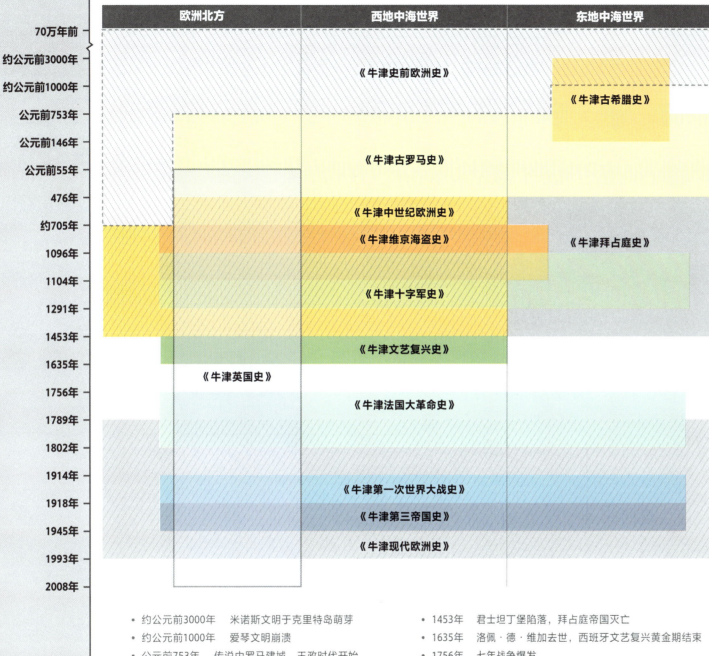

欧洲北方	西地中海世界	东地中海世界

- 70万年前
- 约公元前3000年
- 约公元前1000年
- 公元前753年
- 公元前146年
- 公元前55年
- 476年
- 约705年
- 1096年
- 1104年
- 1291年
- 1453年
- 1635年
- 1756年
- 1789年
- 1802年
- 1914年
- 1918年
- 1945年
- 1993年
- 2008年

《牛津史前欧洲史》

《牛津古希腊史》

《牛津古罗马史》

《牛津中世纪欧洲史》

《牛津维京海盗史》

《牛津拜占庭史》

《牛津十字军史》

《牛津文艺复兴史》

《牛津英国史》

《牛津法国大革命史》

《牛津第一次世界大战史》

《牛津第三帝国史》

《牛津现代欧洲史》

- 约公元前3000年　米诺斯文明于克里特岛萌芽
- 约公元前1000年　爱琴文明崩溃
- 公元前753年　传说中罗马建城，王政时代开始
- 公元前146年　第四次马其顿战争结束，罗马征服希腊
- 公元前55年　恺撒远征不列颠
- 476年　罗慕路斯被废黜，罗马帝国在西部的统治崩溃
- 约705年　里伯建城，斯堪的纳维亚半岛贸易兴起
- 1096年　第一次十字军东征开始
- 1104年　隆德被确立为全北欧的大主教区
- 1291年　马穆鲁克攻陷阿卡，耶路撒冷王国灭亡

- 1453年　君士坦丁堡陷落，拜占庭帝国灭亡
- 1635年　洛佩·德·维加去世，西班牙文艺复兴黄金期结束
- 1756年　七年战争爆发
- 1789年　巴黎市民攻陷巴士底狱，法国大革命爆发
- 1802年　拿破仑成为法兰西共和国终身执政
- 1914年　斐迪南大公夫妇遇刺，第一次世界大战爆发
- 1918年　同盟国战败，魏玛共和国建立
- 1945年　第三帝国战败，第二次世界大战结束
- 1993年　"马约"生效，欧盟正式成立

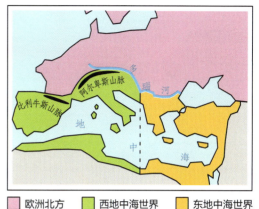

欧洲北方　西地中海世界　东地中海世界

欧洲地域辽阔，民族众多，国家林立。以往的欧洲史，大多将"欧洲"视作不言自明的概念，从而忽略了欧洲自身的多元性，使读者误以为历史的演进是单线程的。

因此，"牛津欧洲史"系列丛书务求打破这一窠臼，将欧洲划分为欧洲北方、西地中海世界、东地中海世界三大历史分区。如上图所示，北非、小亚细亚等历史上与欧洲联系紧密的地区同样囊括其中。

三大分区在历史上有着各自的文化底色，不同的族群穿梭其间，带来战争与交流。罗马人征服了地中海世界，哥特人跨过了多瑙河；维京人在斯堪的纳维亚半岛扬帆起航，奥斯曼人进入君士坦丁堡；法兰西人带着大革命的信念翻越阿尔卑斯山，德意志人点燃的狼烟从欧洲蔓延至全球……当枪炮声停息，多元的欧洲开始思考同一性，"欧洲人的欧洲"成了新的追求，但一体化的理想又能否挣脱分裂的现实？

"牛津欧洲史"系列丛书致力于使读者在时空双维度中领略欧洲历史。如左图所示，本系列以空间为横坐标，以时间为纵坐标，覆盖了70万年前至21世纪的欧洲历史，希望能给您今后的阅读提供些许参考。

"牛津欧洲史"
系列丛书阅读说明

牛津
欧洲史

牛津维京海盗史

THE OXFORD HISTORY OF THE
VIKINGS

[英] 彼得·索耶 编

周建萍 译

北京日报出版社

图书在版编目（CIP）数据

牛津维京海盗史 /（英）彼得·索耶编；周建萍译

.—— 北京：北京日报出版社，2021.5

ISBN 978-7-5477-3855-9

Ⅰ.①牛… Ⅱ.①彼… ②周… Ⅲ.①海盗时代

Ⅳ.① K53

中国版本图书馆 CIP 数据核字 (2020) 第 200826 号

The Oxford History of the Vikings was originally published in English in 2001. This translation is published by arrangement with Oxford University Press. Dook Media Group Limited is solely responsible for this translation from the original work and Oxford University Press shall have no liability for any errors, omissions or inaccuracies or ambiguities in such translation or for any losses caused by reliance thereon.

中文版权：© 2021 读客文化股份有限公司

经授权，读客文化股份有限公司拥有本书的中文（简体）版权

图字：01-2020-6705号

牛津维京海盗史

作　　者：［英］彼得·索耶

译　　者：周建萍

责任编辑：王　莹

特邀编辑：石祎睿　　顾晨芸　　乔佳晨

封面设计：温海英

出版发行：北京日报出版社

地　　址：北京市东城区东单三条8—16号东方广场东配楼四层

邮　　编：100005

电　　话：发行部：（010）65255876

　　　　　总编室：（010）65252135

印　　刷：北京中科印刷有限公司

经　　销：各地新华书店

版　　次：2021年5月第1版

　　　　　2021年5月第1次印刷

开　　本：710毫米×1000毫米　1/16

印　　张：18

字　　数：242千字

定　　价：79.90元

版权所有，侵权必究，未经许可，不得转载

凡印刷、装订错误，可调换，联系电话：010-87681002

编者按

读者会发现，这本书的编者们不是在所有问题上都态度一致。这并不奇怪：人们对任何历史时期都有不同的解读，而在关于维京人的讨论上，这一点也许比中世纪历史的大多数话题更加突显。这种不确定有几个原因。首先，维京人活动的广阔范围意味着我们对它的了解依赖于各种各样的资料，它们来自不同环境、不同时代，有古爱尔兰语、古英语、古斯堪的纳维亚语、阿拉伯语、拜占庭希腊语以及拉丁语。几乎没有学者能掌握上述所有语言，因此任何对于整体维京活动的讨论在某种程度上都依靠翻译，而翻译本身也许就是不太可信的解读。其次，除了如尼文石刻，11世纪之前，斯堪的纳维亚人或维京时代斯堪的纳维亚人所定居的许多地方都没有书面文本。因此，我们对第十章讨论的12、13世纪斯堪的纳维亚和斯堪的纳维亚殖民地的书面历史赋予了更多的权重。直到前不久，维京时代的历史大多还基于冰岛萨迦、丹麦历史学家萨克索·格拉玛提库斯撰写的丹麦史、俄罗斯的《往年纪事》和《爱尔兰人与外国人的战争》等著作。尽管很少有学者把这些文本作为维京时代历史的可靠信息来源，但基于这些文本的历史传统描述，它们依然对这个话题的讨论产生了影响。

现在研究斯堪的纳维亚、大西洋诸岛和维京时代俄罗斯的历史学家们更多依靠考古学和钱币学,这两门学科最近几十年为我们了解这一时期起了很大帮助作用,甚至在欧洲那些已经有相对充足的历史文本的地方也是如此,因为它们对文本中没有提到的许多话题颇有裨益。在适当的环境下,通过木材的年轮模式,我们能够近乎准确地推测木质结构遗址的年代,并以此判断船只的建造时间和防御工事体系丹内维尔克(Danevirke)的不同建造阶段。9、10世纪传入斯堪的纳维亚的许多有关伊斯兰硬币的传说表明了它们铸造的时间;从10世纪末到12世纪初,英格兰硬币的种类频繁更改,因此具体的铸造时间可以推断到最多6年的误差以内。这些硬币为建筑、坟墓或其他环境提供了时间限定。编年史框架基于编年史和同时代法兰克、英格兰和爱尔兰的其他文本,但这些证据不能够提供持续的框架。同时代文本的缺乏尤其影响到奥克尼群岛、设得兰群岛和赫布里底群岛的历史。比如,关于斯堪的纳维亚人何时开始占据这些岛屿就存在不同意见。

甚至在欧洲那些资料丰富的地方,书面资料对斯堪的纳维亚定居点的描写也很少。地名提供了殖民的最佳证据,但第三章就强调了,地名可以用不同方式来解读。其中的主要问题是,这些名称反映了斯堪的纳维亚人在语言上带来的影响,但不一定反映斯堪的纳维亚人定居的地方。斯堪的纳维亚对诺曼底和爱尔兰的地名影响小于其在英格兰的影响,但是这个事实不能用来证明在这些殖民地定居的斯堪的纳维亚人要比在英格兰的少。

将来的发现以及对熟悉证据的再次审视可能有助于解决一些分歧,它们肯定会以一种出乎意料的方式深化我们对这一时期的了解。

目　录

编　者

彼得·索耶，利兹大学中世纪历史学荣誉退休教授

珍妮特·L.纳尔逊，伦敦国王学院中世纪历史教授

西蒙·凯恩斯，剑桥大学盎格鲁–撒克逊历史学准教授和三一学院董事

斯文比约恩·拉文松，冰岛大学历史学教授

唐查德·欧·科林，科克大学爱尔兰历史学教授

托马斯·努南，明尼苏达大学中世纪历史学教授

尼尔斯·隆德，哥本哈根大学中世纪历史学讲师

杨·比尔，丹麦国家博物馆海洋考古中心研究员

普雷本·梅夫伦格拉希特·索伦森，奥斯陆大学古斯堪的纳维亚哲学教授

拉尔斯·隆罗特，哥德堡大学斯堪的纳维亚和比较文学教授

人名注解

　　历史文本中的人名形式多变。为避免困惑，本书所使用的名字大多数是现代英语中常用的无屈折变化的形式。例外情况主要出现在第四章，斯堪的纳维亚人名和当地人名的爱尔兰语形式都出现了。比如，古斯堪的纳维亚语名字Ívarr和Óláfr在古英语中为Inw⑪r和Anlaf，在本书大部分章节和编年史中已经规范为Ivar和Olaf（Olof Skötkonung除外），但是第四章使用了爱尔兰语形式的Ímar和Amlaib。第九章和第十章使用了其他章节未出现的古斯堪的纳维亚语形式的名称。

第一章

维京时代及前维京时代

彼得·索耶

从8世纪到11世纪，斯堪的纳维亚人，尤其是丹麦人和挪威人，在西欧历史上主要扮演入侵者、征服者和殖民者的角色。他们在不列颠群岛和法兰克王国大肆抢掠，甚至骚扰伊比利亚半岛和北非。9世纪，他们控制了奥克尼群岛、设得兰群岛以及大部分赫布里底群岛，征服了英格兰的大片地区，并在爱尔兰海岸建立基地，以便从那里对爱尔兰岛内或跨越爱尔兰海进行袭击。西斯堪的纳维亚的男人和女人们不仅移民到他们控制下的不列颠群岛并定居，而且在法罗群岛、冰岛这些以前没有人居住的大西洋岛屿上也安顿了下来。在10世纪末的最后几年，他们开始在格陵兰岛开拓殖民地、在北美洲探险，但没有在那里建立永久殖民地。11世纪早期，丹麦人征服英格兰王国，这标志着斯堪的纳维亚人对西欧的侵犯达到顶峰，这个成绩是11世纪后来其他斯堪的纳维亚国王望尘莫及的。

其他斯堪的纳维亚人，主要是来自现在瑞典东部地区的斯韦尔人，在东欧表现得很活跃。他们在许多方面与同时期侵犯西欧的斯堪的纳维亚人极其相似，尽管这两个地区差异巨大。东欧没有教堂或成熟的城镇可供掠夺，但是入侵者通过攫取或强收贡品来抢夺这个地区的财富，尤其是抢夺毛皮和奴隶。还有一些首领甚至掌控了权力中心，一些斯堪的纳维亚人移民到了现在俄罗斯北部的地区。

遭到斯堪的纳维亚人侵犯的人给他们起了各种名字：法兰克人称他们为北方人或丹麦人，英格兰人则称他们为丹麦人或野蛮人。爱尔兰人把早期的入侵者形容为异教徒或外邦人，但是到了9世纪中期，则开始用"外国人"来称呼他们，并用"金发老外"（Finngall）和"黑发老外"（Dubgall）来区分挪威人和丹麦人。在东欧，斯拉夫人把这些入侵者称作罗斯（Rus），这个名字来自芬兰语对斯韦尔人的叫法，该词本身源自一个意为"划船手"或"船员"的单词。罗斯的各种变体曾出现在阿拉伯语和拜占庭希腊语的文本中，也正是"罗斯"这个词赋予了俄罗斯（Russia）名字。9世纪，只有英格兰人偶尔把入侵者称作维京人，这个斯堪的纳维亚语词汇现在拥有许多含义，用来描述维京时代斯堪的纳维亚社会的多个方面。

历史记载的维京人对西欧的第一次袭击是8世纪最后10年他们对不列颠群岛上修道院的劫掠。793年，坐落在诺森伯兰海岸线外一个小岛上的林迪斯法恩修道院被抢劫；一年后，诺森伯兰的另一所修道院，可能是贾罗修道院，也被袭击。795年，维京人攻击了西面岛屿上毫无防御能力的修道院，包括赫布里底群岛中的斯凯岛（Skye）和艾奥纳岛（Iona），以及爱尔兰东北海岸外的拉斯林岛（Rathlin）。历史记载的维京人第一次对欧洲大陆的袭击发生在799年，同样也是针对岛屿上的修道院，是位于卢瓦河口附近的努瓦尔穆捷岛（Noirmoutier）上的圣菲利伯特修道院（St-Philibert's）。早期的一次没有针对教堂的攻击，发生在西撒克逊国王贝奥赫特里克（Beorhtric）统治时期（786—802年）。据载，来自挪威霍达兰的三艘船的船员在英格兰北部海岸的波特兰登陆，并杀死了一位把他们误认作商人的皇家官员。

这一时期肯定还存在对英格兰东南部的袭击，但是直到835年才出现相关记载。早在792年，肯特王国的教堂就为了抵抗野蛮的水手而被迫作为防御工程。804年，罗姆尼湿地（Romney Marsh）附近的利明奇修女院，由于处于城外而获赠坎特伯雷城的一块土地作为避难所。800年，在英吉利海峡对面，查理大帝（Charlemagne）在塞纳河口北岸组织修建了防御工事，以抵御"在高卢海出没"的海盗。由于没有找到810年之前对这一地区的袭击记录，因此我们无法明确袭击从何时开始，斯堪的纳维亚海盗也许已经在此地骚扰了许多年。然而，在9世纪的最后10年，他们的袭击太猖狂，以至于英吉利海峡两岸的统治者都不得不采取行动来抗击他们。

袭击为何开始

有人认为维京人向外活动的主要原因是斯堪的纳维亚半岛日益增加的人口压力和随之而来的土地不足问题。这对挪威西部来说也许部分属实，因为那里没有多少土地储备。但是在维京时代前夕，没有任何迹象表明斯堪的纳维亚半岛的其他地区存在人口压力。第一代维京人大多寻求财富，而不是土地。维京时代的确有许多斯堪的纳维亚人移居国外，但很少有人是被迫为之。情况很有可能是这样的：大多数定居在不列颠群岛、冰岛或俄罗斯的维京人希望获得比在斯堪的纳维亚能拥有或租到的更多的土地。

在出现第一批袭击记录之前的一个世纪，欧洲西北部的商业得到了发展。事实上，这是海盗猖獗的一个关键因素。7世纪末期，欧洲大陆和英格兰之间贸易的激增促使几个大型商业中心得以形成：莱茵河畔的杜里斯特（Dorestad），布洛涅附近的昆都维克（Quentovic），英格兰的哈姆维克（Hamwic，南安普敦的前身）、福德维奇（Fordwich，坎特伯雷港）、伦敦、伊普斯威奇（Ipswich）和约克。700年前后，弗里西亚人在一片无主地发现了储量巨大的银矿，借此生产出大批银币，这些银币迅速在欧洲大陆和英格兰流通起来。

在这之后，贸易的增长更加迅速，贸易的发展很快影响了斯堪的纳维亚及波罗的海周围地区，因为产自这一地区的产品，尤其是毛皮，在西欧能够卖得高价。品质最好的毛皮产自冬季最寒冷的地区，而对于西欧来说，最理想的产地就是斯堪的纳维亚及波罗的海以东地区。夏季，商人们深入波罗的海，在8世纪建立起来的贸易中心里购买毛皮、皮革和其他产品，如琥珀、鸭绒、高品质的油石。8世纪初，位于日德兰半岛西岸的里伯就建立了这样的贸易中心。8世纪中期，波罗的海周围建立起更多的贸易中心，其中最重要的几处分别是位于日德兰半岛东南部施莱湾（Schlei-fjord）顶端的海泽比（Hedeby）、位于梅拉伦湖畔的比尔卡和奥得河河口（Oder）附近的沃林（Wolin）。

在这些地区出售的产品都是萨米人（Saami）、芬兰人（Finns）和波罗的海居民（Balts）缴纳的贡品，这些人居住的地区产出的皮毛最好。9世纪中期一份英格兰文本里提到过斯堪的纳维亚半岛收缴贡品的情况，里面包括一位名叫奥塔（Ottar）的挪威人提供的信息。他曾经拜访过英格兰国王阿尔弗雷德的宫廷。奥塔居住在挪威较北的地方，从萨米人那里收取贡品。

> 这些贡品包括兽皮、羽毛、鲸鱼骨头和由海象皮和海豹皮做成的船用绳索。每个人根据身份地位的高低缴纳贡品。地位最高的人要上缴15张貂皮、5张驯鹿皮、1张熊皮、10份羽毛、1件由熊皮或水獭皮制成的上衣，还有两根船用绳索，每根都要长60埃尔（ell，英量布单位，1埃尔约12米），一根由海象皮制成，另一根由海豹皮制成。

除了海象皮，奥塔还猎取海象牙作为象牙的替代品。很显然，他把收取的贡品和猎物拿到斯堪的纳维亚南部的海泽比或英格兰的市场上一起出售。

在此之前的一个世纪，斯堪的纳维亚人也从芬兰和俄罗斯北部收取贡品，这些地方在随后的几个世纪中都是欧洲高品质毛皮的来源产地。到公元750年之前，沃尔霍夫河流域的旧拉多加（Staraja Ladoga）已经建立了一个交易基地，此处距拉多加湖约13公里，芬兰人、斯拉夫人和一些斯堪的纳维亚人杂居于此。

北欧与西欧之间建立商业联系带来了一个影响：为维京人的袭击铺好了路。首先，斯堪的纳维亚人对西欧的帆船日益熟悉，并且掌握了风帆技术。这一点将在第八章讨论。其次，同西欧商人的接触使他们了解到欧洲所拥有的财富以及欧洲各王国之间的矛盾和国家内部的矛盾，并在以后据此谋利。最后，波罗的海商船为时刻盘算着深入北海的海盗们提供了机会。除此之外，还有政治方面的影响：那些最能够榨取贡品的统治者和酋长，以及控制贸易中心和重要通道的人都赢得了财富和权力。丹麦国王们的领土中心在日德兰半岛和周边岛屿，他们控制着通向波罗的海的入口，并且能够保护大小贝尔特海峡（Great or Little Belts）的来往船只，因此他们受益最大。所以大批商人被吸引到海泽比，从这里前往日德兰和萨克森之间的陆上通道也很便捷。而另一条通往波罗的海的通道——厄勒海峡（Øresund）——由于海浪巨大和海盗的威胁，吸引力就没有那么大了，直到10世纪末丹麦国王才直接控制了该地。

种种迹象表明，9世纪前半叶，丹麦国王被斯卡格拉克海峡（Skagerrak）和卡特加特海峡（Kattegat）周边地区的地方统治者和酋长公认为最高领主。那些无法抵御丹麦统治或不愿意屈从的人可以选择远走他乡，这个选择的诱惑在于他们有机会通过参与或领导袭击来赢得声誉和财富。丹麦人尤其急于拥有对位于奥斯陆峡湾一侧的维肯（Viken）的霸权。丹麦人能够从那里得到产自挪威的铁矿，该地因此具有极大的价值。"维京人"这个词很有可能最初指的就是维肯的居民。如果是这样的话，就能够解释为何只有英格兰人称斯堪的纳维亚人为维京人，因为那些选择流亡而不接受丹麦国王作为领主的人会把英格兰作为首要的袭击目标。

西部的维京人

最初，大多数在不列颠群岛北部和西部采取袭击行动的维京人来自挪威。9世纪早期，斯堪的纳维亚人在奥克尼群岛、设得兰群岛或赫布里底群岛活动的历史记录是不存在的。但是考古证据表明，早在7世纪挪威和奥克尼就互有来往。到9世纪中期，挪威人在北部群岛（Northern Isles）和赫布里底群岛建立了广泛的定居点。北部群岛是一处殖民地，可能是通过一次又一次武力镇压土著居民的反抗而获得的。斯堪的纳维亚人对北部群岛和西部群岛的征服行动极有可能始于最早的袭击者建立基地之后。丹麦人的征服最初则主要集中在北海南部和英吉利海峡沿岸。9世纪中期，丹麦人在爱尔兰向挪威人发起挑衅，使这一区域的划分变得模糊起来。但是考古学和语言学证据表明，丹麦人主要定居在英格兰东部，而占领爱尔兰、赫布里底群岛和北部群岛的则主要是挪威人。

几十年间，维京人采用的都是"打了就撤"的袭击方式，很少深入内地。英格兰和法兰克的统治者组织的防御效果显著，而直到830年才有袭击爱尔兰的记录，那时维京人的侵犯在规模和程度上都大大增加。834年及之后三年间，距外海80公里的主要贸易中心杜里斯特每一年都遭到了袭击。835年，谢佩岛（Sheppey）遭到破坏；836年，从萨默塞特郡北岸登陆的维京人大败西撒克逊军队。同年，维京人开始抢劫位于爱尔兰腹地的修道院，而圣菲利伯特的僧侣放弃了努瓦尔穆捷岛，逃到卢瓦河谷避难。

法兰克国王"虔诚者"路易和他的儿子罗退尔之间的矛盾帮助维京人扩大了活动范围。罗退尔获得由一个丹麦流亡国王所率领的船队的支持。斯堪的纳维亚人也利用了西欧其他地方的内部矛盾。838年，维京人支持康沃尔郡的不列颠人反对西撒克逊人。844年，维京人打败并杀死了诺森布里亚国王的篡位者，帮助被废黜的国王重新登上王位。在爱尔兰，自842年或更早时候，维京人和爱尔兰国王结成了联盟。但为维京人提供了最丰厚机会的依然是法兰克：法兰克国王路易死后，他的儿子们之间爆发了战争。在战争期间的841年，塞纳河谷的教堂和城镇遭到袭击；842年，一支船队将昆都维克洗劫一空，之后它穿过英吉利海峡攻击哈姆维克；843年，战争结束，法兰克王国一分为三。维京人发现那些适合航行的河畔的修道院和城镇脆弱不堪，而法兰克人为了息事宁人，愿意支付大量的金钱。845年，为了阻止维京人对巴黎的袭击，法兰克人拿出了价值7000镑的白银，这对维京人来说是史无前例的巨大数额。不久之后，许多新的维京团伙被吸引到法兰克也就不足为怪了。852年，一支维京船队在塞纳河谷过冬，一年后另一支船队在卢瓦河过冬。到9世纪50年代末，所有法兰克王国西部的河流都被维京船队骚扰过了。859年，一支深入地中海的维京船队甚至洗劫了罗讷河谷，并在法兰克南部海岸的卡马格（Camargue）建立了基地。西法兰克王国受害最为严重，相比之下，除了莱茵河和默兹河河谷一带比较醒目的目标外，其他地方受灾不太严重。事实上，这两条河流是其他维京人的保护地，他们在河湾附近建立基地，并与当地法兰克统治者形成同盟。

尽管9世纪中期维京人活动的主要地区是法兰克，但是不列颠群岛也不断遭到袭击。维京人在英格兰的一个主要目标就是泰晤士河湾。851年，一支船队在萨尼特岛的（Thanet）河口附近过冬，并连续几年将此处或上游的谢佩岛作为基地。维京人开始在爱尔兰过冬的时间比在英格兰的时间早，最早是840年在内伊湖，一年后又在都柏林建立了防御用的船只围场，并在那里过冬。不久之后，维京人在韦克斯福德（Wexford）、沃特福德（Waterford）、科克（Cork）、利默里克（Limerick）和其他地方相继建立了基地，以便从这些地方袭击周边地区。他们的战利品包括首饰和精美的首饰箱。但是爱尔兰修道院不如法兰克和英格兰的修道院那样拥有众多金银珠宝，而将俘虏卖给西班牙或北非的穆斯林则能获益更多。当然，这些基地里的维京人并不受地盘约束：都柏林的维京人穿越爱尔兰海进行了几次远征，经过长达4个月的围攻，他们攻占了不列颠斯特拉斯克莱德王国（Strathclyde）的都城邓巴顿（Dumbarton）。胜利者带着大量的俘虏返回都柏林，俘虏中有英格兰人、不列颠人和皮特人，这充分证明了人类战利品的价值。以爱尔兰为据点的维京人通常毫不团结，851年丹麦人来到爱尔兰，他们之间的敌对也由此加剧了（丹麦人是来挑战都柏林和其他地方的挪威人的）。随后几年，爱尔兰的编年史家带着愉快的心情记录下了这些入侵者之间的战斗。

到870年，法兰克和英格兰已经悄然发生了巨变。862年，西法兰克国王"秃头"查理开始对王国的中心地带进行系统防御。塞纳河和卢瓦河上架起了桥梁以阻止敌船的通行，城镇和修道院周围也修筑了防御工事，而河流的下游流域和沿海地区只能任凭侵犯者的摆布，一些入侵者甚至在卢瓦河谷逗留数年之久。暴露在危险区域的大多数宗教团体和主教逃到法兰克的其他地方以求安全。这些变化促使许多维京人把注意力从法兰克转移到英格兰。有几个维京首领加入军队，意在通过征服英格兰而赢得地位和独立。英格兰当时存在四个王国。865年，一支船队在东盎格利亚（East Anglia）登陆，随后与其他船队会合，当时的编年史家称之为一支"庞大军队"。5年之后，这支军队征服了诺森布里亚和东盎格利亚两个王国，瓦解了麦西亚王国（Mercia），控制了从约克到伦敦的英格兰东部大部分地区。只有威塞克斯（Wessex）一个王国幸免于难。

870年之后的几年，维京军队志在征服威塞克斯王国，但未能如愿。876年至880年间，军队首领在被征服的地区为其主要追随者分封领地，这些人接着给愿意定居下来的人分发土地。这些殖民者对定居地的方言和市镇的命名产生了极大的影响，他们对农业词汇和田地名称也带来了很大的影响，这证实了他们中许多人曾是农夫。

同一时期，以挪威人为主的一些斯堪的纳维亚人开始在冰岛开拓殖民地。冰岛的存在一直为人所知，然而9世纪之前几乎无人在此居住。但是和其他大西洋岛屿一样，少数爱尔兰基督徒有可能在冰岛建立过宗教团体。冰岛人后来声称，他们的祖先是为躲避"金发王"哈拉尔（Harald Finehair）的暴政而移民到该岛的。哈拉尔被认为是统一挪威的第一个国王。然而这个解释并不能令人满意，因为前往冰岛的移民活动早于哈拉尔时代。尽管没有足够的证据来说明挪威的早期发展到底在冰岛的移民过程中扮演了什么样的角色，但是爱尔兰编年史显示，把爱尔兰作为基地的斯堪的纳维亚人在9世纪后半期有足够的理由寻求新的家园。在爱尔兰建立了永久基地之后，维京人丧失了流动性这一优势，不同群体之间的矛盾反而加深，无法形成类似英格兰的有效的联合战线，他们经历了数次战败。866年，他们被迫从爱尔兰北部的所有要塞撤出，南部约尔（Youghal）的一个基地也被破坏。9世纪末，利默里克、沃特福德和韦克斯福德的维京人都经历了失败。902年，盘踞在都柏林的维京人由于派系斗争而被削弱了力量，被爱尔兰人击败并驱逐出境。他们中的一些人越过爱尔兰海，在威勒尔半岛（Wirral），也有可能在马恩岛上定居了下来；另一些人离开爱尔兰后前往冰岛安顿。

不管对冰岛的殖民源于不列颠群岛还是挪威，冰岛这片未开发的土地上拥有无限机会这一消息很快传开，许多人被吸引到这里建立新的家园。60年后，大多数适合居住的土地都被占领了，后来者只能凑合住在条件不佳的地方，比如冰岛西北部的陡峭峡湾。对这些人来说，10世纪在格陵兰岛西南部发现了更好的地方显然是个利好消息。10世纪末的时候，一些人开始向格陵兰岛移民，建立起最偏远的永久居住地，最终他们拥有了300个农场。

根据后来的冰岛萨迦记载，一些格陵兰岛的早期殖民者到达了北美洲，并发现了一块被称为文兰（Vinland）的沃土。有记载表明他们去过这个地方几次，但是当地的土著居民并不友好，他们不可能建立永久居住地。在纽芬兰岛最北端的兰塞奥兹牧草地（L'Anse aux Meadows）发现了这个时期建筑的遗迹，它们似乎是远征活动的大本营，带有斯堪的纳维亚人短暂占领的痕迹。然而，没有可靠证据表明这些人沿着圣劳伦斯河向南或向上游深入了很远。

那支"庞大军队"在征服威塞克斯失败后就分裂了，这恰逢法兰克王国新一轮继位之争。维京人很快就利用了这种分歧，879年至891年间几支维京军队在欧洲大陆相当活跃，偶尔还会将军队联合起来。最初，他们集中在塞纳河以北地区，包括佛兰德斯，那里的城镇和修道院都没有设防。881年，他们沿着莱茵河向上到达科隆和特里尔，进行了一次较大规模的侵犯，这使得法兰克人再一次让维京人控制了莱茵河口并由此保全该河流域；另一个更有效的措施是建立城堡。这些措施起到了一定作用。885年，维京军队主力一分为二，分别返回以前维京人活动的区域——泰晤士河口和塞纳河谷。当之前的团伙无法占领罗切斯特后，一些人返回欧洲大陆，另一些人加入了在东盎格利亚定居的丹麦军队。当年冬季，盘踞在塞纳河的维京人包围了巴黎。尽管防御起到了作用，但是法兰克人无法阻止入侵者在随后的两个冬季深入内陆。通过这些军事活动，维京人夺取了大量的贡品及俘虏。但是在881年的索库尔（Saucourt）之战、890年与布列塔尼人的交战以及892年在鲁汶附近的恶战中，维京人也遭受了失败。

经历了这些失败后，这支军队返回英格兰，重新组织兵力并试图占领西撒克逊。然而他们并没有成功，因为威塞克斯国王阿尔弗雷德从法兰克的战役中吸取了教训，构筑了一系列防御工事，还组建了一支舰队。由于维京人没有在斯堪的纳维亚人尚未占领的英格兰地区站稳脚跟，因此他们只能在896年放弃这一计划。当时的编年史这样写道："丹麦军队分裂了，一支去了东盎格利亚，一支去了诺森布里亚。而那些一文不名的人则弄到一些船，向南穿越大海去往塞纳河。"

我们对这次逆转后维京人在欧洲大陆上的活动几乎毫无了解。然而有一件事非常清楚，即西法兰克国王允许一位叫罗洛（Rollo）的维京首领在塞纳河下游鲁昂（Rouen）及周边地区活动，希望他能够阻止其他入侵者通过塞纳河，如此安排同早期保护莱茵河的方式如出一辙。921年，另一伙维京人被允许在南特周围定居，显然是为了保护卢瓦河，但是这种安排只持续了16年。维京人永久占领了鲁昂，并为日后建立诺曼底公国奠定了基础。诺曼底公国在鼎盛时期曾经把西边的科唐坦半岛（Cotentin peninsular）收入囊中。一些地名和人名表明，居住在诺曼底西部的一些斯堪的纳维亚人来自凯尔特人居住区，可能是爱尔兰，并且有迹象表明，其中一些人还曾在英格兰居住过。

10世纪前半叶的另一个主要发展是，统治威塞克斯王国和麦西亚王国英格兰部分的国王阿尔弗雷德的后裔征服了斯堪的纳维亚人在英格兰的地盘。主要的抵抗来自诺森布里亚人，他们企图通过拥立斯堪的纳维亚人，使之成为约克国王而维持独立。随着最后一个挪威流放国王"血斧"埃里克（Eric Bloodaxe）被驱逐并在952年或954年去世，英格兰最终成为一个统一的王国。早期的斯堪的纳维亚国王都没能长时间统治约克，他们都曾经是917年重新统治都柏林的王朝的成员，并宣称自己是都柏林国王伊瓦尔（Ivar）的后裔。873年伊瓦尔去世之后，编年史家把他描述成"爱尔兰和不列颠所有斯堪的纳维亚人的国王"。不管这个头衔是基于何种理由，伊瓦尔的后裔与约克都有着十分密切的联系。这一事实支持了一种假设：伊瓦尔是866年夺取约克的"庞大军队"首领之一。

10世纪，统治都柏林和控制爱尔兰沿岸基地的斯堪的纳维亚人越来越多地融入爱尔兰政治中，他们在爱尔兰国王们争夺王权的斗争中扮演着盟友的小角色。然而，他们可以在海外独立行事，并且时不时地在爱尔兰海周围活动。

10世纪的大部分时间内，维京人在西欧得到的机会有限。定居在不列颠群岛和诺曼底的斯堪的纳维亚人不欢迎新人，除非他们有钱。在冰岛，最早的定居者占据了最肥沃的土地。最佳的袭击目标被城堡或组织相对严密的军队保护起来。维京人依旧把希望寄托在"打完就撤"的战术上，但直到10世纪最后20年，才有这方面的报告。只有大规模的入侵才能够带来可观的收益，但是10世纪大部分时间，维京军队都没有在西欧进行大规模军事行动，其中一个原因可能是一些首领忙于解决斯堪的纳维亚的内部纷争。

东部

维京人在西欧活动的减少，一定程度上也可能与东欧有更好的搜刮财富的机会有关，因为东欧自8世纪起开始出现了巨大变化。旧拉多加控制了沃尔霍夫河，该河是由波罗的海通向俄罗斯内陆的最为重要的通道之一。城镇上游的激流使得这一控制更加有效，这些激流只有经由当地向导的帮助才能渡过。大约于790年贮藏在那里的一批伊斯兰硬币表明，这个地区的资源被出口到了哈里发国。将近二百年里，俄罗斯出口到伊斯兰世界的货物或者经由里海直接运出，或者通过顿河和伏尔加河上的市场运出，并且主要以银币支付，因此人们在东欧发现了大量银币。

斯堪的纳维亚人同拜占庭帝国也有往来。860年，他们攻打了君士坦丁堡。到10世纪，君士坦丁堡已经成为罗斯入侵者的重要市场。然而，839年，罗斯人就已经到达过君士坦丁堡。据当年法兰克的《圣伯丁年代记》（*Annals of St-Bertin*）记载，拜占庭皇帝狄奥斐卢斯（Theophilus）派遣使团出使法兰克王国。同行的还有斯韦尔人（Svear），他们称自己的民族为罗斯人，并声称他们的大汗出于友好目的派遣他们到法兰克王国。狄奥斐卢斯请求法兰克人给予安全通行证，帮助他们返回家园，因为"残暴而野蛮的部落"使返回拜占庭的归途充满危险。

第六章将会提到派遣这些罗斯人前往君士坦丁堡的大汗是可萨人（Khazars）的统治者。这是一支突厥民族，他们占领了顿河和伏尔加河下游的河谷，并且在7世纪至10世纪统治着里海和黑海之间的大片土地。

然而，更早的法兰克年代记把斯拉夫人和匈奴人的首领都称为大汗，这些罗斯人也可能是被他们自己的首领从新基地派去的。这个新基地于9世纪在沃尔霍夫河上的一个小岛上建立起来，这里位于沃尔霍夫河的河口伊尔门湖，距离旧拉多加约200公里。这里就是后来冰岛萨迦所说的霍尔姆加德（Holmgarð），但在斯拉夫语中，它之后被称作戈罗季谢（Gorodishche，即旧城或旧堡）。与此对应的是在距离该地约2公里的下游处、大约100年后建立的诺夫哥罗德（Novgorod，新城或新堡）。旧城的居民包括斯拉夫人和斯堪的纳维亚人，这里很快成为俄罗斯产品出口到东西方市场的重要贸易中心。

在兴都库什山脉发现的储量巨大的银矿，使得10世纪流通到俄罗斯的伊斯兰银币迅速增长。中亚河中地区（Transoxania）的萨曼王朝（Samanid）统治者借此得以制造出大量的硬币，其中许多用于在俄罗斯购买货物。这种贸易以及从中获取的白银对维京人极具诱惑力，他们发现公元900年后西欧不再像以前那样为他们带来丰厚的利益了。10世纪斯堪的纳维亚人在俄罗斯留下的考古证据比9世纪要丰富得多。在森林地区主要河流两旁的基地或贸易中心的墓地中，发现了大量的斯堪的纳维亚坟墓，这些地方包括普斯科夫（Pskov）、第聂伯河支流上的切尔尼戈夫（Chernigov）、伏尔加河上游雅罗斯拉夫尔（Iaroslavl）附近的蒂默雷沃（Timerevo）、伏尔加河支流奥卡河（Oka）上的穆罗姆（Murom）等。最大的墓地是在第聂伯河上游的格涅兹多沃（Gnezdovo），它位于斯摩棱斯克（Smolensk）附近，拥有3000多个坟墓，出现时间可以追溯到9世纪后期至11世纪早期。其中一些坟墓中安葬的显然是斯堪的纳维亚人的后裔，还有些坟墓中甚至出现了身居高位者才能享有的船葬。

斯堪的纳维亚人最重要的开拓活动是前往第聂伯河中游的基辅。9世纪末期前，基辅一直由斯堪的纳维亚后裔的家族统治，他们最初要向可萨人缴纳贡品。尽管基辅统治者和他们的许多跟随者都是斯堪的纳维亚后裔，但是到9世纪末他们已经斯拉夫化了，他们的名字明显反映了这一变化。大约913年至945年间，基辅大公是伊戈尔（Igor），他的妻子名叫奥尔嘉（Olga）。这两个名字来源于斯堪的纳维亚名英格瓦（Ingvar）和海尔格（Helga）。但是他们的儿子，也就是964年至971年间的大公，却叫作斯维亚托斯拉夫（Svjatoslav）。尽管如此，他和他的继任者们都被视为罗斯人，这一称呼不再仅仅指斯堪的纳维亚人了。

在斯堪的纳维亚所发现的钱币显示，萨曼王朝的钱币在10世纪早期就出现在波罗的海地区。尽管还不清楚谁把这些钱币带到了这里，但人们通常认为这些钱币反映出贸易的良性平衡。965年之后的大约20年间，尽管伊斯兰钱币不断流入俄罗斯，其数量可能比以前少一些，但是几乎没有伊斯兰钱币进入斯堪的纳维亚。这一事实表明，在10世纪前半叶到达斯堪的纳维亚的白银是用以后无法实施的方式获取的。最令人信服的解释是，许多白银都是通过纳贡或经由一些单独行动的斯堪的纳维亚团伙在东欧掠夺而积累的，白银的减少同样也反映了罗斯王公成功抵制了维京人的入侵。果真如此的话，这一成功多少要归功于10世纪被罗斯王公招募的斯堪的纳维亚勇士〔斯拉夫语称为"瓦尔贾吉"（varjagi），现代英语称作"瓦兰吉人"（Varangians）〕。根据后来基辅的传统，斯维亚托斯拉夫的儿子弗拉基米尔（Vladimir，978—1015年任大公）在当政初期减少了随身勇士的数量，而是把他们派到拜占庭帝国。这一点在拜占庭方面的证据中得到了证实，有一支勇士军在988年被弗拉基米尔所派遣，后人称他们为"瓦拉戈伊"（varaggoi）。他们成功帮助拜占庭皇帝镇压了一场严重叛乱。此后，除斯堪的纳维亚人之外，瓦兰吉人和斯拉夫人也在拜占庭军队里占据重要位置，后来还组建帝国卫队——瓦兰吉卫队。这支精英部队中最为有名的成员之一是哈拉尔·哈德拉达（Harald Hardrada），他于1047年成为挪威国王。

征服英格兰

10世纪末期，维京人对西欧的袭击卷土重来，原因之一可能是欧洲东部地区开展了越来越有效的抵抗。斯堪的纳维亚人作为维京人重新走上有利可图的流亡之路，另一个动因是在"蓝牙王"哈拉尔（Harald Bluetooth）和他的儿子"八字胡"斯文（Sven Forkbeard）统治下，丹麦的势力开始复苏。8世纪末至10世纪，维京人在西欧有两段活跃时期，同时期丹麦国王将势力延及斯堪的纳维亚周边地区。这不太可能仅是一种巧合。

10世纪80年代所记载的英格兰受袭事件或许是爱尔兰的维京人所为，但是10年之后来自斯堪的纳维亚的舰队开始再次威胁西欧。包括易北河到西班牙北部在内的许多欧洲大陆海岸沿线地方都遭到了攻击，但维京人的主要目标是英格兰。英格兰当时是一个富庶的王国，拥有大规模的城镇，还有大量流通的高品质银币。维京人很快就发现，不管以金钱换来的和平有多么短暂，国王埃塞尔雷德（Æthelred）统治下的英格兰人都能够并且非常乐意为和平付出大笔金钱。

公元991年后，在英格兰有几支独立进行袭击的维京人军队，他们首领的名字在《盎格鲁–撒克逊编年史》和瑞典的如尼铭文中曾被提到，其中最重要的是"八字胡"斯文。毫无疑问，他在991年领导了第一次对英格兰的袭击，并且在1013年征服英格兰之前又多次返回并勒索大量贡品。他在功成后不久便去世了。英格兰人随即找回在诺曼底流亡的埃塞尔雷德。1015年"八字胡"斯文的儿子克努特（Knut）返回英格兰，索要他父亲曾赢得的权力。第二年年末，国王埃塞尔雷德去世后，克努特被英格兰人承认为国王。虽然丹麦人对英格兰的征服并没有终止维京人的威胁，但是克努特所训练的舰队的确起到了有效的威慑作用。1018年30艘海盗船的船员被杀，此后，再没有相关的袭击报告。

克努特死于1035年，他的两个儿子先后继任。1042年，他的两个儿子都去世之后，英格兰人推选埃塞尔雷德的儿子"忏悔者"爱德华为国王。

尽管如此，后来几位丹麦和挪威的国王依然相信他们应该拥有英格兰。许多斯堪的纳维亚人甚至乐意鼓励这种野心，即便不能成功征服，他们也希望至少能有机会去英格兰敛财。

1066年，爱德华去世，未留下子嗣。他的继任哈罗德·戈德温森（Harold Godwinesson）受到了挪威国王哈拉尔·哈德拉达的威胁。哈拉尔入侵英格兰，不幸死于9月25日在约克附近的斯坦福桥所展开的一场战斗中。三周后，哈罗德·戈德温森也死于在黑斯廷斯附近同诺曼底公爵威廉的交战中。诺曼底公爵在圣诞节这一天加冕为英格兰国王。然而，在他牢牢掌控整个王国之前，一些不愿意接受他统治的英格兰权贵甚至做好了欢迎丹麦国王斯文·埃斯特里德松（Sven Estridsson）的准备。1070年斯文抵达了亨伯河（Humber），但是慑于威廉强大而有效的防御措施，他还是于夏季撤军，不过他们设法保存了一些战利品。五年后，斯文的一个儿子克努特（Knut）率领一支丹麦舰队来支持反对威廉的一支叛军，但还没等他们到达，叛军就被镇压了。在掠夺了约克及其周边地区后，这些丹麦人回到自己的国家。1085年，继任丹麦国王的克努特计划征服英格兰，这让威廉如临大敌，但是舰队没能成行。后来挪威国王对北部群岛和西部群岛进行过几次远征，但是英格兰再也没有遭受到斯堪的纳维亚人大规模的攻击。维京时代就此结束。

第二章

法兰克王国

珍妮特·L.纳尔逊

北方人遇到法兰克人

　　"845年，北方人的大批军队在基督徒世界的边界打开了一个缺口。这是我们从来没有听说或读到过的。"这是圣热尔曼修道院一位僧侣描述的维京人第一次袭击巴黎地区的情景。先知耶利米（Jeremiah）曾预言，上天对上帝选民的惩罚将来自于北方。教会学者把入侵者称为北方人（这是法兰克人对现代英语中称之为"维京人"的这一群体的通常称呼），不仅指出了他们聚居地的地理源头，而且赋予了他们先知性的意义。公元840年后，法兰克人的罪孽似乎的确遭到了这样的惩罚。因为随着"虔诚者"路易的死亡，法兰克王国陷入内战。以前针对王国防线之外的敌人所采取的暴力活动现在却在王国内部爆发了。强权者与追随者互相对抗，他们还镇压了君主们无暇保护的弱者。牧师和僧侣也成为牺牲品，因为需要获得支持的国王把修道院分给了非神职人员，并且允许把教堂的土地分给勇士。教士也被无情地卷入军事战斗，他们和信众一样身负罪孽。圣热尔曼修道院的僧侣认为上帝是在用异教徒的手惩罚基督徒。强大的法兰克王国曾经如此善待教会，现在竟然变得"如此低贱，被肮脏的敌人玷污了"。除此之外，一个通晓基督教历史的行家还能怎么解释呢？

尽管教会的这类解释可以理解，但未免缺乏客观的分析，也不被同时代的世俗社会认同。845年北方人的出现不是突如其来的，他们也不是总被扣上"肮脏"的污名。法兰克民众对《圣经》的了解比圣热尔曼修道院的僧侣要少，但是他们了解同北方国家交往的早期历史。8世纪波罗的海和西欧之间的贸易开始发展了起来，斯堪的纳维亚人经常光顾杜里斯特和法兰克王国的其他贸易中心，但没有留下一手书面证据。然而在834年，一个法兰克主教向北逃亡到弗里西亚（Frisia），"从一些北方人那里得到了帮助，他们熟悉海港和流向大海的河流"。他们了解法兰克王国的海岸线和王国的购买力，这进一步巩固了斯堪的纳维亚人与法兰克人之间的贸易联系。

双方其他的联系源自法兰克军事力量的扩大。中世纪早期国际关系的代名词几乎就是"不断地对立"，因为每个君主都力求扩大地盘，并且跨越边境去掠夺财富。任何成功的王国周围都围绕着一圈卫星国，因为它需要了解边境局势。8世纪法兰克周边的小国流传着这样一句谚语："如果一个法兰克是你的朋友，那他肯定不是你的邻居。"法兰克人的朋友经常居于邻国之外的国家中，比如法兰克的传统盟友阿博德里特人（Abodrites），他们是一支移居到萨克森以东的斯拉夫人。到8世纪70年代，随着法兰克人牢牢统治了弗里西亚，查理大帝的军队开始征服萨克森。当萨克森北部的邻居们进入法兰克军队的领地时，"丹麦"和"丹麦人"首次出现在查理大帝时期的《法兰克王室年代记》（*Royal Frankish Annals*）中。777年，被打败的萨克森首领维杜金德（Widukind）同部下到丹麦国王西格弗雷德（Sigfred）那里寻求庇护。798年查理大帝重新对萨克森人开战，他派了一个使臣前往丹麦国王西格弗雷德那里，很明显他想先发制人，不允许丹麦人为萨克森人提供保护。查理大帝的宫廷学者诺森布里亚人阿尔昆（Alcuin）所写的一封信对793年遭受北方人攻击的修道院僧侣表示了怜悯，也揭示了法兰克王国同丹麦的进一步接触。阿尔昆暗示，查理大帝将救回那些可能作为人质而被送到丹麦的"孩子"（这些孩子可能是被父母送到修道院的贵族）。

804年萨克森被法兰克征服，这无疑勾起了丹麦人的兴趣。居住在易北河以东某个地区的萨克森人被迁往法兰克，腾出的土地则给了阿博德里特人。王室年代记提到，"这时候，丹麦的戈德弗雷德国王（Godfred）率领一支舰队和王国麾下的骑兵到达了位于丹麦和萨克森边境的石勒苏益格（Schleswig）。他答应与查理大帝对话，但是他的手下劝他不要亲自前往，而是派遣使节，他同意了。查理大帝也派出使节以谈判遣返逃亡者的事宜"。随后，戈德弗雷德的丹麦军队攻击了阿博德里特人，逼迫他们缴纳贡品。戈德弗雷德还同维尔茨人（Wilzes）结盟，维尔茨人是一支斯拉夫人，是阿博德里特人的邻居和宿敌。这扰乱了法兰克人在易北河以东精心构建起的外交体系。返回丹麦之前，戈德弗雷德毁掉了阿博德里特人领地中的贸易中心雷里克（Reric），并且逼迫商人迁往丹麦的海泽比，希望"征收通行费来牟利"。他在海泽比周围修建堡垒，"要求军队指挥官们分担这项任务"。809年，"有许多关于这位傲慢并且喜欢吹嘘的丹麦国王的传闻"，戈德弗雷德的人刺杀了阿博德里特的首领。810年，查理大帝已经在谋划针对戈德弗雷德的远征。这时他听说"一支来自丹麦的200艘船只的舰队袭击了弗里西亚，蹂躏了弗里西亚群岛，在三次战斗中击败弗里西亚人，并且强迫纳贡，弗里西亚人已经上缴100镑的白银"。查理大帝召集大批军队准备复仇，这时传来消息，戈德弗雷德被一个随从杀死。他的侄子赫明（Hemming）继位，并与查理大帝达成和解。

戈德弗雷德极大地威胁了法兰克人对萨克森及其同盟的统治。他拥有骑兵，还能够聚集起一支庞大的舰队；他了解商人和通行费的价值，能够把整个贸易中心迁到他的国家；他能开展公共工程建设，动员下属的部队参与进来；他可以向法兰克人发起对阵战。丹麦在中世纪早期还算得上一个王国。但是赫明统治下的王国并没有维持很久，一些"觊觎权力"的王室人员参与了继位争夺，还向勇士们许诺了赏金。戈德弗雷德所培养起的贵族养成了对地位和财富的贪恋，一时得不到满足他们就伺机到其他地方寻求补偿。

哪里还有比法兰克王国更好的地方呢？814年，查理大帝去世。之后的二三十年间，法兰克王国的财富继续显著增长，刺激了商业往来，引进了大量珍贵的商品，为帝国的辉煌、高贵的馈赠、教堂的宏伟和贵族式的炫耀提供了所需资金。货币体制促进了王国进一步的发展。日益增加的造币厂制造出越来越多的货币，这些造币厂通常由皇家负责代理经营和集中管理。查理大帝的继任者"虔诚者"路易设法维护了整个基督教帝国的和平。桑斯（Sens）的大主教拆掉城墙的石头用来重建教堂；越来越多的地主要求农民用货币代替实物交易；高卢各省教会领地和世俗地区一年一度的交易会和每周一次的地方集市数量激增；商人的船只穿梭于河流和内陆之间。百姓对社会治安开始有了信心。然而，在丹麦人眼中"虔诚者"路易不是一个和平使者，而是挑起事端的人。当戈德弗雷德的儿子们将一位叫作哈拉尔的对手驱逐出去时，"虔诚者"路易迎接了这位流亡者，并将他"送"到萨克森。815年，当一支拥有200艘船只的丹麦舰队开向萨克森时，试图支持哈拉尔复辟的活动以失败告终。819年，哈拉尔同戈德弗雷德的两个儿子一起执掌丹麦大权。第二年，王室年代记记录了"来自丹麦的海盗乘坐13艘船只，指挥有方，袭击了位于塞纳河口的佛兰德斯和普瓦图（Poitou）西部"。这些地方都是几十年前丹麦入侵者熟悉的落脚点。不管是之前丹麦王朝斗争中的失败者或胜利者（王室年代记没有说明），都让这种熟悉性派上了新用场。820年，尽管这支小型舰队在这两个最早袭击的地方遭到了殊死抵抗，海盗们却在阿基坦（Aquitaine）获胜，并"带回大量战利品"。在法兰克人的眼中，北方人由商人变成了好战者。

"虔诚者"路易派兰斯大主教埃博（Ebo）在丹麦边境进行了一次传

教动员，但法兰克人依然无法控制丹麦的局势。826年，哈拉尔及其妻子在美因茨附近的英格尔海姆宫殿受到了隆重的款待。丹麦王室接受洗礼，"虔诚者"路易象征性地成为哈拉尔的教父。路易还把弗里西亚东北部的吕斯特林根（Rüstringen）分封给哈拉尔，假如哈拉尔被丹麦驱逐，他可以把这里当作避难之地。827年，这里果然派上了用场。戈德弗雷德的一个儿子霍里克（Horik）成为"丹麦国王"，此后他一直在位，直至854年去世。828年，哈拉尔复辟失败。随后汉堡主教安斯卡尔（Anskar）率领法兰克传教士开展传教活动，但是845年，霍里克袭击汉堡，摧毁了安斯卡尔的大教堂，传教活动几乎遭受致命的挫折。尽管直到9世纪80年代才有了一次大规模的军事行动，这一行动致使萨克森军队损失惨重，但是这期间丹麦-萨克森边境一直危机重重。有趣的是，9世纪30年代至80年代的法兰克年代记编写者也称这些丹麦本土的丹麦人为"北方人"，和他们那些忙于践踏法兰克王国并使弗里西亚成为可能的永久定居点的同伙一个称呼。

弗里西亚一直是法兰克王国的致命弱点。弗里西亚从丹麦的北海海岸一直延伸到现在的荷兰，如果没有卓有成效的舰队，根本无法巡察或者防御，而弗里西亚恰恰缺少这样一支舰队。戈德弗雷德正是利用这一弱点从海上发起进攻。9世纪30年代初，"虔诚者"路易的儿子们发动叛乱，削弱了他的政权，其他丹麦人也趁机袭击了弗里西亚。根据王室年代记之后的《圣伯丁年代记》记载，尽管"虔诚者"路易在834年重新掌握大权，几周后"丹麦人就袭击了杜里斯特，摧毁一切，进行杀戮，抓走俘虏，烧毁周围地区"。837年，丹麦人再次"光临弗里西亚，屠杀许多瓦尔切伦（Walcheren）居民，掳走了更多居民，强迫他们缴纳贡品。然后他们又以同样的残暴手段突袭杜里斯特，以同样的方式强征贡品"。尽管"虔诚者"路易采取了抵抗措施，839年丹麦人依然对弗里西亚发动了新的攻击。当自称罗斯人的斯韦尔人受拜占庭皇帝派遣来到法兰克宫廷以求借道中转回家时，"虔诚者"路易担心他们是奸细，决定将他们关起来进一步讯问。也许对于斯堪的纳维亚人的普遍担忧能够解释他的这一反应。

　　袭击弗里西亚的一个海盗头子正是哈拉尔。833年参与叛乱的"虔诚者"路易大儿子罗退尔，显然鼓励哈拉尔袭击弗里西亚以增加"虔诚者"路易的执政难度。哈拉尔甚至在"虔诚者"路易重掌大权后继续偷袭弗里西亚。836年，丹麦国王霍里克一箭双雕，一方面派使者出使法兰克王国，宣称自己同弗里西亚的袭击无关；另一方面声称已经抓捕并杀掉祸乱之人（然而被处死的人中并没有哈拉尔），并且进一步索要奖赏。838年，霍里克要求"将弗里西亚人归他所有"。"虔诚者"路易对此异常愤怒，并嗤之以鼻。然而在"虔诚者"路易在位最后几年生产量巨增的杜里斯特造币厂也由此遭受了可怕的袭击。这些硬币的最大受益者就是丹麦海盗，但他们给弗里西亚和商人带来了巨大损失。《圣伯丁年代记》记录了834年杜里斯特所遭受的一次毁灭性袭击，又记录下835年杜里斯特被洗劫一空，836年被毁灭。这绝不仅仅是玩弄辞藻：贸易中心至关重要的事情是每年补充货源。尽管有考古证据表明，一场为疏通航线而发动的必败战争即将开始而且注定要失败，杜里斯特还要继续为路易王廷提供重要的给养保障。事实上，弗里西亚的贸易也开始通过其他渠道开展。

　　弗里西亚通过主干线同法兰克王国的政治中心保持联系，尤其是公元800年左右亚琛（Aachen）成为帝国的实际国都之后。但是还有两个地方为帝国的富足与强大做出了巨大的贡献。一个是地处西法兰克地区的纽斯特里亚（Neustria），它位于卢瓦河与默兹河之间，是墨洛温王朝的古老中心。这里汇聚了卡洛林王朝最富足的修道院和最优良的土地。9世纪初，塞纳河两岸的葡萄酒交易已经非常活跃，从巴黎到海岸之间的这段河岸两侧布满了栈桥和小口岸。自8世纪初至9世纪四五十年代，卡洛林王朝以强力控制巴黎和塞纳河盆地，甚至不惜流血牺牲。另一个关键地区是同样拥有辉煌历史和丰富文化遗产的阿坦基。阿坦基在9世纪时相对独立，政治地位重要，这里为法兰克国王和贵族们提供了到外省捞好处的巨大资源。836年，努瓦尔穆捷岛上的修道院遭到海盗的袭击后，"虔诚者"路易反应迅速，授权修建防御工事。阿坦基西临大西洋，漫长的海岸线使得它很容易受到来自海上的攻击；卢瓦河、沙伦特河（the Charente）、多尔多涅河（the Dordogne）和加龙河（the Garonne）为进入腹地提供了途径。

法兰克分裂，维京人上位

840年6月，"虔诚者"路易死后不久，他的三个儿子——罗退尔、"日耳曼人"路易、"秃头"查理以及他们的侄子阿基坦的丕平二世（Pippin II）随即开始了残酷的继位之争。841年，罗退尔将瓦尔切伦岛和周边地区分封给"海盗哈拉尔"，这一做法激怒了罗退尔弟弟们的支持者——信奉基督教的弗里西亚人竟要被异教徒丹麦人所统治。罗退尔的政策同他父亲无异，代理人甚至还是同一个，然而这标志着丹麦军阀开始了对弗里西亚长达几十年的统治。至于阿基坦，那时有些人认为，841年6月25日丰特努瓦之战（Battle of Fontenoy）中贵族的巨大伤亡对未来几代人的防御能力造成了致命的伤害。简而言之，法兰克王国的财富在增长，丹麦人对这些财富的熟悉程度、欲望及掠夺能力也在相应增长，而法兰克王国保护财富的能力却在日益下降。帝国到了危急时刻。

9世纪30年代法兰克内战之后，北方人就对法兰克王国富裕而又脆弱的地方发动袭击。首当其冲的是840年之后"秃头"查理所统治或占据的西部地区。首先是鲁昂及其附近的圣万德里耶修道院（841年），然后是昆都维克的贸易中心（842年），最后是南特（843年），先后遭到洗劫。之后在843年7月，卡洛林王朝的交战各方和解，同意将法兰克王国一分为三（将阿基坦的丕平二世排除在外）。法兰克的作家们注意到袭击者对于赎金和以白银支付的保护费有着浓厚的兴趣。圣万德里耶支付了6镑白银才使修道院免予遭劫，圣丹尼斯修道院的僧侣用26镑白银作为赎金换回了68名俘虏（僧侣以及其他人，后者也许是圣丹尼斯修道院的朋友）。

昆都维克几乎没怎么逃过洗劫，"除了因交了保护费而留下来的建筑"。在南特，袭击发生在圣约翰日，当时城里都是有钱人，许多有钱人被抓走。接着阿基坦地区西部遭到了毁坏。一份阿基坦的材料把这些袭击者称为韦斯特法尔丁吉（Westfaldingi），即来自奥斯陆峡湾以西的韦斯特福尔（Vestfold）。《圣伯丁年代记》记录，"最后这些北方人在某个岛上（可能是努瓦尔穆捷岛）登陆，把家眷从大陆带来，决定在一个类似永久定居点的地方过冬"。这里成为沿大西洋海岸线进行进一步军事活动的基地。直到9世纪末期及之后，卢瓦河下游一直有北方人。

抓捕俘虏以获取赎金一直是法兰克王国时期斯堪的纳维亚人活动的特点。当时抓获的俘虏包括一位布列塔尼伯爵、几名西法兰克的主教（9世纪80年代，其中一位被带到大海另一边）和圣丹尼斯修道院的院长。圣丹尼斯修道院院长的被俘最为有名，858年，他被赎回时赎金高达686镑黄金和3250镑白银。"为了支付这些赎金，修道院在国王的命令下散尽珍宝。"在其他有可能受到攻击的目标地，人们很快意识到逃跑也是一种勇敢的表现。相应地，一种生动的文学体裁——被称为翻译文体（translatio），描述了宗教团体如何将他们的圣物移至安全地方。819年至836年，努瓦尔穆捷岛上圣菲利伯特修道院的僧侣每年都会从岛上撤退，背井离乡前往法兰克王国内地的避难所，最终于875年在勃艮第的图尔尼（Tournus）安顿下来。我们通过一位名叫埃门塔尔（Ermentar）的僧侣的生动描述了解了僧侣们的长途跋涉，现代史学研究对圣菲利伯特修道院的最终消逝也非常熟悉，但这依然是一段不同寻常的历史。撤离总归是临时的，一旦北方人离去，僧侣们就会回到修道院。北方人能轻易进入的河流也成为这些潜在受害者的逃生通道。845年，圣热尔曼修道院的一位僧侣写道："所有圣人遗物和宝物都被设法转移到塞纳河上游。"6周后僧侣们回到修道院，发现修道院只受到了表面上的损坏，仅有几座附属建筑被烧毁。然而（雪上加霜的是）北方人进入了地下室，毁坏了里面的藏品。858年复活节，圣热尔曼修道院再次遭到攻击，事先得到消息的僧侣们已在冬季将圣物、珍宝、档案甚至图书馆都搬走了，只留下了一小批人员藏在地下通道里。懊恼的袭击者杀死了修道院的一些佃农，放火烧了地下室。但是他们很快离开，僧侣们才得以从藏身之地现身，并扑灭大火。

860年，圣伯丁修道院遭到攻击，但是人们已经事先得到多次警告。根据二三十年之后一位作者凭记忆和口头证词撰写的翻译文体作品记录，所有的僧侣都逃跑了，除了四个"除非上帝有别的意志，否则一心殉道的僧侣"。这种略带讽刺的口吻在描述偷袭者——他们希望"抓捕一些僧侣"——用令人难堪的侮辱和愚弄的方式（比如往鼻孔里灌水直至他的肚子胀起来）制服了四个僧侣中"老弱无用"的三位，并试图带走稍微"肥胖的"第四位，显然是为了获得赎金。第四位僧侣是唯一一个被杀死的人。他拒绝安静地跟他们离开，而是扑倒在地上，宁愿死在那里，他可能"被埋在祖先的墓地里，他的名字会记录在教友的名单里"。劫持者被他的冥顽不化激怒，开始"用长矛打他"，然后"用矛尖刺他"，直到这种残忍的把戏完全失控。

学者引用这个故事以证明维京异教徒的好战，并对基督教僧侣殉道感到欣慰，但它恰恰说明北方人的目的显然在于抓获俘虏而不是杀戮。野蛮人的特质不是好战。后续的故事进一步说明他们对基督教的神圣权力心存一种狡诈的敬意：这些北方人的首领"聚集了大量的白银，全部堆在埋葬圣伯丁修道院的教堂祭坛上，并且委托给上面故事中提到的教友看管，以免被人偷去"。当有异心的维京人试图偷盗这些战利品而当场被抓，首领则把他们绞死在修道院大门上。"上帝通过这些异教徒的手进行短暂的惩罚，显示了基督教的力量加在那些亵渎神灵之人身上的永久折磨。"历史记录中有6位西法兰克主教被北方人杀害，可能就是在这样的抓捕过程中死去的。859年，主教努瓦永的伊莫（Immo of Noyon）在"与其他贵族罪犯"一同押解途中被杀。甚至一些地位低微的人也因赎金被俘。866年，"秃头"查理和维京人在塞纳河上签订了一项协议，自这项协议签订起，任何一名被北方人俘获并逃跑的俘虏（不自由的农民）要么被交还，要么以北方人确定的价格赎回。北方人可以利用佃农，令其在被交还之后进行劳动。那么他们还贩卖奴隶吗？也许有时候会。但是在9世纪，对于那些担心食物供给和在吃水较浅的船上航行的勇士来说，这种贸易没有多大的意义。相比之下，从斯拉夫地区到伊斯兰世界的陆地奴隶交易却多有记载。当时法兰克的大量记载中几乎没有维京人在法兰克王国领地内进行海上奴隶贸易的记录。

维京人偶尔会前往卡洛林王朝领地以外很远的地方冒险。844年，加利西亚和安达卢斯遭到袭击。859年，"丹麦海盗经过长距离的海上航行，通过西班牙和非洲之间的海峡，沿着罗讷河向上游行驶"。他们抢劫了一些城镇和修道院，在卡马格岛上建立基地（《圣伯丁年代记》记载）。10世纪和之后穆斯林的一些记载记录了这次航行中的其他事件：安达卢斯首先遭袭，然后是非洲纳库尔地区（Nakur）的小国摩洛哥，那里的王室女眷被掳走，科尔多瓦酋长支付赎金后才被送回；返回途中损失"40多艘船只"。维京人这次远征的最后一次胜利是俘虏了潘普洛纳国王（the king of Pamplona），861年国王被以6万枚金币赎回。中世纪后期爱尔兰-斯堪的纳维亚版本的《拉格纳萨迦》（*Ragnar's Saga*）曾提到这些地中海之旅，这些历史事实即是这个萨迦的基础。这一切都很神奇但又罕见。在法兰克王国，四个地区是维京人经常袭击的目标，关于这些袭击还需仔细研究。

维京影响种种

首先是塞纳河盆地。841年对圣万德里耶修道院的攻击，以及845年对巴黎和圣热尔曼修道院的攻击，都只是开始。852年或853年，一支维京军队在塞纳河流域过冬；从856年至866年，维京人持续在那里活动。他们从朱夫塞（Jeufosse）和瓦塞勒（Oissel）的基地出发，逐渐深入攻击塞纳河上游，862年到达莫城（Meaux），866年到达默伦（Melun）。876年或877年，一支处于法兰克监视下的维京舰队在塞纳河口过冬，除此之外，直到885年，塞纳河及其支流都没有遭到骚扰。随后，巴黎经历了长达一年的围困，其腹地也遭到了大规模的破坏。886年或887年，维京人进入塞纳河支流约纳河（Yonne），从那里对勃艮第的周边地区进行抢掠，围困桑斯半年；他们还进入马恩河，从那里对特鲁瓦（Troyes）发起陆上袭击，并深入内陆地区凡尔登和图勒。890年，北方人又返回塞纳河，向上游进发，之后进入瓦兹河。

从经济地理角度来看，塞纳河盆地构成了"秃头"查理（843—877年在位）统治下西法兰克王国的核心区域，9世纪一位当地作家称之为"查理的天堂"。查理统治前期，由于受叛乱者和卡洛林王朝内部竞争势力影响，他对维京人的抵抗时断时续。公元9世纪60年代初，他开始致力于保卫他的天堂之地，配合实施了几种措施，包括支付贡银、雇用各种维京军队、修建设防的桥梁。尤其引人注目的是862年至866年间在蓬德拉尔什（Pont de l'Arche）修建的防御桥梁，它位于鲁昂的上游和皮特尔宫下游。866年之后，查理有效地保护了塞纳河盆地。甚至在这之前，他阻止了所有维京人沿着瓦兹河进行的入侵，因为他的两座宫殿，贡比涅宫和奎亚兹宫——就坐落在瓦兹河的岸边。"秃头"查理的儿子和两个孙子相继死去后，只留下一个5岁的孩童继承王位，他被称作"糊涂"查理（Charles the Simple，当时这个绰号的意思是"直来直去"，而不是愚蠢）。885年开始，维京人对巴黎及其周边地区的攻击进入了一个新时代。卡洛林王朝西法兰克王国持续的厄运是其中一个因素，另一个因素是东法兰克国王"胖子"查理（Charles the Fat）在军事上的无能，他从884年至887年统治着重新统一的法兰克王国。公元888年之后，西法兰克王国成为几个国王争夺的目标。其中一个是巴黎伯爵厄德（Odo），他在885年至886年期间成功地保卫了巴黎。另一个国王是糊涂的查理，他于898年取代了厄德。当地的防御也被组织起来。"海盗头子"罗洛和手下深入塞纳河盆地上游的内陆地区进行抢劫之后，当地贵族联合起来，并于911年在沙特尔（Chartres）彻底击败了这些海盗。"糊涂"查理效仿早期卡洛林王朝曾采用的策略，即招募一支维京军队来击退其他的维京军队，并且要求他们皈依基督教。查理直接让罗洛驻扎在鲁昂以抵御来自海上的海盗。

这就是诺曼底历史的开始。10世纪初，"糊涂"查理和罗洛签订了一份正式协议，据说罗洛被任命为鲁昂伯爵，因此被"正式"编入西法兰克王国，罗洛的地位稳定下来。911年参与袭击的那些海盗可能从来没有公开宣布放弃漂泊的生活，但是袭击也许变得越来越无利可图或充满风险，而历史上饱受侵扰以致人口减少的塞纳河下游地区变得适宜定居。10世纪20年代，西法兰克王国明显衰弱，无法对鲁昂及以西的地区进行有效干涉。罗洛活到927年，足以稳定一片边界确定的领土并且将它传给儿子，也足以改造新的领主以适应鲁昂教会省。法兰克的贵族阶层接受了这一既成事实。人名、地名和语言证据证明此时斯堪的纳维亚定居者数量较少，然而同法兰克人的通婚却是迅速而广泛的。10世纪中期，很难在鲁昂找到讲古斯堪的纳维亚语的人了〔尽管在巴约（Bayeux）还有一些讲古斯堪的纳维亚语的人继续存在了二三十年〕。为数不多的被法语借用的斯堪的纳维亚词汇几乎都保留了下来，尤其是涉及船只和航运的词汇。到11世纪，罗洛的曾孙想创造出一些诺曼传统来娱乐宫廷。Nor(d)mannia，即诺曼底，是一个法国省区；Nor(d)manni，即维京人的后裔，被法兰克文化全部同化。简单地说，他们就是公爵领地上的居民。在代管斯堪的纳维亚人永久定居点这件事上，诺曼底绝对是一个例外。

第二个受斯堪的纳维亚影响较大的主要地区是阿基坦。袭击者们沿着加龙河向上游行进，并在844年到达图卢兹。845年，加斯科涅公爵西格温（Sigwin）试图保护圣特（Saintes）不被抢劫，但是却被北方人杀死。在长期围困之后，波尔多于848年落入维京人之手。梅勒（Melle）是造币厂所在地，也是卡洛林王朝重要的白银产地，也在848年惨遭洗劫。849年，佩里格（Périgueux）遭到洗劫。同时，"秃头"查理和他的侄子阿基坦的丕平二世之间的王室内部矛盾也使这个地区日益脆弱。然而，丕平在保卫波尔多的斗争中失利，这在848年引发了阿基坦地区对于查理的大规模投奔。

有两个地区代表了阿基坦的兴衰与荣辱。一个是普瓦提埃（Poitiers），卡洛林王朝的要塞，王宫可能就坐落在郊区的圣希拉里修道院。855年，驻扎在卢瓦河的北方人徒步从陆上攻击普瓦提埃，阿基坦人奋起反抗，痛击敌人，大约300名敌人落荒而逃。然而，857年，情况就大相径庭了：还在同查理争权的丕平"同丹麦海盗结盟，并洗劫了普瓦提埃"。863年，北方人被收买，没有洗劫普瓦提埃，但是将圣希拉里修道院付之一炬。865年，当"秃头"查理忙于应付塞纳河上的海盗时，驻扎在卢瓦河的北方人徒步前往普瓦提埃，没有遇到任何抵抗，他们烧毁这座城市，并毫发无损地回到船上。但是868年，"普瓦提埃人向上帝和圣希拉里修道院祈祷，并鼓起勇气向北方人发起攻击，杀死一些北方人，又将其余人赶跑。他们将十分之一的战利品捐赠给圣希拉里修道院"。普瓦提埃幸存下来，在10世纪成为一个公国的中心。沙伦特河沿岸的内地城市昂古莱姆（Angoulème）是卡洛林王朝在阿基坦地区的另一个主要基地。9世纪60年代之前，昂古莱姆一直安然无恙。60年代后，昂古莱姆遭到了维京人的破坏。在当地伯爵的领导下，昂古莱姆一直是当时抵抗的中心。868年，"秃头"查理下令重新加固这座城堡。从此，这一地区就再没有发现斯堪的纳维亚人活动的迹象了。昂古莱姆以及教堂的档案几乎完好无损。

这两个例证充分表明了皇家作为的重要作用。尽管当地人不乏抗击北方人的意愿，但国王把地方性的抗击提升为更广泛的防御战略，他还可以运用对阿基坦教会的影响力。9世纪60年代后期，布尔日大主教成为皇家在这里的关键人物，国王又将得力的波尔多大主教从易受攻击的教区调离。11世纪前，几乎再没有关于波尔多的连续文献记录，同一时期波尔多教区和其他阿基坦教区主教名单也出现了中断。有人认为这些证据证明维京人毁掉了阿基坦。事实上，这些不利的证据只能证明一些教堂损失了大量资料。9世纪，教皇在信件中批评了阿基坦贵族。毫无疑问，维京人的攻击造成了教会中心的变迁，假如波尔多的记录是一片空白，那么9世纪后期的利摩日（Limoges）则记录下一片赞歌。

布列塔尼和纽斯特里亚是维京活动的第三个区域。自9世纪40年代早期开始，北方人就活跃在南特周围。此后，袭击者沿卢瓦河向上游深入，攻击一些富庶的修道院，如图尔的圣马丁修道院（853年）、弗勒里的圣贝诺特修道院（865年）。布列塔尼首领萨洛蒙（Salomon，857—874年在位）和安茹伯爵罗贝尔各自雇用了一支斯堪的纳维亚小型舰队，罗贝尔支付了6000镑白银。866年，"大约400名同布列塔尼结盟的北方人，他们骑马由卢瓦河而来，洗劫了上游的勒芒（Le Mans）"。他们在返回舰队的路上，在昂热（Angers）附近的布里萨尔特（Brissarthe）遇到罗贝尔和其他三位法兰克伯爵及其军队。消息灵通的编年史家雷吉诺（Regino）这样描述这场遭遇战：北方人寡不敌众，躲进了一座石头修道院中。罗贝尔架起工事围困修道院，他因为自信而变得鲁莽，摘下了头盔，脱掉了锁子甲。北方人立刻冲出来展开攻击，他们杀死了罗贝尔，并将他的尸体一起拉回修道院，显然是想索取赎金。失去首领的法兰克人只能撤退，北方人趁机回到卢瓦河。

9世纪60年代后期，萨洛蒙与"秃头"查理合作，在873年同北方人的战斗中取得明显胜利，这些北方人在此之前就已经躲在昂热一段时间了。根据雷吉诺的描述，布列塔尼人甚至想到了将马耶讷河改道，这样北方人的船只就会搁浅。兰斯的安克马尔（Hincmar of Rheims）在《圣伯丁年代记》中写道："北方人同意离开昂热且不再返回。他们要求2月之前留在卢瓦河上的一个小岛上，并且保留那里的一个市场。""秃头"查理同意了他们的要求，条件是1到2月份期间，"他们要么接受洗礼，要么离开他的领地"。同时期的一封信中，安克马尔生动地想象了南特的局面：法兰克的南特主教阿克塔德（Actard）"没必要"迁移到"更安全"的教区了。阿克塔德的职责显然是留下来帮助"这些住在他城里的异教徒皈依基督教"。安克马尔还比较了耶路撒冷和科尔多瓦，这两个地方都仍然有基督主教居住："伯爵和他的家人都可以与异教徒同住一个城市，一个不需要抚养妻子和孩子的教士为何做不到？"

萨洛蒙的几位继任者有时利用维京人同布列塔尼人争权，但更多的是积极同维京人作战。阿兰伯爵（Count Alan）有效地保卫了布列塔尼。890年，"从塞纳河"来到布列塔尼-弗里西亚边界城市圣洛的"北方人"被赶走了。但是其他维京人还留在卢瓦河下游。阿兰伯爵死后，布列塔尼的抵制就瓦解了。阿兰伯爵的女婿和孙子逃往英格兰。随后20年间，维京人辖制了布列塔尼。直到阿兰的孙子阿兰二世（死于952年）返回并将他们永远驱逐。有趣的是，北方人在欧洲大陆活动最重要的考古证据——异教的船葬——是在布列塔尼的格鲁瓦岛发现的，然而布列塔尼的斯堪的纳维亚人定居点几乎没有留下地名之类的证据。阿兰二世还恢复了受到极大影响的教会组织。

默兹河下游到莱茵河区域是第四个应该关注的地区。随着盎格鲁-撒克逊人及欧洲大陆作家所谓的"庞大军队"从英格兰来到这里，879年维京人在这一地区的活动加剧。圣瓦斯特修道院（St. Vaast）的编年史撰写者记载："北方人听到法兰克王国的内部纷争就横跨大海来到此地。""纷争"是在西法兰克国王死后和王国分裂之后发生的。虽然881年西法兰克人在索库尔（Saucourt）大败北方人，但西法兰克几位国王不久之后也都死去了。东法兰克国王路易三世于880年在蒂梅翁（Thiméon）"杀死5000多名北方人"，但是他的儿子也被杀死。882年国王路易三世病死之后，"派去攻打北方人的军队停止了攻击"，"大部分士兵"因为这一戏剧性的反转得以幸存。

9世纪80年代，法兰克王国遭到了史无前例的严重破坏，当时的年代记做了详细记录。880年或881年，北方人在奈梅亨增强防御工事并在那里过冬。之后，他们洗劫了列日、乌得勒支、通格尔、科隆、波恩、曲尔皮希、于利希、诺伊斯、亚琛宫（"北方人曾在这里的皇家礼拜堂养马"）

等地以及因登、马尔梅迪和斯塔沃洛的修道院。在戈德弗雷德和西格弗雷德两位"国王"的领导下，这些北方人在默兹河上的阿塞尔特（Asselt）建立了坚固的防御工事。法兰克国王"胖子"查理集结军队围攻，随后同戈德弗雷德达成协议。戈德弗雷德在收到一笔钱并得到弗里西亚的几个地区后同意皈依基督教。据《富尔达年代记》（Annals of Fulda）记载，谈判期间，一些法兰克人未经允许进入阿塞尔特城，"一些人去经商，一些人去探查防御工事"，他们"或被处死，或被扣留以获得赎金"。西格弗雷德同另一个维京首领高姆（Gorm）得到了2000镑黄金和白银。然而，这并没有终结883年维京人对莱茵河上游的一系列袭击，因为一支新的维京小队得到了戈德弗雷德的默许，他们穿过了弗里西亚南部，在杜伊斯堡（Duisburg）建筑防御工事以便在那里过冬。

同一年，国王"胖子"查理的堂弟，也就是罗退尔二世的私生子休（Hugh）希望能在中弗里西亚得到一些利益，他安排妹妹吉塞拉（Gisela）嫁给戈雷弗雷德。这直接威胁到"胖子"查理的权威，也激怒了他。"胖子"查理试图要回戈雷弗雷德的新娘。885年，戈雷弗雷德被骗去参加一次国王的会议，然后被杀。吉塞拉也被迫与准新郎分开，科隆主教欺骗她说这是一次和谈。在经历多次防御失败后，887年"胖子"查理被废黜。"北方人听说法兰克王国内部不和，国王被废，导致他们以前从未能得手的土地变得空虚了"。但是也有证据显示当地的反抗更加有效了。在圣伯丁修道院这一地区的勇士就在保护那些手无寸铁的人。法兰克王国的重新划分使东法兰克王国一位有能力的国王阿努尔夫（Arnulf）成功加冕。891年，阿努尔夫在鲁汶的维京城堡附近的戴尔河打败了那支"庞大军队"的余部。这一年底，维京人"庞大军队"离开法兰克前往英格兰。他们在布洛涅"得到船只（法兰克人提供？），带上马匹及所有财物，全部穿过大海"（《盎格鲁-撒克逊编年史》）。

为何9世纪80年代维京人的攻击如此激烈？越来越多的攻击都至关重要，同样关键的是他们对中部洛塔林吉亚王国的专注程度。由于卡洛林王朝的继任问题变化莫测，且罗退尔二世的私生子休被排除在王位继承人之外，中部王国在870年灭亡，分裂为东西法兰克。结果是，尽管继承者想得到洛塔林吉亚的资源，但这里并没有被当作任何一个王国的核心区域。北方人在该地（亚琛、奈梅亨）的王宫的逗留独一无二。洛塔林吉亚不是任何人的"天堂"，它只是休梦想中的天堂，他一直准备同戈德弗雷德结盟以恢复他父亲的王国。这也许说明了为什么罗退尔二世的女儿吉塞拉愿意嫁给戈德弗雷德，以延续她这一支卡洛林家族的地位。

为什么维京人源源不断而来

关于这个问题，想要从众多的材料中概括出原因并不容易。当时的资料并不平均，有的试图进行较全面的记录，有的只是记录本地情况，还有的只关注教会。对于斯堪的纳维亚人活动的地点、规模及速度的记载有明显差异。现代历史学家将编年史中记录的"Nordmanni"或"Dani"翻译为北方人或丹麦人，好像他们对等的样子。其中的差异因此就被掩盖起来。在这些标签下，一些明显不同的少数群体就无法辨别。《圣万德里耶修道院编年史》记载了841年至856年间的历史，介绍了一系列曾率领舰队进入塞纳河的"海盗首领"：奥斯卡、西德洛茨（Sidroc）、戈德弗雷德和比约恩（Björn）。要不是有一些独立的首领会率领一些战队单独行动，"秃头"查理钟爱的战术（招募一支维京部队用以抵挡其他维京人）根本无法运用。同样，维京人的成功也归功于他们在必要的时候愿意合作。

这两点都能从维京首领韦兰（Weland）的经历中得出来，通过《圣伯丁年代记》，我们也可以将其重现。860年，"秃头"查理同韦兰在索姆河会晤，韦兰同意攻击驻扎在塞纳河上的瓦塞勒的一支维京人，条件是收取"在严格监督下称量的3000镑白银"。由于支付延迟，韦兰离开并前往英格兰，861年，他率领200艘船只返回法兰克。"秃头"查理答应支付

5000镑白银和缴纳大量的牲畜和谷物。韦兰按照约定包围了瓦塞勒的维京人，但他却收到了这些维京人支付的6000镑黄金和白银，韦兰最终同意与他们合兵一处。之后韦兰使"秃头"查理同意他规模硕大的舰队（以兄弟会为单位分成几个不同的子舰队）在塞纳河沿岸的各个港口过冬，甚至包括远在内地的圣莫尔-德·福塞斯。862年初，这些维京人离开塞纳河："当他们到达海上，就分为不同的舰队，朝不同方向驶去。"韦兰自己却没有离开，他宣誓效忠"秃头"查理，同他的妻子、儿子及一些手下一起皈依了基督教。第二年，韦兰的两个手下人向查理指控韦兰不忠。在随后的一次"根据他们习俗"而进行的决斗中，韦兰当着"秃头"查理的面被杀死。同维京人过于密切的接触对于法兰克国王来说是充满危险的，但对于维京人也同样危险。

维京人会被可以搬走的财富吸引。他们获得的一些收入是雇佣费，比如861年支付给韦兰的那笔钱。另一些收入包括保护费，比如857年巴黎的三大教堂——圣史蒂芬修道院、圣丹尼斯修道院和圣热尔曼修道院的教堂——支付给北方人的费用，以避免遭到毁坏。882年，"胖子"查理支付给西格弗雷德和高姆几千镑黄金和白银，"以便他们继续蹂躏西法兰克王国"。有时候这些钱是由地方筹集的，比如841年塞纳河下游修道院所筹集的钱。845年之后，贡金通常是由国王募集的。884年，西法兰克国王卡洛曼（Carloman）同意支付1.2万镑黄金和白银。他死后，西法兰克王国权贵试图重新谈判，北方人回复："这笔钱是国王答应的，不管谁继任，如果想要和平安静地统治的话，就必须支付这笔钱。"

据说捐资通常全部或大部分是来自修道院的财富。然而，866年和877年，整个西法兰克王国都捐资了：皇家全面提前征税，影响了农民的储蓄、贵族囤积的财富、修道院的财富和商人的保险柜。866年，北方人也许是担心货币贬值，他们"根据各自的规模"将收款具体化。当时年代记记载的数据表明，西法兰克国大约支付了3万镑白银，大部分是以现金的形式，大约为700万便士。从供应方来说，这是可行的，因为"秃头"查理执政时期造币厂的产量超过5000万便士。这些钱币后来的去向呢？为什么只有不足100便士出现在斯堪的纳维亚人的窖藏中？大多数白银去了不列颠东北部岛屿（见第十一章）。到达斯堪的纳维亚的钱币都被熔掉，重新用来修饰建筑、船只和武器，以及用于个性化展示和装饰的物件。这些物品有时也是北方人的战利品。法兰克王国对剑十分珍视，864年，"秃头"查理禁止将剑出售给北方人，违者将被处死。据《圣伯丁年代记》记载，"剑带以及男子马匹的装饰性装备上的小金属配件"也标明了价格。想象一把法兰克宝剑的剑具皮带上的顶端装饰，你可以感受到偷窃而来的精致宝物闪闪发光的样子，这也是权力货币——展示显赫身份、拥有皇家勇士并使他们妻子美丽动人的资金来源。

表一　9世纪的贡金和赎金

年份	地点	数量
841年	圣万德里耶修道院	为68位俘虏支付26镑白银为修道院支付6镑白银
845年	巴黎	价值7000镑的白银
853年	塞纳河	数量不详
854年	布列塔尼	为布列塔尼的帕斯克韦森伯爵支付的价值60索里迪黄金的教堂奉献盘和7索里迪的白银
858年	圣丹尼斯修道院	为路易斯院长和他的兄弟高兹林支付的3000镑黄金和3250镑白银
860年	索姆河	3000镑白银增长到5000镑，外加大量牲畜和谷物
862年	卢瓦河	6000镑白银
864年	洛塔林吉亚	数量不详；每一处住宅4便士，外加面粉、牲畜、葡萄酒和苹果汁

续表

866年	塞纳河	4000镑白银
877年	塞纳河	5000镑白银
882年	洛塔林吉亚	2412镑纯金和白银
884年	西法兰克	1.2万镑白银和黄金
对比		
窖藏	贡比涅：233便士和半便士； 科班顿：672便士；博讷沃：5000便士	
物价	一等马30先令；剑5先令；12条小麦面包1便士	
农民缴费	每年12～20便士	
可支配财富	大约830年，圣万德里耶修道院院长在遗嘱中留下现金305镑白银；866年，为圣伯丁修道院院长职位支付30镑黄金	

维京人作为胜利的勇士得到了这些战利品，但是他们相对于法兰克人的优势不是在所有方面都显而易见。在武器方面，维京人处于劣势：他们有很好的斧子，却觊觎法兰克人的剑；维京人没有防身盔甲，同穿着盔甲的法兰克人相比形同裸体；维京人会使用围城机械，法兰克人也会；维京人的机动性有其局限性，大船可以载着他们从斯堪的纳维亚出发，随后在英吉利海峡中穿梭，从一处海岸或河口向另一处运动，然而沿河道向法兰克王国中心前进就需要人工划船，即使顺风，前进速度也相对缓慢。修道院通常能够较早得到北方人来袭的警报，也就有充足的时间将文物和珍宝转移至安全地带。正如857年维京人攻击普瓦提埃的情况，步行前进对于维京人而言充满了风险。关于丹麦铁骑兵的记录最早见于810年，但到了法兰克王国，丹麦人首先得找到马匹。

在某些军事技巧方面，维京人技高一筹。第一，他们有很好的情报。维京人常常能够提前得知法兰克人的行动，并且对法兰克内部的政治变化反应迅速，尤其在878年和887年。第二，他们适应能力强。"不同的兄弟会"能够组成一支庞大的军队，也能够再次分散为不同的群体。维京人愿意离开船只，通过骑马或步行在陆地到处游走。他们能够穿越森林区袭击圣伯丁修道院，法兰克人却不愿意穿越森林。被困于布里萨尔特的维京人则利用一个石头教堂作为临时堡垒。885年，巴黎外的维京人挖了一个暗坑，用来抓捕毫无防范的法兰克骑手。第三，时机得当。选择节庆的日子攻击意味着能够抓到聚集的人群，并将他们作为俘虏（法兰克人后来识破了此战术）。维京人有时在晚上攻击。第四，航行技术高超。比起法兰克人，北方人毫无疑问是更优秀的水手。他们可以驾驶着长长的船只穿梭于岛屿之间，娴熟地利用岛屿作为堡垒。第五，他们懂得选择并修建有利的防御工事，这也许是最重要的一点。法兰克的资料多次证明了这些技巧，尤其是在9世纪80年代。情况也许是这样，与法兰克贵族不同，北方人不介意弄脏他们的双手，他们齐心协力挖壕沟、修城墙。当然，他们有极强的动机来迅速行动，因为这些要塞能够让他们在敌对国家的土地上过冬、守卫战利品以及补充人员。

表二　9世纪维京船只及船员人数

年份	地点	记录的维京船只数量	维京人数量（*表示死亡数量）
789年	多塞特	3	
820年	弗兰芒沿海	13	
836年	萨默塞特郡	35	
840年	汉普郡	33	

续表

843年	萨默塞特郡 卢瓦河/南特	35 67	
844年	西班牙	70/80	
845年	易北河/汉堡 弗里西亚 塞纳河 塞纳河/巴黎	600 120	1200* 600*
848年	多尔多涅	9	
851年	泰晤士河	350（俘获9艘）	
852年	弗里西亚	252	
853年	卢瓦河	105	
855年	普瓦图		300幸存者
861年	塞纳河	200+ 60+	
862年	卢瓦河	12	
865年	沙伦特 卢瓦河 塞纳河 塞纳河/沙特尔 塞纳河/巴黎	40 50	400* 500* 500+ 200
866年	卢瓦河/勒芒		约400
869年	卢瓦河		60*
873年	弗里西亚		500*（800*）
874年	英格兰	7（俘获1艘）	

续表

876年	塞纳河口	100	
877年	多塞特	120	
878年	德文	23	800+40*
880年	蒂梅翁		5000*
881年	索库尔		9000*
882年	阿沃 埃尔斯洛 英格兰	4（俘获2艘；投降2艘）	1000*
885年	东盎格利亚	16（全部俘获）	
885年或 886年	塞纳河/巴黎	700	
891年	圣奥梅尔		550*
892年	肯特	250（南部沿岸） 80（北部沿岸）	
893年	德文	约100+40	
894年	萨塞克斯		数百人
896年	多塞特	6（俘获5艘）	只死亡5人；120*

表注：唯一的盎格鲁-撒克逊资料是《盎格鲁-撒克逊编年史》，它是874年至896年期间最全面的，但是几乎没有提及人数。内容最为丰富的法兰克资料《圣伯丁年代记》尤其提供了9世纪60年代的详细资料。845年、880年和881年的维京伤亡数字则来自其他不太确定的资料。

最后一点是有争议的。我们很难估计斯堪的纳维亚军队的力量：相比人员的数量，船只的数量更具体可感。因为船只大小各异，搭乘人员的数量从10人到60人不等。中世纪早期的作者们在运用数字方面比较主观，他们通常使用整数，这显然不太可信。但更精确的数字可能又缺乏依据。总体来说，有证据表明战斗小队通常有几百人，由此可以推论当时所谓的"庞大军队"人数大概有几千人。9世纪80年代之前，法兰克人遇到的敌军人数相对较少，但同时他们自己的军队人数也不多。查理大帝的军队保守估计在5000人左右。

本章开始讲述了845年北方人对巴黎的攻击。圣热尔曼修道院的僧侣形容拉格纳（Ragnar）从天而降，其中的原因和动机有待进一步讨论。我们从当时一位圣人的生平中恰好可以发现，拉格纳曾经到过法兰克：大约在841年，"秃头"查理曾分给他位于弗里西亚的图尔霍尔特（Turholt）附近的土地，但他最终失去了土地和"秃头"查理的青睐。从这个角度来看，拉格纳的袭击更像是报复，"秃头"查理给他的7000镑白银更像是补偿，但拉格纳心里还有另一个人选。这位僧侣描述了拉格纳是如何收下这笔财富后返回丹麦的：

"拉格纳觐见国王霍里克，并向国王、要员和贵族展示他从法兰克带回的金银。他说自己已经控制了巴黎，进入了圣热尔曼修道院，征服了查理的整个王国。他还展示了修道院的一根横梁和巴黎城门的门闩，接着又吹嘘法兰克王国惊人的财富，以及得到这些财富轻而易举。他说从来没有见过如此肥沃富饶的土地，也从没见过如此懦弱的人民。"

圣热尔曼修道院的翻译文体的作者如何知晓发生在霍里克宫廷里的事？来龙去脉是这样的。恰巧国王日耳曼人路易派遣由科博伯爵（Count Cobbo）所率领的使团前往霍里克宫廷，拜访结束后他们又前往圣热尔曼修道院朝拜。显然科博伯爵向这位僧侣提供了信息，进一步的细节描述证明了这个故事的可信度。另一个证据指出拉格纳尔德于845年去世。这个翻译文体作品自圆其说地描述这一事实："拉格纳尔德说法兰克唯一英勇的人是一位叫热尔曼的老人。那一时刻，他像伟人一样轰然倒下。他的身体开始膨胀，直至爆裂死去。"翻译文体作品以冰冷的口吻补充："国王霍里克担心法兰克王国的神灵惩罚他的子民，下令处死拉格纳的所有随同。"其他证据证实了霍里克急于通过严惩袭击者来同法兰克人讲和。

拉格纳企图打动丹麦宫廷里的人，并由此招募人手，这让国王霍里克感到了威胁。9世纪中叶维京军阀在国内的活动目标明显指向诺曼底。丹麦王国的组织和军事力量使其具有吸引力，是值得为之奋战的一种奖励。丹麦内战爆发，在法兰克边界横行了20年之久的军阀们终于在854年返回国内，还有一些于855年返回，他们"希望得到王权"。9世纪后期，另外一些衣锦还乡的北方人打算依靠他们在法兰克王国所获得的收益过上大贵族的生活。882年，西格弗雷德和高姆将"载满金银财宝和俘虏（从法兰克抢掳而来）的船只派遣回国"。对于法兰克战利品的需求与对国内权力和地位的追逐密不可分。从抢劫中获益的军阀越多，效仿者也就越多。

在某些情况下，北方人明显希望在法兰克统治者分封给他们的领地内定居下来。弗里西亚对于斯堪的纳维亚的军阀尤其具有吸引力，而法兰克人并没有把弗里西亚视为帝国整体的一部分。826年，哈拉尔得到吕斯特林根；841年，他又得到瓦尔切伦。852年，哈拉尔的法兰克靠山认为他"有可能背叛"而将他处死，哈拉尔在北部边境的活动戛然而止。850年，哈拉尔的弟弟罗里克（Rorik）攻占了杜里斯特之后，法兰克皇帝罗退尔决定让他"统治"弗里西亚南部，"条件是他要忠诚地向帝国纳税，以及其他财政方面的约定，并且抵制丹麦海盗的袭击"。罗里克在政治舞台上的地位由此确立下来。861年，"秃头"查理的女儿朱迪斯（Judith）和佛兰德斯伯爵鲍德温（Count Baldwin of Flanders）私奔，他们向罗里克寻求庇护，但大主教安克马尔代表皇帝致信罗里克，警告他不能接纳这对任性鲁莽的情侣。

卢瓦河谷一直被认为是9世纪时期北方人几乎成功定居的一个地区。9世纪30年代起的一个世纪，各路军阀活跃在这个地方。到868年，当地人口已经建立起了互惠互利的关系。法兰克军队抓捕到一个僧侣，声称"他离开基督教居住区，而同北方人住在一起"。萨洛蒙以500头牛的代价同盘踞在昂热的北方人达成协议，以便他和他的布列塔尼人可以酿造葡萄酒。"秃头"查理下令修建图尔和勒芒的防御工事，北方人听说之后，"强行向当地居民征缴大量的银币、谷物、葡萄酒、牲畜，作为讲和的条件"。但是这基本上同9世纪60年代中期发生在塞纳河上的几次事件没有本质区别。那时禁止皮特尔周边的居民向北方人出售武器和马匹，违令者处死。另一次是北方人派遣大约200人到巴黎地区索要葡萄酒。864年，在莱茵河，罗退尔二世向维京人首领罗杜夫（Rodulf）率领的北方人提供"大量面粉、牲畜、葡萄酒和苹果酒"。北方人需要食品和酒，而他们自己不生产这些东西。维京人在卢瓦河上盘踞的时间比在塞纳河或莱茵河的时间都长一些。一个北方首领黑斯廷于9世纪60年代末就在卢瓦河上活动，882年他依然在此，尽管他可能不是持续待在那里。更重要的是，卢瓦河一带没有像弗里西亚那样官方分封的土地或爵位。另外，在这里盘踞时间较长的维京人主要居住在城市，比如南特和昂热，也许主要靠做贸易谋生。最后，没有考古和地名证据表明斯堪的纳维亚人的地主身份，而他们在这片土地上耕作的证据——像是后来在诺曼底幸存下来的这类证据，就更少了。9世纪70年代之后，英格兰人详细记录下了斯堪的纳维亚人的活动。而维京人在法兰克王国的活动记录则大为不同，只有弗里西亚是例外。这显然说明法兰克人成功地（大部分情况如此）消除了维京人在他们的领土上定居的想法，因此没有了维京人定居的现象。

接触的影响

一些现代学者认为，有段时期法兰克人抱着听天由命的消极状态，之后开启了成功抵抗的新阶段。然而最早期的维京人袭击记录就表明抵抗和赔款是同步的：同一时期可能存在不同的反应，抵抗者也形形色色。9世纪30年代，贵族为保卫阿基坦而战；841年，一位王室家臣试图保卫塞纳河下游；864年，佛兰德斯的"当地百姓"参与抵抗；每个时期皇家任命的边境指挥官和伯爵都发挥了突出作用。一些主教也许在率领抵抗时被维京人杀死，因为这些主教本身就是好战者。854年，奥尔良和沙特尔的主教"准备好船只和士兵抵抗维京人"，盘踞在卢瓦河上的丹麦人被迫放弃了攻击奥尔良及其腹地的计划。880年，在东法兰克王国，当北方人打击一支萨克森军队时，有两位主教被杀。在中法兰克王国，列日主教的英勇行为受到爱尔兰诗人塞杜里乌斯（Sedulius）的称颂："当不怀好意的北方人看到您穿着白色战袍的士兵时，难道他不会颤抖吗？他逃回船上，不再敢有攻击法兰克王国的念头！"882年，莱茵兰地区，由平民和包括梅斯主教瓦拉在内的教会重要人物组成了一支联军，并击退了北方人。瓦拉被杀，但他的追随者继续战斗。修道院领袖甚至有时出于责任会表现出强悍的一面。年轻的科尔比修道院院长有"一个令人担心的习惯"。他的忘年之交费里耶尔修道院院长卢普斯（Lupus）这样形容他："手无寸铁、不顾一切地加入战斗，追求胜利的欲望控制了年轻、精力旺盛的你。克制一下自己吧。我恳求你，调动你的军队，让士兵拿着武器去战斗吧！"农民也自发参与抵抗。882年，普鲁姆修道院的佃农组织了一次未能成功的抵抗："与其说他们失败的原因是没有武器，不如说他们缺乏纪律性……他们像牛一样被屠杀。"859年，纽斯特里亚的农民发誓联合起来抵抗北方人。当时的一段墓志铭用冷酷的语气写道："因为掉以轻心，他们被更加强大的敌人杀害。"法兰克精英们选择保卫自己的社会地位而不是他们的子民，因此农民们自然认为最保险的抵抗就是逃亡。

抵抗本身并不是第二阶段才出现的，但是系统地组织全民抵抗需要时间。"秃头"查理在西法兰克王国修建的桥梁和城镇防御工事、修道院和宫殿就是最好的例证。但是"秃头"查理或许轻视了贵族的付出，他称这些人修建的"未经许可的矮墙"只是用来压制本国人的。但是矮墙也可以保卫他们，9世纪60年代修建的矮墙就起到了双重作用。90年代，圣伯丁修道院的作者记录了佛兰德斯和弗里西亚南部"新修建的矮墙"，显然是由佛兰德斯伯爵鲍德温一手策划的。圣伯丁修道院也同圣瓦斯特修道院一样修建了防御工事，在主教的倡议下建造了一座高耸的塔楼。巴黎的圣热尔曼修道院保存下来的10世纪塔楼让人们对于当时这一新的防御能力有了认识，拆除防御工事的时代结束，直至17世纪才又重新开始。这期间公共权力依赖于防御和反击的能力。

要想评价维京人对法兰克的经济所带来的影响，我们需要先把细节放在一边，用更广阔的视角来看。直到20世纪60年代，11世纪和12世纪维京人破坏修道院的恐怖故事才被历史地解构。就当今比利时所辖之地而言，这些故事被证明是不真实的；阿基坦地区恐怕也是如此。一些历史学家认为维京人的活动对于法兰克经济起了积极的刺激作用。这可能过于弱化维京人造成的短期破坏，也可能夸大了他们造成的影响。赔款的需求似乎促使囤积的财富在中短期内得以释放出来，然而这对于一个部分货币化的经济体系的影响程度却不得而知。10世纪，佛兰德斯的货币流通原始且规模小，我们无法证明或反驳维京人的活动与商业的联系，因为贸易不一定以现金的形式进行。北方人在法兰克可能使用过钱币，他们参与当地市场的活动，购买法兰克的剑、马匹，以及苹果酒和葡萄酒之类的加工食物。南特和昂热的北方人肯定也有类似的需求。873年被驱逐出南特的北方人试图得到开办市场的许可。当阿塞尔特的北方人打开他们的市场大门后，法兰克人迫不及待地涌入并与之进行交易。9世纪末期至10世纪早期，沿海和沿岸地区主要进行城镇建设。9世纪80年代，莱茵河上的科隆和梅因茨重新修建防御工事。这一时期，默兹河上的于伊（Huy）、迪南（Dinant）、那慕尔（Namur）、马斯特里赫特（Maastricht）首次作为"要塞"和"城堡"得到实践检验。10世纪前后的几十年，佛兰德斯地区的根特、布鲁日、安特卫普掀开了商业的新篇章。9世纪中叶，昆都维克依然是（圣万德里耶修道院的）僧侣们选择逃亡的地方，也拥有盛产钱币的造币厂。塞纳河畔，鲁昂的商业地位重新恢复，并且自10世纪早期开始变得日益重要。卢瓦河及支流上的南特、昂热、图尔及奥尔良亦是如此。这一切与北方人在这些地方的活动不无关系，但这种联系也许同样受到更深层的经济增长推动力的影响。

劳动人口在一些农村地区得到重新分配。比如，从塞纳河下游河谷逃亡的农民增加了香槟地区的劳动力人口，从而增加了葡萄园的带薪岗位。为了吸引这些农民移民返乡，"秃头"查理于864年颁布法令，允许他们保留作为劳工时所挣的薪水。这使得地主与农民之间的关系天平稍微向农民倾斜。许多农民可能并没有返乡，10世纪勃艮第的富足有部分要归功于这些农民在此定居。维京人的到来造成了短期影响，这对于逃亡的人来说显然是极其艰难的，不管他们是贵族、僧侣还是农民。人们将可带走的物品和牲畜全部带走。与小物件不同，没有证据可以证明建筑物遭到毁坏。修道院的书籍和档案同金银财宝及圣骨一起被搬到安全地带，之后又被送回原处。这就是为什么卡洛林王朝的文化中心几乎毫无例外地依然得以履行其使命，比如巴黎的圣热尔曼修道院；有些则保存了重要手稿，后来它们被转移到新的文化中心，比如图尔的马丁修道院的手稿在10世纪时转移到了克吕尼。鉴于农业生产的周期性以及法兰克人对袭击时机的逐渐掌握，维京人似乎不可能毁掉太多的收成。据说北方人从来没有像8世纪的法兰克人那样毁坏阿基坦的葡萄园。掠夺性消费者不是帝国主义者。

大部分情况下，北方人似乎同法兰克人没有太大的差异，卡洛林王朝的证据不能说明北方人更加残暴。圣热尔曼修道院的僧侣提到，在"秃头"查理和军队的目睹下，来自塞纳河对岸的圣丹尼斯的北方人绞死了111名俘虏。但另一方面，782年查理大帝在费尔登（Verden）杀死4500名撒克逊人。北方人扣留或提供人质，订立条约，并"以他们的方式"发誓。北方人是异教徒，但没有证据表明法兰克人认为他们好战，或将他们的行为归为宗教狂热。相反，在教会的记录中，北方人对圣徒表现出崇敬之情。与基督教不同，异教宽容而兼收并蓄。哈拉尔、韦兰、戈德弗雷德和罗洛都心甘情愿皈依基督教。作为定居点，诺曼底也是文化快速适应的一个实例。

妇女是检验文化兼容性的试金石之一。皮特尔附近发现了一处据称是"维京人"的墓地。墓地主人究竟是维京人还是法兰克人？我们只能说她戴着维京风格的珠宝。她也许是一位皈依基督教的丹麦人（是否就是韦兰的妻子），也许是信奉丹麦宗教的法兰克人。一些北方人的确带着妻子随行（后来的萨迦证明他们对胸有城府的妻子怀有敬意），有一些人却想娶法兰克新娘，10世纪时在诺曼底的确有人这么做。《圣伯丁年代记》所有关于维京人抢劫的资料中没有提到任何强奸的事例，这相当重要，因为同一年代记中两次提到信奉基督教的卡洛林王朝国王下属实施了强奸，其中一次是强奸修女。当然，这并不意味着北方人从来没有强奸过妇女，只是说明他们并不是臭名昭著的强奸者。两位出身高贵的法兰克女子（其中一位是王后）考虑要投靠维京人，因为她们认为法兰克丈夫要杀死自己。朱迪斯公主为躲避盛怒的父王，向北方人罗里克寻求庇护。戈德弗雷德的法兰克新娘吉塞拉被设计参加"和谈"，无意间成为杀害丈夫的同谋。但是她的悲剧也暗示在诺曼底和其他地方将会出现较为乐观的可能性：妇女对和平产生了推动作用，维京人定居下来和她们共同生活。

第三章

在英格兰的维京人

（约790—1016年）

西蒙·凯恩斯

　　在诺森布里亚王国的林迪斯法恩岛上发现了一块9世纪的墓碑，墓碑圆顶的一面刻画了七位勇士，他们挥舞着斧头和剑，明显具有敌意的暗示。另一面刻画了一个位于太阳和月亮之间的十字，十字下面是两个朝它哀悼或鞠躬的人。这块石碑无疑是想传达审判日的到来，那时国家将要对抗国家，太阳和月亮将要被天堂的十字遮蔽，所有的人类都要哀悼（《马太福音》24:7，29—30）。因此，脱离末世论来看待这块墓碑，并且把这些勇士视作劫掠林迪斯法恩的一群维京人，恐怕是错误的。尽管如此，这块石碑依然能够说明当时人们对于维京人突袭英格兰的基本看法。诺森布里亚的学者阿尔昆对于来自大海另一边的异教徒亵渎圣卡斯伯特的圣地感到极其愤怒，认为这是天神对不列颠人的罪恶和极端习俗的惩罚，借此督促他们改正出格行为。百年后的9世纪末，国王阿尔弗雷德以同样的方式来对待维京人，他认为这是天神借维京人之手来惩罚他们。他试图面对这些威胁，不仅加强了防御体系，并且重塑了基督教信

仰，增加了民众对其的了解。11世纪早期，约克大主教伍尔夫斯坦二世
（Wulfstan II）延续了这一传统，在演说中面对教堂会众他痛斥不列颠民
众的罪恶、罪行和不公正的行为，他认为这些已经招致天神的不悦，而
降临到他们身上的惩罚则是维京人空前残暴的入侵。在盎格鲁–撒克逊
人的意识中，神圣审判的构想同维京人的入侵不可分割。因此，毋庸
置疑，这块林迪斯法恩墓碑的雕刻者头脑中可能呈现了维京人突袭的
主题。

现代人对于维京人的认识来自彼时欧洲人对斯堪的纳维亚各国人
民的更多了解，以及对于活跃在英格兰的维京人的更深入了解。如果说
人们曾一度将维京人在的海外扩张传奇化，那如今则有一些更加时髦的
想法，就是把他们看作被基督教舆论中伤的受害者，或者不过是那一时
代的创造者，延续了黑暗时代的正常人类活动，抑或是拥有高尚思想
或意图的有教养的人。我们对书面材料持进一步的怀疑态度，考虑地名
证据，聆听斯堪的纳维亚诗歌，研究古代北欧铭文。我们鉴赏船只、雕
塑、金属制品，观察农场和城市里人们活动的形式，从堤道、土木工
事、修筑防御工事的营地中得出恰当的结论。人们经常把9世纪末活跃
的维京军队与10世纪末、11世纪初期活跃的维京军队在构成和组织方面
做比较，并且做出了重要的区分。我们讨论维京人对英国教会制度、宗
教生活和文化的影响，试图理解他们是如何推动英格兰人形成其共同身
份认同。我们对斯堪的纳维亚人在英格兰东部和北部的影响性质和范围
或许会感到很震惊，抑或是不那么惊讶。我们试图从斯堪的纳维亚农民
大规模移民的角度来解释我们看到的一切，或者从那些站稳脚跟的征服
者军队成员的视角来看待。我们研究10世纪斯堪的纳维亚人的定居点是
如何被纳入皇家统治之下的；丹麦区的丹麦人是否还保留着一种身份认
同，会在某种情况下威胁到名义上已统一的王国的完整。我们评估那些
关于11世纪早期丹麦如何征服英格兰的描述，判断它是否因为应对所有
挑战的失败，或者可以从其他角度来理解。在讨论790年至1016年间斯堪

的纳维亚人在英格兰的活动时，有个问题是必须提出来的：阿尔昆所提出的"天神惩罚"被现代历史学家视作社会和政治变革的推动力。

8世纪和9世纪维京人的突袭

西撒克逊国王贝奥赫特里克（786—802年在位）统治期间，三艘北方人的船只抵达多塞特沿岸的波特兰岛。当地治安官（名叫比杜赫德）可能认为这些来访者是来进行贸易的商客，将他们带到附近的一个皇家庄园（可能位于多切斯特）；但这些所谓的商人其实是袭击者，他们杀死了治安官以及所有随从。这个事件的重要性被9世纪末期西撒克逊编年史学家记录下来，事后来看这件事情自然有其优势，"这是到达英格兰领土上的第一批丹麦人的船只"。在英格兰北部，对于维京时代的记录方式似乎强调袭击的主要目标是修道院和圣地。当然，人们不会认为这些袭击者真的如此挑剔。根据《盎格鲁-撒克逊编年史》的北部修订版，793年6月8日，"洗劫的异教徒残暴地毁灭了林迪斯法恩修道院，烧杀抢劫"；第二年，异教徒又抢夺了诺森布里亚，洗劫了位于唐河河口的先王埃格弗里德的修道院，明显借鉴了对诺森伯兰的贾罗或约克郡唐卡斯特（Doncaster）附近的哈特菲尔德（Hatfield）的做法。阿尔昆感到极其震惊，他认为这是异教徒对信仰基督教的民族的大屠杀。作为一名移居国外的观察者，他迸发出极大的爱国热忱，呼吁他的同胞们保持秩序。事实上，通过他的话语我们可以感受到当时那些遭到敌对军队攻击的人们的恐惧，这支军队来自大海另一端的不知名的地方，除了抢劫别无他求，倏忽而来，倏忽而去。

不幸的是，我们对于这些袭击者为何离开家乡以及他们为何在海外实施残暴手段都知之甚少。最早的几次袭击发生在8世纪末期，袭击者似乎是来自挪威，但是毋庸置疑的是，丹麦人从一开始就卷入进来。因此我们可以假设，从790年开始，成队的袭击者分别跟随自己的首领从斯堪的纳维亚出发，沿北海海岸而下，冒险去寻找名利和财富；一些袭击者跨洋后到达了英格兰，另一些人出没于欧洲大陆的河流上，或者绕过英格兰西南部进入爱尔兰海。也许有一些袭击者在袭掳之后返回斯堪的纳维亚，但随着时间的推移，越来越多的人准备在海外停留更久，甚至定居。小股袭击者有可能为了获得人员优势或袭击某一个目标而一次次地合并成更大的队伍；袭击目标被攻下或打败后，某些首领或许会设法阻止大队伍再次分裂。有个问题总是在文献中被提及，比如《盎格鲁–撒克逊编年史》就经常讨论某一次袭击是来自斯堪的纳维亚，还是来自驻扎在欧洲大陆或爱尔兰的维京人。我们要牢记一点，爱尔兰、英格兰和欧洲大陆上的维京人的活动是互为补充的，任何一次袭击都可能是一个更大行动的组成部分。假如没有频繁参考欧洲大陆和爱尔兰的年代记（尤其是《圣伯丁年代记》《圣瓦斯特年代记》和《阿尔斯特年代记》），我们就无法了解维京人袭击英格兰的过程和方式。这些年代记从不同的角度展现了袭击所造成的影响以及抵抗的程度，这是最具启发性的。

维京人对英格兰的袭击发生在8世纪末和9世纪上半叶，也许这些袭击仅是偶尔发生，因此当时的人们不认为袭击会对他们的生活产生威胁。的确，从编年史家们的沉默中可以判断，9世纪前二十五年英格兰没有被维京人过多骚扰。但到了9世纪30年代，沿北海海岸的袭击开始变得频繁，随后则更加深入和持久。更重要的是，这些变化是和受害国家不断加剧的社会政治动荡同时发生的。835年异教徒重创了谢佩岛，标志着丹麦人恢复了他们在英格兰南部各地的活动。836年，西撒克逊国王爱格伯特（Ecgberht）在卡汉普顿（Carhampton，位于萨默塞特的北部沿海）抗击一支拥有35艘船只的舰队，838年又在下辛斯顿（Hingston Down）抗击一支由维京人和康沃尔人组成的联合部队；更重要的是，9世纪40年代初，位于南安普顿的西撒克逊行政和贸易中心至少遭到了一次袭击。然而，或许直到850年前后，袭击的猛烈程度日益加剧持久，才让所有英格兰人感到震惊。"异教徒"在850年或851年首次在萨尼特岛过冬，854年或855年在谢佩岛首次过冬，编年史家对这些事情的影响进行了评论。回顾起来，这些事件标志着维京人的活动开始在英格兰升级。据说一支规模前所未有的部队集结了450艘船只，在851年突袭了坎特伯雷和伦敦，迫使麦西亚国王贝尔特武夫（Berhtwulf）及其军队逃往他处。不久之后，西撒克逊人在阿克莱亚（Aclea，位于萨里）遭遇同一支维京部队。如果说西撒克逊的编年史家在记录国王埃塞尔沃夫和军队"给予异教徒的军队有史以来最伟大的屠杀"时带着想当然的偏袒，那么另一位欧洲大陆编年史家就不那么有偏见，他记录的可能是同一事件。"英格兰人在耶稣基督的帮助下打败了"袭击不列颠的一些北方人。859年，一支海军突然出现在索姆河上，并在860年跨过英吉利海峡，突袭了温切斯特，但随后被驱赶。有意思的是，还是这位欧洲大陆的编年史家注意到了这次事件，并补充说这支军队在861年返回欧洲大陆。因此，维京人在英格兰南部活动的加剧不仅反映了直接从斯堪的纳维亚到达英格兰的人数增多，也反映了英吉利海峡两岸开始出现联合行动的趋势。

865年或866年，"一支庞大的异教徒军队"在东盎格利亚过冬，维京人对英格兰的袭击进一步加剧。我们有理由假设这支军队来自斯堪的纳维亚，但是它也有可能是一支混杂部队，带有活跃在欧洲大陆和爱尔兰的维京人的特点。我们得不到任何关于这支军队规模的线索（除了它很庞大），只能通过历史记载的实力凝聚和成功袭击例子，揣测它或许有两三千人之众。首领中除了有一个叫巴格赛格（Bagsecg）的"国王"和几位"酋伯爵"，似乎还包括"无骨者"伊瓦尔（Ivar the Boneless）和他的兄弟哈夫丹（Halfdan），他们是传奇首领拉格纳·洛德布罗克（Ragnar Lothbrok）的儿子。假如此伊瓦尔就是9世纪50年代末60年代初横行爱尔兰的那位伊马尔（Ímar），似乎他能够和他的兄弟会合，并在抵达英格兰后共同领导这支军队。

《盎格鲁-撒克逊编年史》中的年代记对于这支军队在9世纪60年代的活动经历做了很合理的解释。这支军队于866年由东盎格利亚进入诺森布里亚，867年由诺森布里亚进入麦西亚，又于868年向北回到诺森布里亚，然后于869年由麦西亚返回东盎格利亚。在早期阶段，维京人似乎很乐意同东盎格利亚人、诺森布里亚人和麦西亚人"讲和"（用编年史家的话来说），显然是想从英格兰人那里带走钱财和补给，而条件是他们承诺离开英格兰。但是可以肯定的是，除了867年，诺森布里亚人损失尤为惨重，尤其是这年春天国王埃伊拉（Ælla）死于约克。869年维京人回到东盎格利亚，他们杀死了东盎格利亚国王埃德蒙，"征服"了该国，表明他们已经替代原有的管理形式，直接接管了这片土地〔也许授予当地国王埃塞尔雷德（Æthelred）和奥斯瓦尔德（Oswald）一些权力，我们只能从当时的硬币上知道这两个人〕。假如伊瓦尔就是伊马尔，他似乎在这段时期返回诺森布里亚，并且自870年起一直活跃在爱尔兰海两岸，直到873年他死去。

871年的最初几周，维京人从他们在东盎格利亚的据点对威塞克斯发动了进攻，很快就有一支"夏季大部队"在雷丁（Reading）加入他们。经过一番苦战，西撒克逊人被说服"讲和"。随后维京人继续活跃在麦西亚王国的广大区域，相继在伦敦（871年或872年）、托克西（Torksey，873年或874年）、雷普顿（Repton，873年或874年）过冬。从雷普顿大撤退可以看出，这支部队曾在特伦特河（Trent River）旁的营地采取防守姿态，把一座古老的修道院当作出入门户。同时，大约有250人在873年或874年被埋葬，这一大规模死亡与一位领导者有密切关系。874年，维京人从位于雷普顿的基地出发，将国王伯雷德（Burgred）流放，"征服"了麦西亚王国，并扶持一位叫西奥沃尔夫（Ceolwulf）的人接替伯雷德的王位。他们随后分裂成两部分。哈夫丹接管了或许是那支865年"庞大军队"的余部，率领他们进入诺森布里亚，为度过874年或875年的冬天，他们在泰恩河（Tyne River）河畔建立了基地。这支军队很快就"征服了这个国度"，并且还对更远的区域进行了探索。但是大约一年后的876年，哈夫丹和他的士兵"分享诺森布里亚人的土地，开始通过耕种来自给自足"。这表明斯堪的纳维亚人在这片被后世称作"丹麦区"的地区北部建立了定居点。其他三位国王——古斯鲁姆（Guthrum）、奥塞克特尔（Oscetel）和安文德（Anwend），于874年率领"一支大部队"离开雷普顿向剑桥进发，这支军队或许与871年的"夏季大部队"一样易于辨认。

874年或875年，这支维京军队在剑桥建立营地过冬，第二年他们在那里滞留了大半年。875年末，这支军队再次对威塞克斯发动进攻，并且在之后两年一直保持这种态势。877或878年，这支军队开始把格洛斯特（Gloucester）作为过冬营地。自此格洛斯特开始成为麦西亚王国西南部的重要政治中心。877年，麦西亚的维京军队"拿出一些地盘给了西奥沃尔夫"，这意味着斯堪的纳维亚人在中东部建立了定居点，确立了西奥沃尔夫作为英格兰麦西亚国王的地位。这一地区的重心本在中西部，但后来开始沿泰晤士河向牛津和伦敦拓展。因此，这支军队应该是古斯鲁姆率领的一支残部，在878年对威塞克斯发动了第三次进攻。尽管丹麦人一开始取胜，占领土地，并将国王阿尔弗雷德赶进了萨默塞特沼泽地，但是几周之后国王阿尔弗雷德就集合了军队发起战役，最终在威尔特郡的埃丁顿战役中打败丹麦人。古斯鲁姆和30位首领随即在阿塞尔纳附近的阿勒（Aller）和萨默塞特的韦德莫尔皇家庄园（Wedmore）举行的盛大仪式上接受洗礼皈依基督教。丹麦人退出纷争，首先于878年或879年前往赛伦塞斯特（Cirencester），然后于879年末进入东盎格利亚，在那里他们"定居下来并分得土地"。编年史家的记录展现了在未来丹麦区斯堪的纳维亚定居点的建立。879年或880年古斯鲁姆在东盎格利亚建立了定居点，很快"英格兰区"和"丹麦区"的边界被正式认可，国王阿尔弗雷德和国王古斯鲁姆签订协议将其确定下来。边界将伦敦划归英格兰一方，当国王阿尔弗雷德于886年"占领"这个城市后，习惯上以此作为"占领"时间。尽管如此，发掘出的古钱币可以证明，自874年伯雷德国王死后，伦敦一直名义上处于英格兰控制。然而，890年国王古斯鲁姆死后协议里确定的边界没有长期存在，边界在事件的不断发展中被迅速跨越。

878年底，第三支维京军队集结并在泰晤士河畔的富勒姆（Fulham）扎营，但是他们似乎对古斯鲁姆的失败感到非常灰心，因此于879年离开英格兰，将注意力转向欧洲大陆。9世纪80年代，当这支军队在法兰克和低地国家横行猖狂的时候，国王阿尔弗雷德正采取各种精心策划的措施以保证他的王国和子民能够挺过更多的攻击。他本可以汲取西撒克逊、麦西亚和肯特先辈们的经验和做法，也可以参考欧洲大陆法兰克国王和其他统治者的抵御措施。但他也可以依靠自己的信仰，或许尤其从《旧约》中国王大卫和所罗门的故事对他的启示中获得力量和激励。国王阿尔弗雷德在全国范围修建要塞和设防城镇，做好必要的维护和防御，同时他将军队分为两组，"这样总有一组军队留守，另一组执勤"；除此之外，他制订了一个从宫廷开始复兴宗教和文化的计划，意图确保从此之后上帝能够护佑英格兰人民。

892年，由"250艘"船只和那支显然曾于878年或879年在富勒姆过冬并在欧洲大陆横行十年的军队组成了一支"庞大的丹麦军队"。他们渡过英吉利海峡返回英格兰，并在肯特的阿普尔多尔（Appledore）驻扎下来。很快，另一支由经验丰富的著名首领黑斯廷（Hasting）所率领的拥有80艘船只的舰队进入泰晤士河口，并在米尔顿驻扎。英格兰人民陷入了似乎难以度过的危急时刻。然而从893年至896年的《盎格鲁-撒克逊编年史》中对这场战争的详细记载来判断，维京人所面对的是团结一致的坚决抵抗，被侵犯者没有对他们产生深刻印象。于是他们在896年又分道扬镳，"一支部队进入东盎格利亚，一支部队进入诺森布里亚，那些没钱的士兵则占据了船只，向南渡海前往塞纳河"。这与865年至880年间维京人所获得的成功形成鲜明对比，彼时的维京人通过劫掠、征服并以各种方式在英格兰各地定居下来。从英格兰的角度来看，这一回的胜利要归功于国王阿尔弗雷德。

当国王阿尔弗雷德思考9世纪文化的衰落时，他认为"在英格兰的一切被洗劫烧毁之前，教堂里满是珍宝和书籍"。事实上，他的话正是唯一明白无误的证据，表明维京人对英格兰的袭击通常伴随着大规模破坏。在那些受到维京袭击直接影响的地区，教会组织无疑遭到了破坏；比如，我们了解到9世纪末林赛（Lindsey）、埃尔姆汉（Elmham）、邓尼奇（Dunwich）的主教继任被中断，中东部的莱斯特（Leicester）教区则搬迁到泰晤士河畔的多切斯特（Dorchester）。但是人们通常认为（也不无道理）许多久负盛名、分散在全国各地的修道院被猖狂的维京军队毁坏：他们屠杀信徒，分裂宗教社团，焚烧书籍和文献，掠夺珍宝，强行将教会多年来所获赠的土地世俗化，用武力或用违约的方式将土地收归国王所有。然而令人惊讶的是，很难通过某一个修道院的命运来证实这种推断。肯特的大教堂一定从8世纪末开始就遭到攻击了，9世纪中叶尤其不堪一击。当然，人们一定认为坎特伯雷的修道院在851年的维京袭击中被洗劫一空。9世纪60年代诺森布里亚的一些教堂或许向那支"庞大军队"屈服，尽管这里的修道院在867年被维京人洗劫的看法不一定正确，但是约克郡惠特比镇（Whitby）民众的撤退和东北部雅罗地区民众的撤退表明，在9世纪后期这些地点的确被废弃了。维京人在875至876年征服诺森布里亚并在那里居住后，其他修道院可能屈服了。据说最有名的就是875年圣卡斯伯特教区及其主教放弃林迪斯法恩，开始了一场长达7年的流浪，最终于9世纪80年代到达了达勒姆郡的切斯特勒斯特里特。据推测，869年至870年间东英格兰包括伊利（Ely）、梅得舍姆斯特德〔edeshamstede，即彼德伯勒（Peterborough）〕和克罗兰（Crowland）的修道院沦为这支"庞大军队"的猎物，尽管我们尚不清楚能不能得到比假设更多一点的证据。

即使带有最具9世纪维京人掠夺象征意义的证据也缺乏适当的历史语境。9世纪中期后不久，在一本8世纪中期的福音书〔即《奥利斯法典》（Codex Aureus）〕的空白上出现一段题词，表明这本书是由郡长阿尔弗雷德（和妻子维尔堡）从一支"异教徒军队"手中发现的。他们用金子从这支军队中换得这本书，并且为了拯救自己的灵魂而把书献给坎特伯雷的基督教教会。遗憾的是，我们却无从知晓这本书在何时、何地，以及如何落入异教徒之手。但是阿尔弗雷德大帝曾经于9世纪50至80年代在萨里设立郡长，并且在肯特享有极大的利益，人们可以假设这本书是9世纪50年代维京人对萨里和肯特的袭击中从教堂抢劫的，不久后就被郡长收回。或许人们应该在这个关联中注意到，贝奥卡院长（Abbot Beocca）、大祭司埃德多（Edor the mass-priest）和90位僧侣在萨里的彻特西修道院被杀。这大约发生在9世纪后半期，贝奥卡和埃德多很快就被当作殉道者被人纪念（并且被写入11世纪早期关于"圣徒安息处"的小册子）。这件事发生在9世纪50年代初还是871年或872年已无从知晓。〔维京军队曾于871年或872年在伦敦过冬，并且其中一位维京人在萨里的克罗伊登（Croydon）的一处庄园中囤积了一大笔银币，这座庄园随后被大主教埃塞尔雷德交给郡长阿尔弗雷德。〕然而有趣的是，当阿尔弗雷德在大约80年代立下遗嘱时，彻特西修道院似乎再一次繁荣起来。

当然，如果把维京袭击作为影响9世纪英国宗教活动水平的唯一因素，那就错了。以国王阿尔弗雷德的观点来看，袭击不是原因，而是宗教被忽视和教会衰落的结果，或者（他也许会说）这是上帝对于英格兰人民不满的表现。兰斯大主教福尔科（Fulco）曾于9世纪80年代中给国王阿尔弗雷德写信询问，教会秩序的衰落是由"维京人频繁入侵和杀戮，还是由于腐朽，抑或主教们或手下人的大意"造成的，似乎袭击加剧了源于英格兰人自身的变革过程。同样，当国王阿尔弗雷德的传记作者阿瑟（Asser）考虑正常宗教生活热情衰减的时候，他想知道"（我怀疑）是那些频繁从海上和陆地洗劫英格兰的外国敌人，或者是人民财富的极度富足，造成了修道活动越来越不受重视"。这些话表明，忽视和自满与造成国王阿尔弗雷德登基伊始困境的维京军队大规模掠夺一样，会对英格兰宗教生活的质量产生影响。由于种种原因，坎特伯雷大主教西奥尔诺思（Ceolnoth，833年至870年）好像在英格兰南部放弃了召开教会例会的早期做法；从这一教会系统中所传递的态度来看，已经开始的衰败就毫不令人惊讶了。如果那些位于权威地位的人缺乏能力或意愿来保证宗教生活的标准，或面对世俗权力侵占教会特权时，他们缺乏反抗的精神，那么正如阿尔弗雷德大帝在他所译的《司牧训话》（*Cura Pastoralis*，教皇格里高利一世所作）一书的序言中提及的：必然会带来持续的衰落。坎特伯雷自身的衰败表现在9世纪五六十年代基督教会制定的糟糕章程；在其他地方，衰落表现在各个方面，如无法理解拉丁文的祈祷书，也无意严格按照宗教规定组织教区的活动。后来，修道院的生活也受到了英格兰人民自身活动的影响。一旦有必要提高赎金金额来同敌人"讲和"，教堂宝藏中的金银就大大减少。教堂的土地不是被卖掉用来筹资，就是以任何压倒一切的利益为借口被世俗权力接管。就阿尔弗雷德来讲，他似乎向埃塞尔雷德大主教提出了一个令后者不快的要求，甚至招致教皇约翰八世的一封批评信。尤其在阿宾登（Abingdon），人们认为阿尔弗雷德侵占修道院的土地，并为其所用。然而不应忘记的是，在9世纪末和10世纪初英格兰圣公会教堂，还有数目不详的修道院和女修道院生存了下来。不管后人的说法为何与此相反，英格兰的宗教生活从来没有被扼杀过。

既然当时人们认为维京人袭击是异教徒对于一个基督教民族的攻击，那么我们也可以合理推测，在某些方面这种看法被用来加强一种观念，即统治者有义不容辞的责任寻求上帝支持以抵抗入侵者。例证就是西撒克逊和肯特国王埃塞尔沃夫（839—858年在位）惹眼的做法。853年，他向罗马派出一支代表团（其中有他的小儿子阿尔弗雷德）；854年至855年，他为了"上帝的表扬和他自己永远的救赎"而分封了他自己十分之一的土地；855年，他以"一种大胸怀"亲赴罗马（随行带着阿尔弗雷德），一年之后经"秃头"查理的宫廷返回；在他858年去世之前不久，他起草了一份遗嘱，包括为穷人提供食物和每年向罗马支付费用。埃塞尔沃夫的表率作用或许在某一方面影响了他的儿子埃塞尔伯特（860—865年在位）和埃塞尔雷德（865—871年在位）。871年，埃塞尔雷德将军队投入阿什当（Ashdown）战役前，下定决心来完成他的宗教敬拜，并因此赢得声望。然而，最重要的是国王阿尔弗雷德（871—899年在位）进行了最持久、最精心、最顽强的努力，来赢得上帝对英格兰人民对抗维京人的支持。也许是受到9世纪50年代两次罗马之行的激励，阿尔弗雷德同教皇马里努斯（Marinus）建立了尤其亲密的关系，他许诺给予捐赠（883年赠送第一批），并说服教皇免除罗马在英格兰区的税赋；"善良的教皇"马里努斯（885年的年代记如此记录）去世后，阿尔弗雷德认真履行了他的许诺，保证每年把他和子民的捐赠送到罗马（887年、888年和889年记录）。9世纪80年代，阿尔弗雷德亲自制订并实施计划来复兴宗教和学术，他这样做尤其是希望上帝支持英格兰人民。这项计划的最佳代表成就是将一系列"所有人最需要读懂"的书译成了英语，另一个则是阿尔弗雷德为王国内的贵族青年建立了一所学校。同样，富勒胸针、阿尔弗雷德珠宝饰物、阿宾登之剑都以不同形式象征了阿尔弗雷德领导的王国重塑基督教信仰。

然而，9世纪维京人对英格兰造成的最大影响，是袭击给英格兰人民提供了寻找身份认同的推动力，以及为从886年到927年长达四十年的阿尔弗雷德式政治秩序提供了大背景。870年东盎格利亚王国被"征服"，874年麦西亚王国被"征服"，875年诺森布里亚王国被"征服"。878年，西撒克逊王国曾短暂屈服，但是在阿尔弗雷德取得埃丁顿战役胜利后的几年，"英格兰人"的英格兰政局彻底改变。阿尔弗雷德基于9世纪五六十年代威塞克斯与麦西亚之间建立起来的同盟关系，并充分利用他自己的功绩和声望，似乎能够在9世纪80年代初期将他的政权扩展到"英格兰人"的麦西亚；886年阿尔弗雷德正式占领并恢复伦敦，"所有没有受制于丹麦人的英格兰人都顺从于他"。因此，他被誉为"盎格鲁人和撒克逊人的国王"或"盎格鲁–撒克逊人的国王"，确认了他作为一个新建政权的统治者地位，这个新政权包含"英格兰"的麦西亚和威塞克斯（以及向东延伸的部分）；正因为此，阿尔弗雷德死后，他被确切地描述为"除丹麦统治外所有英格兰人的国王"。毫无疑问，可能许多人有理由厌恶他在政治上的自我扩张，正如许多人厌恶强加在人民身上的重负，或厌恶王权（王室贵族）对世俗社会结构的一点一点侵蚀。阿尔弗雷德具有许多胜于其他国王的品质，作为一位出色的国王，他看到并抓住了机遇。

丹麦区的斯堪的纳维亚人定居点

虽然《盎格鲁-撒克逊编年史》没有记录，但可以判断，在英格兰经年作战的维京士兵决定放弃之前的征战而从事另一种活动时，斯堪的纳维亚人在后来成为"丹麦区"的地方定居就此开始。我们了解到，876年，哈夫丹和他的手下"分享诺森布里亚的土地，并开始耕作、自给自足"；877年，另一支军队的士兵"前往麦西亚，取得一些土地，并分给西奥沃尔夫一部分"；880年，古斯鲁姆的军队进入东盎格利亚，"定居于此，分享土地"。这一地区的英格兰人受到了很大影响，他们不仅人数众多，而且受到丹麦人的控制。同样，当892年至896年间活跃在英格兰的一些维京军队随后在东盎格利亚或诺森布里亚定居时，没有确凿证据能够表明9世纪末或10世纪初有大批人直接从斯堪的纳维亚来到英格兰并加入丹麦人之中。另一方面，从编年史上清晰地看到，某些斯堪的纳维亚定居点的政治权力不属于任何公认的国王，而是属于另外一种政体——以自治市镇或人称"酋伯爵"的单人或多人为中心。当然，10世纪前25年这些自治市镇所供养的军队中不可能包括9世纪六七十年代活跃的维京军队余部。因此人们可以假设，或许他们构成了新的士兵定居热潮，或许他们是第一代定居者的子女。

那些在回顾时被视作丹麦区鲜明特色的证据拥有各种形式，每一种都被解读上的问题所困扰。然而一般来说，我们要避免仅仅关注"丹麦人"在某个方面的影响，或脱离大环境来判断。也就是说，我们要牢记自己研究的是在"英格兰"背景下的"丹麦人"定居点，以及两个民族之间相互影响的实质从一开始就依赖许多因素。例如，一个群体对另一个群体在社会、经济和政治上的依赖程度，人们学说另一种语言后所产生的交流能力，通婚以及社会、文化和宗教同化带来的影响，集体身份认同的变化等。同时，我们不应忘记，证据从整体来讲是一个长期和复杂过程的结果，带有本土变化特征，与9世纪末那些最初定居点的情况没有直接关系。

如果仅仅从影响最广泛的角度看，斯堪的纳维亚人对丹麦区的影响中，语言证据最为重要。13世纪前期，冰岛作家斯诺里·斯图鲁松（Snorri Sturluson）首先观察到东英格兰一些地方有斯堪的纳维亚式名字；之后随着有人更细致地研究这个问题，一个简单的观察变成了一种深入的理解。"斯堪的纳维亚"地名的主要分类有：混合语（一个斯堪的纳维亚词元素加上一个英语词元素）；带有"by"的名称（带有古丹麦语by，意为农庄或村子）；带有"thorpe"的名称（带有在大多数情况下被认为是古丹麦语的thorpe，意为第二个定居点或小村庄）；大量带有其他斯堪的纳维亚语色彩的名称；还有大量受斯堪的纳维亚语发音影响的名称。但是我们还应该考虑基督教教区内部少量具有斯堪的纳维亚元素的名字，比如地名，这可以有助于了解某些地方的整体情况。名称的主要分类可以按照各自的情况（如把斯堪的纳维亚人名与英语人名的比例作为评估的重要因素）来研究，也可以参考其与土壤性质的关系、位置的战略重要性、周边地区中其他斯堪的纳维亚地名的分布等因素；也可以在此基础上，对英格兰东部或北部某个地方的斯堪的纳维亚定居点的影响范围、密度和相应年代表形成一种看法。然而，重要的是要记住这些"斯堪的纳维亚"名字是长期形成的（贯穿10世纪和11世纪，甚至更久）；作为一个大类，它们肯定是在同一地区幸存"英语"名字的模式下拥有了自己的地位。另外，地名证据只是更大的语言学图景的一部分；尽管这一大图景展示了斯堪的纳维亚对东英格兰口头语言影响之广、程度之深，新出现的语言仍然被认为是英语。

物质文化的证据更加难寻，这也说明在某些方面移民很快就同其他人融为一体，这反映出他们融入大环境的能力。然而，英格兰北部的教堂保存了被认为是"维京"雕塑的例证；对于胸针和其他一些小物件的分析显示，整个10世纪丹麦区的一些居民同斯堪的纳维亚保持了一定程度的联系。约克镇的发掘结果展示了丹麦区北部主要贸易中心的物质和经济生活，尽管它不如我们想象中的爱尔兰-挪威（Hiberno-Norse）统治者所认可的那座城市，也非游吟诗人埃吉尔·斯卡拉格里姆松在拜访"血斧"埃里克的宫廷时所赞颂的那样。从丹麦区东部和北部的最早统治者所发行的硬币可以看出，他们渴望用象征王室的物品装饰自身；同时这也正好提供了他们迅速皈依基督教的证据（也许为同化过程提供了便利条件）。同样，以约克的斯堪的纳维亚和英格兰统治者继承者的名义铸造的货币对于重塑一个如此复杂的政权是至关重要的。以国王埃德加、国王埃塞尔雷德和国王克努特名义发布的法律有助于区分"英格兰人"的英格兰和丹麦区的具体司法实践；在东英格兰如彼得伯勒、拉姆西（Ramsey）、索尼（Thorney）、伊利、贝里圣埃德蒙兹（Bury St. Edmunds），一些经过改革的修道院留下了记录，使我们能够了解这些修道院周边的盎格鲁-斯堪的纳维亚群体。最后，《末日审判书》证据（以后的章程作为补充证据）成为了解社会、农业和经济模式的基础。11世纪后半叶，这些模式在英格兰东部和北部盛行，构建起了一幅完整的图画——包括被称为"索克曼"的佃户、"自由人"和其他类别的人群，他们遵循的惯例明显区别于英格兰其他地区。当然，问题在于，这是丹麦区带有明显"丹麦"特色社会的证据，抑或只是受9世纪末期骚扰和定居直接影响的大多数地区在于10世纪和11世纪出现的特殊群体的特征。

毋庸置疑，这一证据可以有多种解释。但是，尽管存在对复杂假设误读的风险，这依然有助于减少对于一组模式相互矛盾的解释，它们有重合之处，又强调不同的因素。我们可以简单地假设一下，大规模维京部队征服英格兰东部和北部并在那里建立首批定居点，紧随其后的（9世纪末）是从丹麦移民到英格兰东部和北部的真正农民，他们在规模上足以超过当地人，产生了特色鲜明的"丹麦"群体。或许我们也可以假设，这些定居点是由相对较小的维京部队的余部建立的，他们的政治统治使他们能够（不仅在语言上，而且在地名上）施加与他们人数不成比例的影响。10世纪，这些士兵的后代通过内部殖民的过程逐渐从最初的定居点向外拓展。我们还可以假设，首批定居点规模较小，由那些获得优势的维京军队建立；9世纪末和10世纪初，在这个保护屏障之后出现了更大规模的进一步开拓，后来发展为从斯堪的纳维亚到英格兰东部的第二次移民潮。或许我们还能假设，9世纪末的定居点是由规模相对较大且占据政治统治地位的维京部队余部建立的；这些移民从一开始就与当地英格兰人融合、通婚，接受他们的一些习俗，并且影响或传播其他习俗；我们甚至没有必要介绍从斯堪的纳维亚前来此地的其他移民来佐证这个证据，因为自10世纪初，接连不断的一代代人越来越融入当地社会和经济扩张过程，产生了"盎格鲁—丹麦人"群体，但是这个群体仍然在名义上保留了"丹麦人"的身份。既然适用于一个区域的模式不一定适用于另一个区域，我们也就没有必要在表达上更倾向于其中一个模式；毕竟，不同的地方是在不同的情况下成为定居点的，并且每个地区10世纪的历史也不尽相同。然而，我们应该注意到一个重要的因素，10世纪的定居不是865年和871年"庞大军队"（不论是几百人或几千人）的规模，也非9世纪末期定居点的规模。对我们理解斯堪的纳维亚人的定居点，重要的一点是明白定居者处于政治统治地位，同时假设他们有足够的理由自第一代起就同英格兰人融合，并且在经历了200年的社会经济发展后才形成了11世纪后半叶《末日审判书》里所描述的局面。正如F. W. 梅特兰（F. W. Maitland）所说："我们要谨慎使用丹麦人这个身份。"

如果说维京人的突袭推动了英格兰人民在国王阿尔弗雷德领导下反抗共同敌人，而且实现了统一，那我们就应该把斯堪的纳维亚人的定居点视为最终促成英格兰政治统一的实际过程中的一个主要的复杂因素。899年，"长者"王爱德华（King Edward the Elder）继承父亲的王位，他被称为"盎格鲁—撒克逊国王"。他很快发动了一场运动，目的是把权力延伸到丹麦人控制区。毫无疑问，他和他的姐夫埃塞尔雷德、姐姐埃塞尔弗莱德（Æthelred）密切配合，两人都是麦西亚的统治者，并且从一开始就承认爱德华至高无上的权力。但也毋庸奇怪，《盎格鲁–撒克逊编年史》不同版本虽都包含了"西撒克逊"和"麦西亚"对这一运动的描述，却以不同的角度呈现。西撒克逊编年史家记述了丹麦人和居住在亨伯河南面的英格兰人向"长者"爱德华屈服的不同阶段，从中可以看出丹麦人是如何因为缺乏政治一致性而处于劣势。920年，"苏格兰和苏格兰人民的国王，约克国王拉格纳尔德、埃德武夫的诸子，居住在诺森布里亚的所有英格兰、丹麦子民、北方人以及其他人，斯特拉思克莱德威尔士（Strathclyde Welsh）国王和所有斯特拉思克莱德威尔士子民选择向他臣服"，表明各方都承认爱德华的领主地位，但是他显然没有能够直接统治亨伯河以北地区。埃塞尔斯坦（Athlstan，924—939年在位）继位后，我们在其统治早期发布的宪章中发现他被称为"盎格鲁–撒克逊人和丹麦人的国王"，事实上也代表了其父爱德华在亨伯河以南地区建立的政权。但是，当埃塞尔斯坦在927年"继承了"诺森布里亚王国并有资格被称"英格兰人的国王"甚至"整个不列颠的国王"时，这一政权随即被取代。928至934年，无数位拥有斯堪的纳维亚名字的酋伯爵参与国王会议，他们也许是丹麦区不同区域的代表。但是，唉，我们还不了解埃塞尔斯坦是如何将这些人纳入麾下，以及如何以他的名义行使王权的细节的。奇怪的是，在他统治的最后5年，这些"斯堪的纳维亚"酋伯爵不再出现在国王宪章的见证人名单中，或许是因为这些伯爵不再参加国王会议，又或是他们被位置较高的"英格兰"郡长取代，或许起草这些宪章的书吏认为他们的地位不足以被纳入以国王郡长为主的机构中。

939年国王埃塞尔斯坦去世，959年国王埃德维格（Eadwig）去世，我们很难理解这20年间丹麦区的政治变化，不仅仅因为涉及许多相互竞争的派系和人物。作为在都柏林和约克有利益关系的爱尔兰–挪威王朝一员，奥拉夫·古特夫里特松（Olaf Guthfrithsson）在埃塞尔斯坦死后抓住主动权，自立为约克王，把王国南面的边界向南推移至惠特灵大道（Watling Street）。941年，他的表弟奥拉夫·西特里克松（Olaf Sihtricsson）继承王位。942年，国王埃德蒙（King Edmund，939—946年在位）收回五个城市的主权，包括林肯、德比、诺丁汉、莱斯特和斯坦福德。当时的编年史家认为这一行动将"丹麦人"从异教徒"斯堪的纳维亚人"的压迫下解放了出来。944年，国王埃德蒙将奥拉夫·西特里克松和拉格纳尔德·古特夫里特松（Ragnald Guthfrithsson）赶出约克，继而将诺森布里亚全部纳入自己统治范围。几乎毫无疑问，约克大主教伍尔夫斯坦一世（931—956年在位）在其中起到了重要作用。他没有见证大约是935年（这看上去时间相当"早"）至941年期间的国王宪章，却在942年（埃德蒙收回诺森布里亚之前）为埃德蒙的一些宪章做了见证，似乎他已经参与国王的朝廷事务，但943年他再次"消失"。一位编年史者没有将驱逐北欧人国王的功绩归功于国王埃德蒙，而是归功于"伍尔夫斯坦主教和麦西亚的郡长们"，似乎伍尔夫斯坦本人在挫败北方人中起到了重要作用，因此得以在944年重返埃德蒙宫廷。946年5月26日埃德蒙死后，国王埃德雷德（Eadred，946—955年在位）立即"将全部诺森布里亚纳入自己的统治"，并写进了一系列风格独特的"头韵体"宪章中，其中之一就是他于946年8月16日在泰晤士河畔的金斯顿加冕典礼上颁布的宪章。他的王国由四部分组成，包括"盎格鲁-撒克逊人"（似乎这个说法宽泛地包括了所有居住在亨伯河南面的人）、"诺森布里亚人"（可能指居住在北方的英格兰人以及约克郡的盎格鲁-丹麦居民）、"异教徒"（约克的爱尔兰-挪威人）和"不列颠人"（大概是居住在斯特拉思克莱德王国的不列颠人）。10世纪40年代末和50年代发生的事件很容易产生不同的解释，这里只叙述一个事件。947年，伍尔夫斯坦大主教和"诺森布里亚人"似乎已经接受来自挪威的"血斧"埃里克成为国王，但是在948年诺森布里亚被迫抛弃了埃里克，而是屈服于国王埃德雷德。埃德雷德在948年的某一时间到950年的某一时间之内统治了整个英格兰。在949年和950年颁布的"头韵体"宪章中，他被尊为盎格鲁-撒克逊人（或"英格兰人"）、诺森布里亚人、异教徒和不列颠人的国王。伍尔夫斯坦大主教、切斯特勒斯特里特主教埃尔德雷德（Bishop Ealdred）、一些"斯堪的纳维亚"酋伯爵和班堡城长官奥斯伍尔夫（Oswulf）共同见证了同一批宪章的签署。诺森布里亚人似乎在950年重新获得政治独立，先尊奥拉夫·西特里克松为王，随后再次尊"血斧"埃里克为王。令人感到惊奇的是，诺森布里亚人似乎天生具有废立国王的能力，好像他们一直在试图寻找他们的最大利益。951年，大主教伍尔夫斯坦和其他北方人（恰如其分地）未出现在国王埃德雷德的宪章中，并且据说伍尔夫斯坦在952年被国王囚禁。如此说来，伍尔夫斯坦依旧在这一系列复杂事件背后的政局中起到举足轻重的作用。953年，伍尔夫斯坦似乎已经恢复旧日其在宫廷中的地位。同年或第二年，诺森布里亚人又擅自驱逐了"血斧"埃里克，随即埃德雷德"成功地继承诺森布里亚王国王位"。"头韵体"宪章起草者故意在951年颁布的宪章中将埃德雷德混淆为"英格兰国王"，并于955年适时地将"盎格鲁-撒克逊人、诺森布里亚人、异教徒和不列颠人的国王"这一头衔归还给他。

955年政权依然能够以这种方式建立，说明了英格兰王国政权的统一不是想当然的（尽管，从各种意义上来说，"英格兰国王"是大多数宪章中的一种惯例称呼）。因此，考虑其他人如何看待整个王国的各个组成部分能为我们带来启发。出于各种原因，957年国王埃德维格（Edawig，955—959年在位）和国王埃德加以泰晤士河为界将英格兰王国分裂。国王埃德加在958年颁布的一份宪章中被称为"麦西亚、诺森布里亚和不列颠人的国王"，似乎丹麦人作为一个整体并没有在王国中占有重要地位。959年埃德维格国王去世，埃德加（959—975年在位）重新统一王国。在他作为"英格兰国王"统治期间，英格兰王国保持了长久统一的政治局面。大约在962年至963年，也可能在10世纪70年代初，以埃德加名义颁布的一部法典可以为解释表面统一背后的复杂性提供一些启示。法典的起草者显然认可"英格兰人"中适用的习俗或权力与"丹麦人"中适用的习俗或权力的基本区别。但是，尽管一些措施"对全国适用，在我统治的每一个省份，不论英格兰人、丹麦人或不列颠人都须遵循"，埃德加甘愿让丹麦人自行处理事务，补充说"因为你们对我表示忠诚，我已经允许如此，并终生允许如此"。我们或许可以认为，国王埃德加是出于957年丹麦人的支持而对他们做出奖赏，给予他们表面上的法律自制。在这个意义上，也可能是埃德加使丹麦区成为现实。但是，更自然的猜想可能是埃德加意识到自己在王国的"丹麦"地区立法能力有限，认为承认不同民族已有习俗多样性这一做法可以最大限度地维持整个王国表面的统一。30年后，埃德加的儿子"仓促王"埃塞尔雷德（978—1016年在位）（在伍德斯托克）颁布了一部打算在"英格兰"法律区使用的法典，（又在旺蒂奇）颁布了另一部计划在五个自治市镇使用的法典。旺蒂奇法典充满"斯堪的纳维亚"词汇，反映了10世纪的丹麦区盛行的习俗受到9世纪末斯堪的纳维亚定居点特殊环境的影响程度。然而事实是，这部法典代表了盎格鲁-丹麦社会的皇家立法。我们可以假设，埃塞尔雷德试图将丹麦区一个地区的惯例与"英格兰人"英格兰的惯例统一起来，法典代表了在国王埃德加所偏爱并给予自治的地方实行一致管理的尝试，因此埃塞尔雷德遭到丹麦区的仇视。虽然这个法典可以被解读为比国王埃德加进行的皇家治理更进一步的行动，但是没有任何理由把它视作阴险的行为。它只不过是政府行使职能的一个证据，我们也没有理由认为它是用来对抗丹麦区盎格鲁-丹麦居民的。

我们可以从一份地方宪章中的一个方案了解到10世纪末人们对于国家的认识，其中提到"从四面八方会聚来的所有乡绅，既有西撒克逊人和麦西亚人，也有英格兰人和丹麦人"。这可能是想区分西撒克逊人、麦西亚人、（诺森布里亚的）英格兰人和丹麦区的居民，但是更有可能的是，它的目的仅仅在于一方面区分西撒克逊人和麦西亚人（英格兰人），另一方面区分丹麦人（丹麦区居民）。不论是哪种情况，这种表述都在提醒人们，丹麦区居民拥有"丹麦人"这样一个集体身份，尽管到这个阶段他们肯定已经是混血群体，并且这个身份也不大可能再具有任何政治意义。作为11世纪前25年一位多产的皇家法典起草者，约克大主教伍尔夫斯坦二世（1002—1023年）为整个英格兰制定法律，同样认可"英格兰"法律区（覆盖"西撒克逊"和"麦西亚"法律）和"丹麦"法律区的区别，尊重因此而产生的差异。然而到了12世纪这些差异被人为强化。当时法律学者构想出这样的理念，英格兰法律可以根据王国划分的三个部分（威塞克斯、麦西亚和丹麦区）来区分，并且自娱自乐地列出各地区的所有郡。这样丹麦区被定义为包括萨福克郡（Suffolk）、诺福克郡（Norfolk）、剑桥郡、林肯郡、约克郡、诺丁汉郡、德比郡（Derbyshire）、斯塔福德郡（Staffordshire）、柴郡（Cheshire）和什罗普郡（Shropshire）。当然，对于这个定义我们不必太当真。

埃塞尔雷德统治时期维京人的突袭

为了方便起见，"仓促王"埃塞尔雷德执政时期（978—1016年）维京人对英格兰人民发动的突袭可以被分为四个连续的阶段。

第一阶段从980年到991年，见证了10世纪早期一段较长间歇期之后突袭活动的复苏。有些突袭似乎源自爱尔兰海，另一些源自斯堪的纳维亚。虽然这些突袭的规模同本地维京人的骚扰相差无几，但是相当受到重视。990年至991年，英格兰同诺曼底突然达成了和平协议，这可能表明一些袭击者在利用诺曼底作为避风港。第二阶段从991年至1005年。若只是粗略地阅读《盎格鲁-撒克逊编年史》，无法把这几年发生的事件以明确的阶段区分开来，但是有证据表明，这些事件可理解为来自一支军队的持续威胁。尽管军队首领更换，他们的核心队伍似乎在英格兰停留了几年，这意味着他们对王国的威胁可以同865年至880年那支在英格兰的"庞大军队"带来的威胁相提并论。991年，一支拥有九十多艘船只、两三千人的维京军队抵达福克斯通附近海域，首领似乎包括（挪威的）奥拉夫一世和（丹麦的）"八字胡"斯文。二者显然是来寻求名利以便帮助他们达到各自在斯堪的纳维亚的目的。这支军队沿东南海岸线行进，在马尔登战役中（991年8月10日或11日）击败英格兰军队，"因为他们沿海岸造成了巨大恐慌"，（可能以黄金和白银形式）收到支付给他们的1万镑。991年至992年，这支军队似乎一直滞留在东南部，然后在993年向北航行去洗劫诺森布里亚，并在994年9月向南折回袭击伦敦，并以失败告终，接着沿南部海岸进行了几次严重的破坏。英格兰人决定讲和，允许维京人在994年或995年到南安普敦过冬，并且提供所有生活必需品，包括一笔1.6万镑的支付款。在这个阶段，奥拉夫一世和斯文似乎分道扬镳了，但是维京军队的大部仍然留在英格兰（可能依旧以南安普敦及附近为基地），他们承诺保护英格兰不受其他维京军队的突袭。重要的是，995年和996年没有维京人活动的记录。之后维京人又重拾其先前所偏好的侵占方式，在997年、998年和999年突袭了英格兰的不同地区，在1000年或1001年跨过海峡到达诺曼底，然后返回英格兰继续发动新一轮突袭。在这之前，他们于1002年收到更多的给养物资和2.4万镑的支付款。1003年，"八字胡"斯文似乎得到机会加入了横行在英格兰的维京军队，首先率领手下参加威塞克斯的战役，之后参加东盎格利亚的战役。但是在1005年，一场席卷英格兰的饥荒迫使维京人返回丹麦。

埃塞尔雷德时期维京活动的第三个阶段为1006年至1012年，包括两次侵犯，每一次都对英格兰人民造成了毁灭性的后果。可能是由托斯蒂格（Tostig）率领的一支"庞大舰队"于1006年7月抵达桑维奇，所到之处一片狼藉，他们利用怀特岛（Isle of Wight）作为1006或1007年冬季在威塞克斯实施进一步行动的基地。英格兰人提出讲和，并于1007年支付给这支军队一笔价值3.6万镑的金钱。随后维京军队似乎返回了原来的地方。但这似乎还不够，由"高个子"托鲁克尔（Thorkell the Tall）率领的"一支巨大突袭军队"于1009年8月初抵达桑维奇，继而横扫了英格兰南部的大部地区。1011年的这次活动以围困坎特伯雷结束，大主教埃尔夫赫亚克（Ælfheah）被捕，并于1012年4月19日在格林尼治殉教。之后维京军队很快得到一笔价值4.8万镑的贡金，但军队很快就将这笔财富散尽。

第四个阶段自1013年至1016年，同样英格兰经历了两次侵犯。每一次侵犯都毫无疑问地如预期那样，以维京人征服英格兰而结束。1013年夏季，丹麦国王"八字胡"斯文带领丹麦舰队抵达桑维奇，之后立即北上前往丹麦区，也许期望能得到行动所需的支持和补给。结果没有让他失望，他又能够南下攻击，最终被接纳为"全英格兰的国王"，埃塞尔雷德被迫于1013至1014年到诺曼底短暂流亡。1014年2月3日胡子斯文死后，他的儿子克努特继续同丹麦军队在丹麦区的中心（位于林赛的盖恩斯伯勒）滞留了一段时间。但是他很快被国王埃塞尔雷德赶走，返回丹麦。克努特既不想被他父亲比下去，又急于超越他的哥哥（丹麦国王哈拉尔），他于1015年率领舰队抵达桑维奇，立即采用了与他父亲两年前不一样的战略。他向西航行，在圣诞节期间洗劫威塞克斯，然后深入中西部。1016年开始几个月，克努特向东、向北稳步推进，进入丹麦区，最远到达约克。之后他们向南返回，准备攻击伦敦。《盎格鲁-撒克逊编年史》记录了后面的战役、埃塞尔雷德死后"铁甲王"埃德蒙（King Edmund Ironside）精心策划的奋勇抵抗，以及1016年11月30日埃德蒙死后克努特登基的情况。

为了解维京人突袭对于埃塞尔雷德统治时期历史进程的影响，我们有必要将每个活动时期与同时期英格兰国内政局的变化联系起来。人们可能会说这没有什么启发作用。我们有充足的理由为眼前的研究目的而将注意力集中在英国人对于维京威胁的几种反应，但是对于以下问题我们还不能急于下结论：这些反应如何反映出国王和谋士的无能，英格兰首领们在有效抵抗方面的无力，当时的社会政治局势，或丹麦人的强大。

埃塞尔雷德统治时期英格兰防御战略中最独特的一面（看似很确凿）源自991年英格兰在马尔登战役中失败的直接后果，表现在向991年至1012年活跃在英格兰的维京军队连续支付贡金（贡税）。这一政策被E. A. 弗里曼指责为"指望依靠黄金来代替兵器，并相信那些从不守信用的野蛮人，这是愚蠢、致命的制度"。即便如此，贡金的数目还是节节攀升，从（991年的）1万镑增长到（1012年的）4.8万镑，这不仅反映出收买的军队规模增加，也反映出他们要求的不断提高以及英格兰人民日趋严峻的处境。因为情况各异，向国王"八字胡"斯文和国王克努特军队提供贡金的方式不同，在1016年竟分别高达7.2万镑和1.05万镑（于1018年支付）。贡金以黄金和白银支付，当然也包括珠宝、教堂的奉献盘、其他珍贵物品以及硬币，这些东西可能被维京军队的首领分给随从了。显然几个丹麦和瑞典维京人将他们分得的财富带回家乡，认为这是奇功伟绩，应该用如尼文记录下来，以示后人。这些珠宝的下落是另一个问题：许多珍贵的金属肯定已经被当地匠人熔化再利用，可以看到一些硬币被制成项链（可能是刻意显示对英格兰国王的蔑视）。但是许多战利品很快易手，以至于在斯堪的纳维亚发现的珠宝零件都远离它们最初的储藏地。

英格兰防御战略的第二个方面涉及雇用维京人为正式雇佣兵来抵御其他前来掠劫的维京人。这项政策可能是在994年（埃塞尔雷德统治时期）首次实施，并写进了与维京军队签订的条约中。国王埃塞尔雷德可能出于同样的原因向一位叫帕利格（Pallig）的人提供了一份包括"庄园、黄金和白银"在内的"大礼"，显然是对他宣誓忠诚而给予的奖励。然而雇佣兵在有利可图的情况下也会攻击自己的雇主。994年一批维京人被收买并为国王服务，却在995年至996年销声匿迹，这些人可能于997年与英格兰人反目。1001年，帕利格本人召集了几艘船只，背叛国王，加入了可能是他以前同伙的军队；1002年同维京人签署的条约或许更新了雇佣军的条款，又或许没有。不管是哪种情况，在同年的圣布里斯节（11月13日），"国王下令杀死所有在英格兰的丹麦人……因为国王得到消息，他们要施诡计谋杀他和他的朝臣，然后霸占他的王国"。这项极端措施计划杀死的不可能是丹麦区的"丹麦人"。1004年的一份宪章提到了国王的法令，"所有在这个岛上出现的丹麦人，就像麦田中的杂草一样出现，都应该被灭绝，这非常合理"。因为这份宪章表明了对居住在牛津的丹麦人采取的措施，我们可以假设这些有意消除的对象是雇佣兵的残部，或是已经支付或接受补给但是停留时间过长、令人生厌的军队成员。所谓的圣布里斯节大屠杀是一场残酷的行动，但是鉴于前些年丹麦人的活动以及他们的阴谋，不难理解国王宫廷和英格兰人民反丹麦情绪的力量。10年之后的1012年，雇佣兵政策被重新采纳。45艘船只（由托鲁克尔率领）来到国王的宫廷，"向国王承诺保卫这个国家，国王负责提供衣食"。显然，国王于1012年开始实行被称为"军税"的土地年税制度，主要用于支付丹麦雇佣兵（用于区分贡税或贡金）。尽管据说1051年（实施39年后）军队税被废除，政治局势的变化又使得这项赋税被恢复，这笔税款后来被称作丹麦金。1013年至1014年间，托鲁克尔的雇佣军对国王埃塞尔雷德表现出极度的忠诚，在抵抗"八字胡"斯文的军队中尤其如此。但是斯文死后，效忠的矛盾浮出水面，使得局势日趋复杂。1015年，这支军队的余部（托鲁克尔参加与否已无从知晓）似乎投靠了克努特。

英格兰防御战略的第三个方面在994年得到了最明显的展示，这一年奥拉夫一世被隆重地从南安普敦的基地接到了（汉普郡的）安多佛（Andover）。国王埃塞尔雷德"亲自为他主持坚信礼，并赠予大批礼物"。这可能只是同敌人妥协的一贯做法的延续，也提醒人们这是基督教被用于军事和政治目的的一种做法。

第四个方面的标志性事件是1002年国王埃塞尔雷德同诺曼底公爵理查德二世的妹妹埃玛结婚。1000年，一支丹麦军队在夏季前往"理查德的王国"并于次年返回英格兰。我们不很清楚他们是因为由于无视991年的条约而到诺曼底寻求庇护，还是到那里进一步掠夺。但是假设这次联姻是出于政治利益，大概同承诺采取行动抵抗丹麦人有关；也不清楚在今后几年的创伤性事件中英格兰人对这个假定的联盟欠下了什么。但是可以肯定的是，当1013年至1014年期间"八字胡"斯文占上风的时候，埃塞尔雷德、埃玛及埃德加王子、阿尔弗雷德王子能够在诺曼底避难。

英格兰防御战略的第五个方面由于1006年一支维京军队的活动而加速。1007年，这支军队被遣散；同年伊德里克·斯特奥纳（Eadric Streona）被任命为"全麦西亚王国的长官"，表明行政结构重组，之后第五个方面防御战略开始实施。1008年5月中旬，国王和他的议员在汉普郡（国王的）埃纳姆（Enham）召开会议，决定所有的自治市镇和桥梁都必须处于完好状态；若有需要，则全民服兵役；船只必须供给充足，"以便每年复活节后可以立刻装备每一艘船"。按照编年史家的话，可能是在1008年5月召开的同一次会议上，国王"命令在全国不停歇地造船，每310或300海德（hide，一海德等于120英亩。译者注）提供一艘战船，每8海德提供一个头盔和一副盔甲"。这项举措可能产生了一支大约有150至250艘船的全新舰队，（似乎）每一只船配备40人左右。1009年这些船只齐备，"数量前所未有……较之英格兰任何一位国王在任时期，集中在桑维奇，准备停靠在那里并抵御任何一支来犯的军队"。可惜的是，这项壮举由于国王手下大乡绅之间的竞争而流产，大部分船只在一次风暴中葬身大海。

然而英格兰人采取的防御战略中最显著的一个措施，也恰好提供了维京人对英格兰社会影响的最具感染力的证词，反映在约克大主教伍尔夫斯坦二世颁布的法令和所做的布道中。伍尔夫斯坦二世最早起草的法令是于1008年五旬节（5月16日）在埃纳姆国王会议上公布的。总体来说，法令确认了一个原则，即所有人必须敬仰一位神明，信仰一种基督教信念，接受一位国王的统治。一言以蔽之："必须言行一致地遵循上帝的律法，上帝才会立刻对这个国家施以仁慈。"正如我们所见，与这些美好的言辞和良好的愿望相匹配的是勤奋的努力，尽管这些努力可能化为泡影。同样引人注目的是大约在1009年8月中旬发布于巴斯（Bath）的一份法令，而托鲁克尔的"巨大的突袭军队"在当月初抵达桑维奇。这份法令规定了一个密集的日程安排，包括斋戒、救济和祈祷，需在米迦勒节（1009年9月29日，周日）之前的周四、周五和周六实施，这样人们可以得到上帝的宽恕，"我们可以在上帝的保佑下抵抗敌人"。这三天期间，所有人（包括奴隶）都应该赤足前往教堂，"不戴任何金饰和装饰"。忏悔后，牧师手持圣物带领他们依次走出修道院，人们"发自内心地热切祈求上帝"。全国的所有修道院、宗教团体都应该齐唱赞美诗，每一位牧师都要主持30场弥撒，每一位僧侣都要唱30首赞美诗。至于日常生活，宗教团体还须遵守一些其他特殊做法，"直至情况好转"：在晨歌中诵读还愿弥撒《反对异教徒》；所有会众在祷告时间除了祷告并唱诵短祷文外，还应该跪拜在圣坛前齐唱赞美诗《耶和华啊，他们为什么增多》。法令的结尾提示，若衷心祈祷"上帝保佑我们，阿门"，上帝的恩赐便会适时到来。那几天人们一定由手持圣物的牧师带领，赤足走在小镇和乡村，教会会众朗诵诗篇、弥撒经文和祷告文，齐声祈求上帝保佑来抵抗托鲁克尔的军队。尽管这是我们脑海中对1009年9月26日、27日和28日所想象的画面，但这毫无疑问是埃塞尔雷德统治时期最有力量、最引人共鸣的一幅场景。不同寻常的"羔羊颂"系列便士赋予了这幅画面新的含义，这些便士似乎象征了人们需要祈求神助来驱逐世上的邪恶并摆脱所有敌人。这些硬币正面是上帝的羔羊（代替国王的头像），背面是象征圣灵的鸽子（代替普通的十字架图案）。它们与埃塞尔雷德统治之前、统治期间和统治后发行的主要硬币截然不同。由于只找到了14枚样本（在9处不同的地方铸造），从钱币学角度来看，这些样本介于国王的"头盔"便士（约1003年至1009年间）和"最后小十字架"便士（约1009年至1016年间）之间。因此的确很难推翻这种假设，即它们的发行与1009年9月底的祈祷安排有密切联系。当然了，这一切都毫无帮助，而且情况越来越糟。1014年，埃塞尔雷德从流亡地返回后不久，伍尔夫斯坦二世为国王发布了更多的法律，他不仅仅是想在前一年的灾难之后对重塑埃塞尔雷德政府的信任，而且还要试图灌输基督教的善行，恢复社会秩序："让我们忠诚地支持一位国王，让我们每一位朋友忠诚地爱戴下一位国王，并且理当支持他。"伍尔夫斯坦的布道和其他文章都充满了对建立一个基督社会的急迫需求。下面是他在1014年丹麦人骚扰最严重时首次宣讲的《豺狼讲道集》片段，这显示了伍尔夫斯坦二世对局势的分析，也在很大程度上反映了他讲话的语气：

> 国内外的情况一直不容乐观，每一个地区都一次次地经历蹂躏和迫害。上帝降怒，英格兰人民被彻底击败，心灰意冷；由于上帝的允许，海盗变得如此强大，在战斗中我们经常要以一当十，有时多，有时少，这都是我们的罪孽造成的。我们不断地付钱给他们，他们却每天羞辱我们。他们蹂躏、掠夺、抢劫，并把财富装上他们的船只。瞧啊，所有事件中除了清晰可见的上帝对这个民族的愤怒，还能有什么？

伍尔夫斯坦二世大主教对于维京人的突袭表达了极其强烈的看法，这种看法自维京人8世纪末初次在英格兰海岸上出现时就普遍存在了，并且国王阿尔弗雷德的宫廷也对此予以认同。然而埃塞尔雷德时期的问题不是英格兰人运用金银以及文字和祷告来代替武器，而是显然除了武器，他们还做了更多的事情。英格兰人轻易应对了10世纪80年代的突袭，也在991年至1005年间的持续侵犯中幸存下来，精神和信念丝毫没有受到动摇。然而，英格兰社会的基本结构因1006年和1007年的入侵，尤其是1009至1012年托鲁克尔的入侵，而被普遍破坏削弱。领导者的失利和内讧进一步削弱了英格兰人民所做的最好努力，导致他们最终被"八字胡"斯文（1013年至1014年）和克努特（1015年至1016年）带来的优势军队所击败。

《盎格鲁–撒克逊编年史》年代记中反复出现背叛、懦弱、无能和失败的凄惨故事，故事中无处不在的反面人物不是国王埃塞尔雷德，而是伊德里克·斯特奥纳——他在1007年被任命为麦西亚的长官。他在1009年至1012年期间（正值托鲁克尔军队猖獗时期）坐上了国王手下的最高职位，而他1015年至1016年期间（国王由于疾病而无法执政）的一系列动作则宣告了英格兰人的失败。在"铁甲王"埃德蒙时期，1016年10月18日，伊德里克最后在阿桑顿（Assandun，即埃塞克斯的阿欣顿或阿什当）战役中临阵倒戈。当他开始逃跑时，"他背叛了他的君主和所有英格兰人民"。编年史家记录了死者名单，包括多切斯特主教、拉姆西修道院院长、汉普郡郡长、林赛郡长和东盎格利亚的奥尔夫克尔塞恩。大家可能有兴趣知道，丹麦区的人也尽了一份力。然而，更重要的是编年史家的评论："英格兰的所有高贵都毁于一旦。"

| 第四章 |

爱尔兰、威尔士、马恩岛和赫布里底群岛

唐查德·欧·科林

早期袭击，795年至836年

> 那些日子是上帝创造世界以来从未有过的苦难，人们不应该过这样的生活。除非上帝缩短这些日子，否则没有人能够获救；但是为了他的选民，上帝缩短了这段苦难的时间。

在《阿马之书》（*Book of Armagh*）中，在与耶稣对耶路撒冷毁灭的预言（《马可福音》13:19—20）相对的位置写着一个名字："切拉赫"（Cellach）。这段简洁的评论似乎在黑暗中突然投来了光亮：早期维京人对爱尔兰和苏格兰的袭击，以及教会领袖对艾奥纳岛上的圣科伦巴修道院无法预见的不幸的反应。对于他们而言，这就如同耶路撒冷被毁灭一样。切拉赫自802年至814年担任修道院院长。795年维京人洗劫了艾奥纳岛，802年又烧毁了修道院，806年还杀死68名教会会众。修道院的领导层极为

震惊，之后便为修道院的珍宝和高层人员寻求安全之地，807年至814年在米斯郡（Co. Meath）的凯尔斯（Kells）修建了一所新的岛上修道院。尽管当时的评论没有像阿尔昆描述793年维京人对林迪斯法恩的袭击时那般的恐怖，我们依然能感受到其中的极度震惊。

艾奥纳岛幸存了下来，瓦拉福里德·史特拉伯（Walafrid Strabo）记录了另一件戏剧性事件。史特拉伯是国王"虔诚者"路易的学者和宠臣，他在赖兴瑙岛（Reichenau）和国王的宫廷见到了爱尔兰的流亡者。根据这些人的描述，他写出了826年被杀害的殉道者布莱斯马克（Blathmac）的生平。在他看来，布莱斯马克本应成为国王，却成为僧侣并渴望殉道者的名声。布莱斯马克在得知危险后，毅然前往艾奥纳岛。他料到袭击者要来，就建议其他人逃跑，有些人的确听从了他的建议。当维京人到来的时候，他掩埋了盛着科伦巴圣物的神龛，并且拒绝透露埋藏地点，因此被杀害。尽管整个叙述充满了圣徒似的描写，但这件事可能是真实发生的。这个故事以及年代记里提到的艾奥纳修道院院长们的卸任与继任（818年、829年、831年、849年、865年和878年）证明了修行生活得以继续。

这些维京人主要由挪威人组成，他们的袭击出其不意。《阿尔斯特年代记》未有任何先兆地记录了"异教徒毁坏了不列颠所有岛屿"，对岛屿和海岸的袭击持续了二三十年。795年，他们对爱尔兰进行了第一次袭击："异教徒烧毁了列奇鲁岛（Rechru），斯凯岛也被洗劫。"列奇鲁岛即拉斯林岛，位于爱尔兰海岸的东北方，这里有许多修道院，是船只南下的必经之路。很快袭击者就进军爱尔兰海，798年，编年史家记录："异教徒火烧因尼斯·帕特里克（Inis Pátraic），抢走了这些地方作为贡品的牛，打碎了圣德·乔纳（St Do Chonna）的神龛，大举入侵爱尔兰和苏格兰。"因尼斯·帕特里克就是斯凯利斯岛附近的圣帕特里克岛（St. Patrick's Island），圣德·乔纳是它的保护神。

截止到当时，袭击还是试探性的——通常是两三艘船只，而不是舰队。到807年，他们已经绕过了北部岬角，到达西部沿岸海湾。他们放火烧了斯莱戈湾（Sligo）外面的伊尼什默里岛（Inishmurray），袭击了位于戈尔韦湾内陆水域的罗斯坎（Roscam）。有时他们会遇到地方领主的顽强抵抗：811年，"阿尔艾德人（Ulaid）屠杀了一批异教徒"；812年，菲尔·乌梅尔（Fir Umaill）在克卢海湾"屠杀了一批异教徒"。但同时，他们穿过爱尔兰海向南推进。821年，他们袭击了霍斯（Howth），出于索要赎金或奴役的目的"抓走了一批妇女"，还抢劫了韦克斯福德湾小岛上的修道院。822年，他们抵达科克（Cork）；824年，他们袭击了位于凯里（Kerry）海岸13公里的斯凯利格岛（Skellig）上的偏远修道院，并抓捕了修道院院长埃特加尔（Étgal）。

现在情况发生了变化：维京人攻击了东北海岸、东部海岸甚至南至博因河（Boyne）的主要修道院。824年，他们首先攻击了位于贝尔法斯特海湾南岸之外的著名学府之地——班戈（Bangor）。他们洗劫了修道院，毁掉了礼拜堂，将创立者圣康高（St. Comgall）的圣像从圣坛上推下，并杀害学者和主教。然后，他们攻击了斯特兰福德湾的莫维尔（Moville）。827年，他们又袭击了都柏林海岸的拉斯克（Lusk），并入侵了当地的王国。828年，他们攻击了博因河以北地区。当地统治者率军抵抗，而在东南部地区，乌伊·切内塞莱格（Úi Chennselaig）的国王和塔赫蒙修道院（Taghmon）也加入了驱赶维京人的军队。

维京人的施压越来越大。831年，维京人袭击了劳斯（Louth）北部，并抓捕国王索取赎金。阿马的僧侣们派遣军队保护他们在卡灵福德湾（Carlingfor Lough）的地产，但是惨遭失败，许多人被俘。这反而让维京人注意到阿马的财富，832年年初维京人第一次袭击阿马，一个月多达三次。随后便是对其他教堂的袭击。图阿特尔（Tuathal，死于850年），即后来杜罗（Durrow）和兰贝（Lambay）的修道院院长，在携带圣阿多姆南（St. Adománn）圣骨匣巡回时在莫纳亨郡的多纳赫莫尔（Donaghmoyne）被俘。神职人员和圣骨匣均被维京人带走，之后神职人员被赎回，但是圣物不知所终。

与他们在欧洲大陆的做法相同，袭击者们开始向内陆进发：833年他们袭击了北部沿海的德里（Derry）、都柏林附近的克朗多金（Clondalkin）和劳斯郡的德罗姆斯金（Dromiskin），他们还袭击了位于南部海岸的利斯莫尔（Lismore）的大修道院，并且屠杀抵抗的志士。834年，他们攻击了格伦达洛（Glendalough）和博因河畔距德罗赫达（Drogheda）11公里的斯莱恩（Slane）。第二年，他们洗劫了弗恩斯（Ferns）和科朗莫尔（Clonmore）——两个地方都曾受到伦斯特南部国王们的资助。836年，他们从阿克洛（Arklow）的海岸出发，通过艾恩摩尔峡谷（Avonmore valley），穿越30公里极其艰难的地带，攻击了格伦达洛。

苏格兰也许遭到了同样的攻击，但是相关资料太贫乏了。825年之后，艾奥纳岛的记录可能就停止了：苏格兰本土的记录几乎是刚刚开始。达尔·里阿达（Dál Riata）从记录中消失，在820年前，其统治范围直达福特日乌（Fortriu）以东。839年"异教徒"击败"福特日乌人"。这次对皮克特王国中部地区的攻击显示，西部和北部岛屿及西部和东北部内陆地区已经属于维京人。这片地区很可能是9世纪中期爱尔兰资料中提及的洛斯林（Lothlind）或莱斯林王国（Laithlinn），也就是托姆莱尔酋伯爵（Earl Tomrair）的王国，托姆莱尔在848年阵亡。这片地区也是853年到达这里的奥拉夫（Amlaíb）的王国。后来，这个说法被用来指整个斯堪的纳维亚。

本地年代记中几乎找不到关于威尔士的证据。在853年或854年维京人攻击安格尔西岛（Anglesey）的皇家要塞之前，威尔士沿海的修道院本来会遭到来自爱尔兰海的掠夺。但是856年圭内斯国王罗德里大帝（Rhodr, King of Gwynedd）杀死了他们的首领霍姆（Horm）。爱尔兰年代记记载，877年罗德里从丹麦区来到爱尔兰，878年当他返回时被英格兰人杀死。当年维京人在达费德（Dyfed）过冬，在南威尔士的定居也许自此开始。

维京在爱尔兰的最初40年，维京人的袭击大多是"打完就撤"，由海盗率领的海上小股军队驾驶着速度足够快的船只，出其不意地进攻。837年之前，爱尔兰没有记录有名姓的维京人，9世纪中期前也没有记录有名姓的国王。他们一直在距离可航行的水域不超过30公里的边缘活动。沿海岸线抵抗极为艰难，因为爱尔兰海岸线长达4.8万公里，而且袭击者们移动迅速。这里没有类似于法兰克人在莱茵河口所布置的海岸护卫或堡垒，因此可以设想爱尔兰的舰队不够发达。然而，爱尔兰的地方抵抗有时却很有效。

日益加剧的袭击和移民

9世纪30年代末，维京人对爱尔兰和其他地方的袭击越来越恐怖：自836年，大规模的袭击始于"来自南布雷加（Brega，南米斯郡）的异教徒掳走了第一批受害者，带走了大批的犯人，杀死了许多人并带走了更多的俘虏"。秋季，可能是来自香农河（Shannon）上舰队的"异教徒对康诺特郡所有地方都进行了最残忍的蹂躏"。科朗莫尔的修道院在圣诞前夜被烧毁：许多人被杀，还有更多的人被俘。袭击从秋季直到隆冬，奴隶买卖证明了这些维京人正在岛上越冬，并且可能抓捕了无数的俘虏。《莱瑙修道院的圣芬坦生平》（*The Life of St. Fintan of Rheinau*）表明，他们在那里交易奴隶，于9世纪中期将俘虏卖到他们的家乡。

837年，一支60艘的舰队出现在博因河和利菲河（Liffey）上。他们肯定来自比挪威更近的基地，很有可能是苏格兰的定居点。他们破坏利菲河谷和米斯郡东部地区，抢劫修道院和城堡。乌伊尼尔人（Uí Néill）为他们带路，但是之后不久发生了一场战斗，乌伊尼尔人被打败，"死伤无数"。自此维京人开始定期出现在内陆的河道内。837年，他们来到香农河，烧毁德格湖（Lough Derg）上的圣岛及周围的教堂；他们来到厄恩湖（Erne）和博因河，掠夺了内陆的修道院。

839年，他们将一支舰队部署在爱尔兰最大的湖泊内伊湖，班恩河（Bann）可航船的下游与其北岸相连，然后"抢劫了北部各王国和修道院"。阿尔斯特的年代记编写者在841年写下的第一条记录这样说道："异教徒依旧盘踞在内伊湖上。"编写者希望异教徒离开，编写者的惊讶证明他们在840年或841年时是初次在那里过冬。维京人开始修建长港，也就是能够保护他们船只的永久堡垒。841年，年代记记录了位于林恩·杜阿恰尔（Linn Dúachaill，位于劳斯郡的安纳格森）的一处长港和位于都柏林的另一处长港。他们从安纳格森出发，抢劫了中部地区；从都柏林出发，抢劫了伦斯特（Leinster）和乌伊尼尔王国，并远及布鲁姆山脉（Slieve Bloom）。他们还抢劫教堂，部署定居点。

记录者显然没有预料到这些都柏林的长港是永久性的，842年的第二条记录写道："异教徒依然在都柏林。"但是这些维京人想要永久居留，他们数量众多，而且修建了防卫严密的堡垒。年代记中提及了一些堡垒：香农河上的里湖（Lough Ree，845年）、科克（848年）、巴罗河上的邓拉利（Dunrally，862年）、北部海岸的堡垒（866年）、约尔（Yougha，866年）、克朗多金的邓·奥拉夫（Dún Amlaíb，867年）。考古学家还发现了其他文献中没有记录的长港。844年维京人进入里湖，并从那里他们抢劫了康诺特和米斯，窃取了中部地区富有修道院的财富。阿马修道院院长福安南（Forannán）很有可能是在巡视芒斯特途中被俘，维京人将他（以及圣帕特里克的圣物）带到船上。第二年福安南返回，圣物也完好无损，可能是支付了大笔赎金赎回的。这件事惊动了其他教职人员，促使王室开始采取行动。845年，可能是里湖舰队首领的维京人图尔格斯（Turges）被塔拉（Tara）的国王处死，但是这支舰队依旧活跃。

9世纪中期的杀戮尤其残暴，以至于有些人认为爱尔兰已经沦陷。这可以从《圣伯丁年代记》对847年爱尔兰流亡者的描述中看出："当他们被维京人欺压了许多年后，他们变成了维京人的附庸。维京人没有遇到反抗就占据了周边的岛屿，并在此定居。"

伟大的国王们没有团结起来抵抗袭击者，他们正忙于解决彼此间的宿怨。年代记编撰者简单地记录了袭击和杀戮，以一种超然的口吻揶揄那些习惯于同时期暴力活动的教会管理层。修道院除了祷告外，也开始自助，教士们走上了战场。845年，特里格拉斯修道院和克隆纳修道院的院长以及基尔代尔修道院副院长在达纳马斯（Dunamase）率领僧侣士兵抵抗时被杀。达纳马斯距克隆纳13公里，距基尔代尔24公里，距离近到足以让它们一同参与当地的防御。842年出现了第一次明确（而又隐晦）的维京人、爱尔兰人合作的记录：林恩·杜阿恰尔修道院的院长科曼（Commán）被维京人和爱尔兰人杀害并烧尸。年代记记录者没有给出任何解释，也没有表示任何观点。关于895年阿马遭袭的一则公告上出现了一条针对抵御祈祷的讽刺性评论：

唉，神圣的帕特里克啊！
你的祈祷无济于事啊！
维京人手持斧头
正在劈开你的祈祷室。

尽管有些迟缓，但大国国王们终于开始反击，并且发现他们居然能够成功反击。845年，塔拉国王尼尔·凯尔（Niall Caille）在多尼戈尔（Donegal）击败维京人。846年至847年，奥索里国王赛尔保（Cerball, King of Osraige）成功地保卫了自己的领土，杀死了1200多名敌人。12世纪，赛尔保被冰岛的上层人士奉为伟大的祖先。848年，下一任塔拉国王梅尔·塞赫纳尔（Mael Sechnaill）在斯克林（Skreen，米斯郡）附近打败维京人，杀死700人。同年，芒斯特国王奥尔乔巴尔（Ólchobar）和伦斯特国王洛尔坎（Lorccán）的联军在卡斯尔德莫特（Castledermot，基尔代尔郡）击败维京人。年代记记录者写道："莱斯林国王指定继承人托姆莱尔伯爵和他的1200名军士在此战败。"即使我们把年代记上的数字看作夸大的数目，这些战役也都是重要的胜利，同时还存在其他的胜利。《圣伯丁年代记》在848年出使"秃头"查理宫廷的爱尔兰使团时，也记录下了这些胜利。"爱尔兰人攻击了维京人，并在基督的帮助下取得胜利，把维京人赶出了王国。正是出于这个原因，爱尔兰国王派遣使者携带礼物前往查理宫廷，以求和平和友好。"维京人第一次占领爱尔兰的企图几乎将自己消耗殆尽。

自9世纪中期开始，维京人开始融入爱尔兰生活；那些最初为攻击内陆而建的堡垒逐渐演变成了沿海王国，维京人为争夺领主地位而竞争。尽管他们尽了最大努力，也无法获取大面积的领地——这和苏格兰、英格兰以及法兰克的维京人大不相同。在不断变换的同盟关系中，爱尔兰国王们时而向他们开战，时而视他们为同盟和雇佣兵，其核心都是围绕乌伊尼尔人想成为爱尔兰之王的企图。然而，很快就出现了更加危险的维京人。

849年，一支拥有120艘船只的远征队抵达爱尔兰——年代记记录者记录，这支舰队"由外国国王的手下组成"，他们前来强迫爱尔兰的维京人屈服，并且扰乱整个国家。更糟的是，851年至852年爱尔兰的维京人和新来的维京人之间爆发了一场殊死较量，最终新来的一批人被赶走。853年，"莱斯林国王的儿子奥拉夫来到爱尔兰，爱尔兰的外国人向他屈服，他收取了爱尔兰人的贡金"。有许多资料写到奥拉夫有挪威血统，但是他很可能是苏格兰维京王国的统治者之一，这个王国在未来一个世纪对奥拉夫及其继承者来说都至关重要。随后20年左右，他和另外两个兄弟或同族人——伊瓦尔和奥伊斯勒（Auisle），成为以都柏林为基地的维京人中最杰出的首领。866年，他们"率领爱尔兰和苏格兰的外国人"在整个皮克特王国肆虐，抓捕人质和俘虏，而且强迫他们纳贡。（甚至在威尔士年代记中也提到）870年至871年，他们围困并占领位于克莱德河（Clyde）河口的邓巴顿，粉碎了斯特拉思克莱德的不列颠人。他们率领200艘船只，载满财宝以及大批英格兰、不列颠和皮克特俘虏返回都柏林。这使得苏格兰的大部分领土受到袭击、买卖奴隶和进贡的侵扰，并且有可能已被维京人统治。875年，丹麦人和北方人相互争夺：皮克特人被丹麦人从南面击败，877年，皮克特王国幸存疆域的国王君士坦丁（Constantine）被维京人杀死。

866年，北乌伊尼尔国王艾德·芬利亚特（Aed Finnliath）摧毁沿北部海岸（包括福伊尔湖）的长港，他逐步从维京人的控制和定居点中赢回沿海地区——这是对北部海峡两侧日益增长的维京势力的反击。但是维京人坚持住了，873年，伊瓦尔在他的势力范围内被称作"爱尔兰和不列颠的所有斯堪的纳维亚人的国王"——这意味着他是所有在爱尔兰和苏格兰的维京人的领主，包括皮克特和斯特拉思克莱德，也许还包括威尔士。

在爱尔兰的其他地方，也有独立探险的维京队伍。860年，沃特福德的一支舰队（这表明那里有一个定居点）沿诺尔河（Nore）袭击。862年9月，洛伊吉（Loígis）的国王和他的叔父奥索里国王塞尔保摧毁了维京人的一个重要长港以及停泊在巴罗河沿岸的邓拉利的一支舰队。两年后，同一支维京人在南方依然活跃，塞尔堡袭击了利林（Leighlin）的修道院后击溃了他们。北部海岸的定居点也存活了下来：898年，福伊尔湖的维京人袭击了阿马；900年1月，一支舰队出现在内依湖上。斯特兰福德湾上还有另一个定居点。位于南部海岸的约尔也有另一个定居点，但是这里的舰队和长港在866年被摧毁。一年后，科克的维京人首领格尼姆贝奥卢在战斗中被杀。888年，袭击者杀死了科洛因修道院的院长和副院长，而这些袭击者可能来自科克。887年，利默里克的维京人被康诺特人击败。中南部地区遭到了来自沃特福德、韦克斯福德和圣马林斯的维京人攻击，但是他们最终在892年被击败。单独行动的维京人，比如托姆莱尔酋伯爵，在866年洗劫了克朗弗特大教堂（Clonfert）——年代记记录者非常满意地写道：他回到长港后不久即被复仇的圣布伦丹（St. Bredan）杀死。

9世纪末期都柏林的历史记载开始变得比较粗略：动荡不安，四分五裂。爱尔兰人成功地进行了反抗，867年，他们烧毁了位于克朗多金的维京人堡垒，击败了这支舰队，并且攻击城池。但是奥拉夫在869年又卷土重来，他们洗劫了阿马，烧毁祈祷室，并且杀死或俘虏了1000名居民。三个家族在争夺都柏林。而此时奥拉夫从记录上消失；875年，他的儿子奥斯金（Oistin）被丹麦人谋杀；巴里德（Barid，可能是伊瓦尔的另一个儿子）被年代记记录者称作"伟大的维京统治者"，而881年他的死亡和都柏林的烧毁则被记录者归功于上帝和圣西亚南（St. Cianán）。883年、888年和893年出现了更多的王朝纷争和杀戮，都柏林人分为两个阵营，一派以伊瓦尔的一个儿子为首，另一派以西格弗里斯酋伯爵（Earl Sigfrith）为首。896年，伊瓦尔的儿子西特里克（Sitric）被维京同伙杀害，他的兄弟也被爱尔兰人杀死。维京人依旧能够深入内地：890年至891年，他们洗劫了阿德波拉坎（Ardbraccan）、多纳帕特里克（Donaghpatrick）、杜兰、格兰达洛、基尔代尔、科隆纳德（Clonard）；895年，他们攻击了阿马，带走710名俘虏。但是他们在都柏林的势力消退得很快。当902年北方的布雷加和伦斯特联军进攻，维京人的失败随即而来："异教徒被赶出爱尔兰，也就是从都柏林的堡垒里被赶出，他们丢弃了大量船只，捡回半条命逃走。"都柏林的第一个维京定居点自此终结。

爱尔兰不像"秃头"查理的法兰克王国那样富庶、有利可图，也无法轻易建立定居点。9世纪后期第二批维京移民开始前往冰岛和英格兰西北部。爱尔兰激烈的反抗和冰岛及英格兰所提供的新机会解除了爱尔兰的压力。——历史学家们经常讨论的所谓的"四十年太平"被认为标志着第一段维京时代结束，这个说法来自一部12世纪的文学作品，并且最终可能是《圣经》的传统主题（《士师记》3:11，5:32，8:28等，译者注：应该是5:31提到了"太平四十年"，不是5:32），而这一主题不应该按字面意思来理解。

第一段维京时代的影响

第一段维京时代对爱尔兰的影响很难衡量。维京人一直被指责应为教会和宗教文化方面灾难性的衰败而负责，也有些人认为这些袭击对正在恢复发展的爱尔兰产生了极坏的影响，导致职权滥用、普遍堕落和世俗化，维京人的暴力（和一些爱尔兰模仿者）使社会充斥着粗俗和堕落。但是这种想法有些离谱。9世纪赖兴瑙版的比德（Bede）作品片段的爱尔兰抄写员可能属于某一个受到袭击的宗教团体，也就是都柏林附近克朗多金的圣莫察（Mo Chua）宗教团体。他表达了许多人的想法："把我们从大批涌入的外国人、敌人、异教徒以及苦难中解脱出来吧！从火灾、饥荒以及各种疾病中解脱出来吧！"他将维京人袭击置于这样的背景下——在中世纪早期生活的许多醒龊事情中，解决办法常常是靠民众的祈祷和上帝的怜悯。他本可以对掠夺修道院的爱尔兰王室抱有同样令人生厌的反应。

人们不应该夸大维京人对修道院袭击的频率和程度。795年至806年，爱尔兰有4座修道院被抢，艾奥纳岛和斯凯岛是这4次攻击的受害地。807年有2次抢劫，直到822年才出现更多的抢劫记录。从822年至829年，15座修道院遭到破坏。这使34年间遭抢的修道院数目增加到了25座。即使我们认为年代记记录者只记录了大规模攻击次数的四分之一或更少，但是鉴于爱尔兰修道院和教堂的巨大数量，这一计数依旧很低。

从大约830年至845年，维京人对修道院的袭击十分严重：年代记列出了某些具体袭击中的大约50名受害者名单，收录了9次大范围发布"对民众和教堂"的袭击公告，比如在伦斯特北部和乌伊尼尔王国。维京人似乎专注于袭击大型修道院，因为那里有可掠夺的值钱东西和可换赎金的大人物。地方修道院几乎什么都没有，因此它们和宗教团体一起避开了灾难。

袭击的严重程度也不同。一些著名的教堂在较长时间内都避开了袭击：位于埃姆利（Emly）的皇家修道院直到847年才遭到第一次抢劫。西尔基兰（Seirkieran）和伯尔（Birr）只遭到一次袭击。尽管10世纪时阿加波（Aghaboe）、基尔卡伦（Kilcullen）、凯尔斯、科勒雷恩（Coleraine）受到了攻击，但是在整个9世纪却未受破坏。我们所知的在9世纪遭到袭击的地方〔比如索兹（Swords）、凯斯利格、蒙格雷特（Mungret）、莫维尔（Moville）、莫那斯特博伊斯（Monasterboice）〕则似乎避开了10世纪的杀戮。还有其他未被提及的受袭地。我们可以推断出有一些袭击没有被记录下来，但也不能做过分推断，认为维京人的袭击比实际上更具影响。显然他们集中在拥有大型修道院的城镇：阿马、格伦达洛、基尔代尔、斯莱恩、科隆纳德、克朗麦克诺伊斯（Clonmacnoise）、利斯莫尔和其他城镇。这些地方都是维京时代之前爱尔兰教会的领导者；它们以同样的地位从维京时代幸存下来，甚至变得更有影响力。几乎没有教堂消失，甚至那些接近维京人领地或在其领地内的教堂也没有消失。年代记记录者的记录是不全面的：他们的描述冷静、简洁，在空间和时间上明显不均衡，但成为受害者看待这些事件的参考。而且年代记记录从来不抱怨攻击者的残暴。

人们指责维京人的骚扰带来了一些恶习，如多元化、世俗长官、教士婚姻、教会世袭等，但是这些现象在维京人到来之前早就存在了。这些混乱有时也许会让行为更加恶化，使宗教生活变得粗俗，但也可能相反：殉道强化了人们的忠诚，至少对一些人来说，这场危机强化了纪律，加强了管理。

据说，这些袭击造成了大批爱尔兰学者、诗人和教师离开并前往法兰克，后果之一就是爱尔兰学校极其匮乏。其中一位著名的逃亡者是诗人塞德留斯·司格特（Sedulius Scottus），他于9世纪中期抵达"秃头"查理的宫廷。圣高尔的普里西安作品手抄本（St. Gall Priscian）就是他抄写的，该书使用大量古爱尔兰语注释，大约845年作于爱尔兰并被带到欧洲大陆。空白处写了一首著名的关于维京袭击的四行诗：

> 今夜之风异常凶猛，
> 掀起了大海的白色巨浪，

我不害怕跨越平静大海的

野蛮的维京人。

塞德留斯写给主教哈特加尔（Hartgar）的诗被认为是他和他的同类
逃离爱尔兰以躲避维京人的证明：

肆虐的北风摧残着我们——格外可怜——

博学的语法学家和神圣的教士。

呼啸的北风不放过任何人，

用它残酷的尖嘴撕裂我们。

所以，尊敬的哈特加尔主教，帮助疲倦的人吧，

用一颗善心接纳我们这些博学的爱尔兰人吧。

塞德留斯的确提到了袭击，但是这些袭击不足以迫使他流亡。在维京
人的袭击加剧之前很久，以及最糟糕的袭击过去之后，爱尔兰学者已经在
加洛林王朝的宫廷和其他地方都拥有影响力。塞德留斯是宫廷学者，此时
"秃头"查理的法兰克王国正在遭受严重的袭击，他可以利用法兰克王国
的经历来为他的同伴博得同情，声称大家同样是受害者。爱尔兰学者们不
是被袭击迫使流亡的：他们被卡洛林王朝的慷慨资助所吸引，那时法兰克
王国比爱尔兰更加动荡。

爱尔兰宗教学校兴盛起来。通俗文学的杰出作品——基于7世纪韵律
格式的优美抒情诗和宗教诗，传承了两个世纪文体演变的有关阿尔斯特传
说和宫廷故事的叙事散文——都属于9和10世纪。同一时期爱尔兰人撰写
了大量复杂的族谱、法律文本和历史短文。在欧洲，爱尔兰宗教学者留下
了对维京战争描述得最详尽、最冷静的年代记。撇开流亡在卡洛林王朝的
爱尔兰学者不谈，9世纪末和10世纪的拉丁文写作主要是日常的圣训记录
和祷告书。金属制品加工没有衰落，只是风格发生了变化，维京人带来的

白银被大量使用。石头上的人物刻像令人赞叹。金尼蒂大十字架是为塔拉国王梅尔·塞赫纳尔（死于862年）而建立的，上面刻上了他对爱尔兰王国所有权的声明。撒母耳十字架上将大卫纳入国王之列（《列王记上》16:1—13），这表明教会接受了他的地位，也认可他的权力。位于克朗麦克诺伊斯的宏伟圣经十字架，是为塞赫纳尔的儿子塔拉国王弗兰·辛纳（Flann Sinna，879—916年）建立的。麦克·杜南福音书和10世纪的圣咏集显示，书稿彩饰的传统保留了下来。修道院的教堂和他们的学校从战争中脱险，甚至在维京控制地区幸存下来。

一些人认为袭击导致了对教堂暴力攻击的增加，结束了教士的豁免权。然而这是值得怀疑的。对修道院的攻击早在维京战争之前就存在了，其间并没有间断，战争结束很久后依然存在。原因很复杂，结构性的、社会性的、经济性的原因使修道院脆弱不堪：贵族对圣殿的暴力破坏；教会人员和国王的密切联系使修道院成为皇家中心并将教会卷入政治争斗中；教会宗派竞争会导致饥荒时期教会的储存物品被抢。

维京人不是出于宗教原因攻击修道院（他们没有修道院），而是因为这里聚集了财富，被当作了保险仓库，并且修道院农场贮存丰富。同爱尔兰人不同，他们蓄意抢走祭坛的奉献盘、神龛和圣物。年代记和在挪威发现的幸存手工艺战利品为此提供了证据。但他们的掳掠并不仅限于此。因为一旦遭到袭击，修道院无法很快替换这些宝贵的器皿和神龛；另外，它们不太具有金银的价值，因为它们的价值依赖于拥有者的宗教和艺术修养。维京人可能很快就了解到，他们得到了比珍贵金属的原始价值更多的赎金。

维京人很快就发现人可以作为商品并带来更多的利益：奴隶和俘虏可以换取赎金。早期袭击的显著特点是抓获俘虏，然后就是大规模的奴役。869年，奥拉夫在阿马杀死或俘虏了1000人。881年，德利克（Duleek）还发生了数次大规模的奴隶抢劫，许多人被抓；886年，维京人在基尔代尔抓了280名俘虏（包括修道院副院长）；895年，阿马有710人被抓走。尚不清楚这些奴隶是如何被交易的，但是一些人去了斯堪的纳维亚，一些人去了冰岛。对爱尔兰来说，这种形式的奴隶交易是新事物：爱尔兰人用这种方式对付维京人，而不是互相攻击。

在政治方面，维京袭击前的爱尔兰被认为是部落化和仪式化的，古老的爱尔兰法律和政治制度在维京人的袭击下分崩瓦解。这个"古老秩序"不是经由爱尔兰的历史发现的，而是来自对爱尔兰法律文本的狭义解读，也被萨迦文本的错误解读影响。这些萨迦文本写于9世纪或稍晚时候，这时他们想象中描述的社会有可能已经瓦解了。事实上，文献透露了目前人们的关注。爱尔兰神话故事《莫伊兹拉之役》（*Cath Maige Tuired*）清楚地谈及维京人的威胁（可能甚至是当时的一个政治信号），年代记和族谱显示爱尔兰正如欧洲大陆一样被渴望权力的国王和贵族所统治。一些人宣称是爱尔兰的国王，为争夺权力卷入长期的武力斗争中。维京袭击也不能分散他们的精力。

第二段维京时代

到10世纪早期，在北海峡两侧早就建立了爱尔兰-维京地区，爱尔兰有这样的地区，但是更重要的地区则位于苏格兰和马恩岛。不知从何时开始，大批殖民者从都柏林及其附属地迁来，这使得从迪河（Dee）到索尔韦湾（Solway）及更远处的定居点人口密集，延伸到亨伯河以北的约克郡，这从许多地名可以看出——在人名的结尾加上by〔比如梅尔默比（Melmerby）、梅尔森比（Melsonby）、杜格尔比（Duggleby）〕。其中一个著名的难民就是英吉蒙德（Ingimund）。903年，英吉蒙德占领安格尔西岛，并率领一支维京人和爱尔兰人联军长驱直入麦西亚。这些从都柏林逃亡的首领在苏格兰附属地安顿下来，并立刻试图征服皮克特人。904年，两名"伊马尔的孙子"在战斗中杀死皮克特国王，而伊马尔·乌阿·希迈尔（Ímar ua hÍmair，902年前为都柏林国王）在斯特拉森（Strathern）被皮克特人杀死。914年，伊马尔的另一位同族人拉格纳尔德·乌阿·希迈尔（Ragnall ua hÍmair）在科布里奇（Corbridge）打败英格兰人和苏格兰人后，把大量土地分给了手下。斯堪的纳维亚人在不列颠北部的势力扩大，威胁到了所有邻国。913年，阿尔艾德人的一支海上舰队在英格兰海岸被维京人击败——这证明爱尔兰东北部易受侵袭，因此这些地方试图与英格兰联合来钳制拉格纳尔德。914年，他的活动范围扩大到马恩岛。

在爱尔兰，第二段维京时代自914年随着"一支庞大的异教徒海上舰队抵达沃特福德港"而突然开启。这支舰队最初来自布列塔尼，在塞文（Severn）河口进行了一次袭击，随后在秋季起航前往爱尔兰。他们于11月1日前到达，然后可能进入了冬季宿营——因为年代记丝毫没有提到914年他们做了什么。第二年，更多的维京人抵达沃特福德，抢劫芒斯特各地的王国和教堂。917年，两位流亡的都柏林的王朝首领加入抢劫队伍。尚不清楚他们同914年或915年停泊在沃特福德的舰队是何关系，但是他们控制了维京人在爱尔兰的活动。拉格纳尔德被称为"丹麦人的国王"，因为他统治了丹麦人的诺森布里亚。他率领一支舰队抵达沃特福德，他的同族人西特里克（Sitric Caech）占领了伦斯特边境的森·富艾特（Cenn Fuait）。

由杰出首领率领的大批维京军队抵达，这引发了他们同塔拉国王尼尔·格隆杜布（Niall Glúndub）之间的战争。他于916年继位。作为一个生活在北方的人，塔拉国王非常清楚拉格纳尔德对爱尔兰、苏格兰和英格兰的威胁。917年8月，他率军抵达卡舍尔（Cashel）"向异教徒开战"，维京首领则谨慎迎战。尽管战事持续了三个多星期，但一直没出现决定性战役。尼尔说服伦斯特人攻击西特里克在森·富艾特的营地。但是他们败得很惨，伦斯特国王、主教和许多首领阵亡，西特里克夺回都柏林。918年，拉格纳尔德率领他的沃特福德舰队抵达不列颠北部，并发起战役最终使自己成为约克国王和诺森布里亚的统治者。之前他在爱尔兰一无所获。

很快，尼尔·格隆杜布与都柏林的西特里克交战。919年9月，尼尔向都柏林挺进。他在岛桥（都柏林附近）遭到惨败，和许多乌伊尼尔首领一道阵亡。一位年代记记录者讽刺地写道，班戈的修道院院长和尼尔的忏悔神父塞勒·达拜尔（Céle Dábaill）鼓动尼尔参战，却用临终圣餐换取国王的马以便逃跑（这位胆小而博学的院长于929年在罗马退休后死去）。从来没有如此多的显赫人物被维京人杀害，世人皆惊。随后，西特里克突然离开都柏林而前往英格兰争夺约克。

918年拉格纳尔德已经返回不列颠北部。途中，他攻击苏格兰并抢劫邓布兰。他在泰恩茅斯（Tynemouth）打败英格兰人和苏格兰人。919年他占领约克，然后以诺森布里亚国王的身份向"长者"爱德华屈服。现在约克和都柏林被同一个王朝统治，这具有重要的政治和文化意义。拉格纳尔德死于921年，他的讣告称他为"北方人和丹麦人的国王"——这个称呼准确描述了他那混杂的斯堪的纳维亚王国。都柏林的西特里克继承了拉格纳尔德的王位统治约克，直至927年他死去。926年，西特里克在塔姆沃思（Tamworth）的会晤中见到埃塞尔斯坦国王，勉强成为基督徒，并娶了国王的妹妹。

都柏林被西特里克的一名叫戈德弗里德（Godfrid）的同族人所统治，他是一名抢劫者和奴隶贩子。921年，他于圣马丁节（11月11日）前夜攻击了阿马。那时，阿马到处都是美食和有钱的朝圣者，但是他放过了修道院和慈善机构。他还不断骚扰阿马以东和以北的农村地区。这些都是都柏林自大约921年至927年期间（以及后来）所发生的一系列战役的一部分，戈德弗里德试图在爱尔兰海另一边建立一个斯堪的纳维亚王国。这一企图被北乌伊尼尔国王穆尔赫塔赫（Muirchertach）挫败。西特里克死后，埃塞尔斯坦接管了诺森布里亚。戈德弗里德匆忙前往夺取约克，却被赶走。强大而独立的维京首领托玛尔·麦克·艾尔切（Tomar mac Ailche）自922年起统治利默里克，他趁戈德弗里德不在，与戈德弗里德的敌人迅速联手，短暂接管了都柏林。这是都柏林与利默里克之间长期斗争的一部分。利默里克人在西部和北部湖泊部署了舰队，这对都柏林是个极大的威胁。934年，戈德弗里德死去，讣告出乎意料地称他为"北方人最残酷的国王"。

他的儿子奥拉夫继任，同爱尔兰人开始了一场激战，并且开始对付利默里克人：937年8月，他在里湖打败利默里克首领，并打烂了后者的双脚，将其抓回都柏林。此时奥拉夫转向约克，攻击一个北部的不列颠联盟，但他先是在布鲁南博尔（Brunanburh）被击败，然后又被约克国王打败。英格兰一方是埃塞尔斯坦和他的兄弟埃德蒙以及威塞克斯和麦西亚的军队，另一方是奥拉夫率领的都柏林和爱尔兰北部维京人、苏格兰国王君士坦丁和斯特拉思克莱德国王。结果是埃塞尔斯坦大获全胜，但是奥拉夫跑掉了，并在938年回到都柏林。

布鲁南博尔战役暴露的更深层问题是，埃塞尔斯坦日益强大的力量使英格兰北部和苏格兰（包括斯堪的纳维亚人）感到不安。周围地区发生叛乱的条件已经成熟，但尚不清楚是如何发生的。根据年代记来判断，敌对势力的中心就是都柏林的奥拉夫。在赢得对利默里克人的胜利之前，他肯定已经处在联盟的领导位置，这表明他是不列颠群岛上最重要的维京人。英格兰编年史家伍斯特的弗洛伦斯（Florence of Worcester）称他为"异教徒奥拉夫，爱尔兰和许多岛屿之王"。我们能够肯定地推断出，都柏林在爱尔兰海北部、马恩岛、赫布里底群岛、苏格兰和英格兰北部掌握实权，并拥有强大的资源。这是一个海洋王国，它的经济和政治利益中心距爱尔兰和英格兰的观察者有些距离，因此记录很不详细。埃塞尔斯坦于939年10月死去，奥拉夫立即起航前往英格兰，年底前抵达约克，被诺森布里亚人推举为国王。他同约克大主教伍尔夫斯坦一世一起乘胜在亨伯河南面发动一场战役，结果是同埃塞尔斯坦的继承者埃德蒙经过谈判达成协议，埃德蒙承认奥拉夫作为约克国王和丹麦麦西亚（几乎是英格兰王国的一半面积）统治者的地位。奥拉夫于941年死去。

他的继承者奥拉夫·夸兰很快就丢了约克。945年，夸兰返回爱尔兰，在那里爱尔兰与维京之间的战事进入一个新的艰巨阶段。北乌伊尼尔的穆尔赫塔赫赢得许多战斗，但是在943年在阿耳第（Ardee）被维京人杀死。第二年，布雷加国王孔拉克（Congalach）和伦斯特的布劳恩（Bróen）联合起来对都柏林展开钳形攻势，更加残暴地洗劫了都柏林。

> 这场进攻给都柏林带来了毁灭：房屋、围墙、船只以及其他建筑物被烧毁；妇女、男孩和平民成为奴隶；男人和士兵被杀死；一切都被毁了，人口减少到原来的四分之一，人们被杀死、溺亡、烧死、俘虏，只有很少的人乘坐船只逃到达尔基。

胜利者洗劫了这座城。之后，孔拉克被尊为塔拉国王，似乎都柏林的权力（和经济利益）都已属于这个政权。奥拉夫·夸兰再次向英格兰求助，他自大约948年起成为约克国王，直到953年被赶走。948年，孔拉克再次攻击了都柏林，杀死了那里的统治者，1600名士兵非死即俘。

威尔士遭到来自爱尔兰海的两处攻击。奥拉夫·夸兰的都柏林势力干涉威尔士的宫廷争斗，他们从威尔士收取进贡，还抢劫威尔士。961年，奥拉夫的儿子们从都柏林海岸之外的爱尔兰之眼袭击威尔士，抢劫了霍利黑德（Holyhead）和利茵半岛（Lleyn）。11世纪还有其他针对威尔士的袭击者。第二批攻击者是10世纪和11世纪西部群岛的统治者，他们像早期维京人一样抢劫了爱尔兰和威尔士沿岸。西部群岛的统治者马格努斯是哈罗德的儿子，他在971年袭击了彭蒙（Penmon）。980年，他的兄弟戈德弗里德占领了安格尔西岛，毁坏了利茵半岛；982年，他袭击了达费德；987年，他回到安格尔西，抓捕了2000名俘虏。10世纪后半期对修道院频繁遭到袭击；11世纪，袭击者也会抓住机会进行袭击。从地名来判断，从纽波特（Newport）到菲什加德（Fishguard）〔彭布罗克郡（Pembrokeshire）似乎是一处维京殖民地〕的威尔士南部沿海地区和从安格尔西到弗林特（Flint）的北部沿海地区都有维京人的定居点。

950年至980年，当爱尔兰国王们竭力扎牢权力根基的时候，都柏林在政治上的行事就像一个当地强大的王国。980年，南乌伊尼尔国王梅尔·塞赫纳尔在塔拉击溃奥拉夫·夸兰率领的都柏林和赫布里底大军（年代记记录者称之为"红色屠杀"）。所有一切都表明一场蓄谋已久的针对梅尔·塞赫纳尔的攻击是大错特错，这极大地削弱了都柏林的力量。梅尔·塞赫纳尔二世围困了这座城池，逼迫都柏林进行谈判：释放包括伦斯特国王和乌伊尼尔的人质在内的所有爱尔兰人质，移交财宝和贵重物品，解除乌伊尼尔自香农河至海边的土地纳贡。他释放了维京领地上的所有爱尔兰奴隶——年代记记录者虔诚地夸张道，这是"爱尔兰地狱般的巴比伦之囚"。奥拉夫·夸兰退到艾奥纳岛修道院度过余生。现在梅尔·塞赫纳尔二世通过一位副王统治都柏林，以及在989年银胡子西特里克继承都柏林的权力后，他再次确认了自己的权力。

10世纪晚期，达尔凯斯（Dál Cais）人（后称为乌伊·布里安人）在芒斯特当权。他们最伟大的国王是布里安·博拉马（Brian Bórama），他统治着维京各城市，利用他们的收入和舰队助力自己成为爱尔兰的国王，包括984年和988年沃特福德舰队，1006年和1007年北部战役中的都柏林舰队。他还依靠维京人的其他能力，比如利默里克国王（977年被布里安杀死）的孙子奥斯里（Osli）在1013年就是他的顾问和首席大臣。布里安完全接受了利默里克，这暴露了都柏林所忧虑的政策。997年，布里安和梅尔·塞赫纳尔二世瓜分了爱尔兰，布里安带走了都柏林和伦斯特的人质，成为他们的君主。999年末，"白胡子"西特里克率领的伦斯特人和都柏林人叛乱。布里安和梅尔·塞赫纳尔二世在都柏林南面的格伦马马（Glenn Máma）镇压了他们，布里安洗劫了这座城。如今他拥有军队、舰队和都柏林的税收，为他最终成功登上爱尔兰国王王位做好了准备。

自1012年起叛乱不断出现——布里安增强了芒斯特的防御，派兵攻打都柏林。1014年初，都柏林人建立起一个防御同盟，包括奥克尼酋伯爵西格德（Sigurd）、赫布里底群岛和其他地方的维京大军。布里安和梅尔·塞赫纳尔二世起兵前往都柏林与他们交战。4月23日耶稣受难日全天，战斗在都柏林北面的克隆塔夫激烈进行。最终，维京人和盟友溃不成军。战斗损失极其惨重，布里安被杀死，他被不同寻常地描述成"全欧洲西北部的奥古斯都"。尽管战争场面宏大，但这不是维京人和爱尔兰人之间争夺都柏林统治权的斗争，也没有改变都柏林的命运。伦斯特人一直痛恨布里安的统治，加入了叛乱的煽动者都柏林人。他们是为了他们的城邦得以（在内地和海外都有大量利益）繁荣、独立和几近自治而反叛，因为布里安要将它吞并。布里安本想对都柏林采用埃塞尔斯坦及其继承者们对约克所用的手段，但都柏林殊死抵抗。

更加强大的爱尔兰国王逐渐控制了都柏林，随着争夺爱尔兰王权的斗争日益加剧，都柏林的地位越来越重要。公元1026年，布里安的儿子唐纳赫德（Donnchad）向北进攻米斯和布雷加的时候曾在都柏林城堡之外安营扎寨三天。都柏林人懂得如何交易，而国王则懂得如何利用地位获利。都柏林的控制权从一个国王传到另一个国王：首先是伦斯特国王迪尔梅德（Diarmait），1052年他率领一支庞大的远征军抵达都柏林，赶走那里的海外国王而使自己独霸都柏林。1054年，以及1057年至1058年间，他指挥军队和舰队将他的儿子默查德（Murchad）扶上王位。1070年，默查德死去，年代记记录者称他为"受父亲安排的外国人君主和伦斯特国王"，重要的是，他被葬在都柏林。当迪尔梅德在1072年阵亡时，年代记记录者称他为"威尔士、群岛及都柏林之王"——这清楚地证明了迪尔梅德的影响力扩大到维京人的海外领地以及威尔士。11世纪和12世纪期间，爱尔兰君主和以爱尔兰为基地的维京人继续干涉威尔士事务。

布里安的孙子塔德巴赫（Tairdelbach）的王权被都柏林所认可，随后都柏林国王高福莱德（Gofraid）向他宣誓效忠，并认可他的宗主地位。1075年双方翻脸，塔德巴赫将高福莱德驱逐。不久，塔德巴赫的儿子穆尔赫塔赫（Muirchertach）25岁时在都柏林继位，直到1086年他继承了父亲芒斯特（和爱尔兰）国王的王位。都柏林则继续作为其首都。1094年，一个北部联盟挑衅穆尔赫塔赫，当时都柏林也是首都。1100年和1103年，穆尔赫塔赫率领舰队攻打北方。1105年，阿马修道院院长试图让穆尔赫塔赫与北方敌人讲和，他们在都柏林进行了谈判。1111年，穆尔赫塔赫前往都柏林，在米迦勒节（9月29日）至圣诞节期间将宫廷设在那里。1115年，他受到来自伦斯特利益的挑衅，并在都柏林的一场战斗中击败了他们，并使他的儿子多姆纳尔（Domnall）成为都柏林统治者。他的权力延伸到马恩岛和西部群岛。穆尔赫塔赫统治各维京城市（都柏林、利默里克、沃特福德、科克），并特意为每个城市指定了自己选好的改革派主教。他在与挪威国王"赤脚王"马格努斯（Magnus Barelegs）的来往中表现得非常精明。1098年，马格努斯开始向西探险来到这里，占领了奥克尼、赫布里底群岛、马恩岛，也许还有加洛维（Galloway）、格温内斯（Gwynedd），直接威胁到爱尔兰。穆尔赫塔赫和马格努斯签订了和亲协议，马格努斯在1102年或1103年与穆尔赫塔赫一起过冬。第二年春季，他们一同向北挺进——穆尔赫塔赫遭遇大败，而马格努斯则在一次战斗中丧命。

从年代记及可能出自穆尔赫塔赫时期的一篇描述爱尔兰国王的法律文章中可以看出，控制都柏林及其资源是爱尔兰王权的一项附属权：致爱尔兰国王，所有的河口均归他控制，也包括都柏林、沃特福德和利默里克。

文化同化

文化同化标志着地形和地名证明了没有正式记载的定居点。斯卡特莱（Scattery）是位于香农河口的一处修道院，这个名字是古斯堪的纳维亚语对爱尔兰词汇Inis Cathaig的变形。在西南最偏远的地方，布拉斯基特人〔Blaskets，早期布拉斯克人（Blasques）〕包含古斯堪的纳维亚词汇øy（"岛屿"，第一个词素不确定）；附近的港湾斯摩维克（Smerick，古斯堪的纳维亚语Smǫrvík是爱尔兰词汇Muirbech的变形）的意思是黄油湾，可能因周边肥沃的修道院土地而取此名；在伊弗兰半岛（Iveragh）上的贝吉尼什（Beginish），一块刻着十字架的如尼文石头表明，在一个修道院里有爱尔兰-挪威殖民者。南部海岸〔德西（Dersey）、法斯特耐特（Fastnet）、福塔（Fota）、赫尔维克（Helvick）、沃特福德、萨尔蒂斯（Saltees）、塞尔斯卡（Selskar）、图斯卡（Tuskar）〕和东部海岸〔韦克斯福德、阿克洛（Arklow）、威克洛（Wicklow）、霍斯、爱尔兰之眼、兰贝、斯凯利斯、卡灵福德（Carlingford）、斯特朗福德〕的挪威地名是从古斯堪的纳维亚语传到英语中的。而维京水手通用语中的地标性建筑和定居点却没有在爱尔兰语中留下痕迹。都柏林附近的达尔基（Dalkey）是爱尔兰语Delginis的部分转译。有些地名是爱尔兰语同古斯堪的纳维亚语结合形成的，纯粹的古斯堪的纳维亚地名在内陆地区很罕见。其中一个是莱克斯利普（Leixlip），来自古斯堪的纳维亚语的lax-hløypa（意为"三文鱼跳跃的地方"）。在都柏林王国之内，带有古斯堪的纳维亚语素的地名虽很普遍，但总体来说爱尔兰的古斯堪的纳维亚地名不如英格兰、威尔士和苏格兰常见。

语言接触开始较早，并在9世纪中期达到高潮。然而，我们可确定的证据来自文学领域，借词使用的方面发展却很缓慢。最早的常见借词是erell、iarla，来自jarl（"酋伯爵"）——爱尔兰人对这些军事首领印象颇为深刻。有三个重要的农业用语：punnann，来自bundan〔"一捆（玉米）"〕；garrdha，来自garðr（原意为"住宅"，后指"围起来的菜园"）；pònair，来自baunir（"豆子"）。这些词语表明那里有讲斯堪的纳维亚语的农夫。

最重要的借词大都与典型的维京人活动有所联系，譬如航海方面（ancaire<akkeri"锚"，bád<bátre"船"，scòd<skaut"薄板"，stiúir<stýri"舵"，laídeng<leiðangr"海军"，cnarr<knorr"舰"）；捕鱼方面（langa<langa"帚石楠"，trosc<porskr"鳕鱼"，scatán<skadd"鲱鱼"，dorgha<dorg"鱼线"）；商业和交易商品方面（margad<markaðr"市场"，pinginn<pennningr"便士"，scilling<skillingr"先令"，

scuird<skyrta "衬衫，斗篷"，cnaipe<knappr "纽扣"，bròg "鞋"<bròk "紧身裤，裤子"）；战事方面（boga<bogi "弓"，elta<hjalt "刀柄"，merge<merki "战斗标准"）。还有些词汇同食物有关，特别是builín、builbhín（"一条面包"）可能来自bylmingr（"一种面包"），beoir（啤酒）来自bjòrr（有可能是一种不同于爱尔兰品种的啤酒）。社交词汇数量有限：ármand（"长官，司令"）来自ármáðr（古斯堪的纳维亚语中表示皇家农场的管事），lagmann<lǫgmaðr（"律师、本地贵族"），súartlech<svartleggja（"雇佣兵"），traill<prøll（"奴隶，仆人"）。只有少数动词：leagadh（"放下，击倒"）来自leggja，crapadh（"缩水，缩小"）<krappr，rannsughadh（"搜索、搜查"）<rannsaka（英语词汇"洗劫"也来自古斯堪的纳维亚语）。幸存的古斯堪的纳维亚语对爱尔兰语的影响是较小的，只有不到50个词，从古斯堪的纳维亚语借来的词汇大概只占全部词汇的很小部分。

9世纪早期古斯堪的纳维亚语人名出现了爱尔兰语形式：第一个是Saxolb，来自Sǫxulfr，是一位死于836年的维京首领的名字。最普通的名字是奥拉夫来自Óláfr，格斯布里斯（Gothbrith）、格斯弗里斯（Gothfrith）、戈弗雷德（Gofraid）来自Goðrøðr，伊马尔来自Ívarr，拉格纳尔德来自Rognvaldr，西特里乌克（Sitriuc）来自Sigtryggr，当然还有其他许多名字。爱尔兰贵族从10世纪末才借用古斯堪的纳维亚语名字，11、12世纪开始变得常见：我们不清楚下层阶级是如何做的。奥拉夫、伊马尔、拉格纳尔德和西特里克——在维京首领中常见的皇家名字——是最常见的，一些爱尔兰的姓氏也因此产生。维京人借用爱尔兰名字稍早一些，我们发现一些11世纪早期的维京人拥有纯粹的爱尔兰名字。这表明深度融合早在10世纪中期之前就已经开始了。

981年，奥拉夫·夸兰死去，年代记记录者尊敬地称他为"外国人至高无上的国王"。他是诗人和游吟诗人的保护者，诗人西内德·乌阿·阿尔塔金（Cináed ua hArtacáin）（死于975年）写道：

奥拉夫来自人口众多的都柏林

作为国王统治着霍斯

我收到了他对我诗歌的奖赏——

一匹来自阿查尔的骏马

　　在12世纪重要的文学作品中，有一部以古斯堪的纳维亚语写作，其他均以爱尔兰语写作，它们有助于我们了解维京-爱尔兰社会。描述克隆塔夫之战的古斯堪的纳维亚语作品是《布里安萨迦》，大部分存于《尼亚尔萨迦》和索尔斯泰因萨迦《西乌霍尔索纳尔》。这部作品可能是一位神职人员在1118年之前写于都柏林。布里安被讴歌为国王的典范——神圣、公正、强大，是继承先祖的圣王。据记载，克隆塔夫战役和布里安之死是异教徒、变节者和背叛者一手造成的，而不是信仰基督教的都柏林市民的祖先造成的。都柏林现在的市民是统治者善良的臣民，现在的统治者亦是这位圣王的后裔。即使这个解释毫无新意，但它对于一度尴尬的都柏林历史也是一种聪明的解释。故事所透露的政治洞察力以及其中被正确使用的爱尔兰名字都表明该书是在都柏林所作，之后再以斯堪的纳维亚语转写。文学氛围在11世纪早期的都柏林、奥克尼和其他地方兴起，这可以追溯到10世纪时都柏林-约克轴心地区对古斯堪的纳维亚语文字的认知。

　　《盖尔人与外国人之战》一书是非常成功的政治宣传，其与《布里安萨迦》作于同一时期，为都柏林和爱尔兰的乌伊·布里安王朝所写。这部萨迦分为两部分：一部分详细叙述了维京人的抢劫和爱尔兰人民遭受的痛苦；另一部分描述了在克隆塔夫战役中达尔凯斯人战胜维京人的英雄事迹，全篇皆是华丽辞藻和夸大其词的爱国主义。维京人"狂躁、凶残、异教徒、无情、残忍"，他们强暴了一块神圣的土地，他们长期的暴政被布里安所终结。布里安是"英俊的胜者奥古斯都·恺撒……是第二个强大、不可战胜的亚历山大"。达尔凯斯人是"爱尔兰的法兰克人（即诺曼人），爱尔兰的以色列之子"，意思是他们作为上帝选定的王朝，会像诺曼人统治英格兰一样统治爱尔兰。这段历史的改写意图将都柏林人放在臣民的地位，给予乌伊·布里安人无与伦比的功绩，使他们注定成为爱尔兰之王。

要使这种宣传产生效果，必须影响到目标受众。那么这种融合程度究竟有多深？爱尔兰语中会贬低性地提及"维京人磕磕巴巴的语言"和"骗子的虚伪"，如果就此判断，那么融合程度相当深。爱尔兰的维京人能够从高度修辞化和丰富的爱尔兰文学中获得信息吗？毕竟这不太可能是当时普通人的语言。穆尔赫塔赫·乌伊·布里安的宫廷是否会感激用文雅的古斯堪的纳维亚文学语言对都柏林历史进行微妙的改写呢？情形似乎如此。土室通过联姻而紧密联系，比如布里安和梅尔·塞赫纳尔二世都同"白胡子"西特里克的母亲葛姆蕾（Gormlaith）结婚，因此是西特里克的继父。布里安的儿子唐纳赫德是"白胡子"西特里克的异父兄弟，他娶了沃特福德的维京人首领的女儿。葛姆蕾的三任丈夫中有两个参与了克隆塔夫战役。此外，她的儿子白胡子西特里克娶了她前任丈夫布里安的女儿。因此，布里安既是"白胡子"西特里克的继父，也是他的岳父。同时，"白胡子"西特里克是挪威国王奥拉夫一世的姐（妹）夫。人们可以得出结论，11世纪和12世纪的上层统治集团中普遍存在着双方言——这种情况也延伸到了文学领域。可以料想，这场统治集团内部最著名的军事冲突——克隆塔夫战役应该由两种语言来描写。

文化的多样性是爱尔兰和维京艺术在文学和语言学上相互渗透的产物。维京风格在各城市间传播，其中一个范例就是琼十字。它是供奉真正十字架遗物的一件作品，它的制作始于1123年，完成于1127年，上面雕刻着赞助者爱尔兰国王塔德巴赫·乌阿·康丘巴（Tairdelbach Ua Conchobair）的名字。他在1118年得到了都柏林的王位。这是斯堪的纳维亚乌尔内斯风格的辉煌成就。正如艺术上的融合一样，语言和文学也是如此。

他们也被共同的基督教文化联系起来。10世纪都柏林与爱尔兰的其他地方有了紧密联系。大型修道院在维京人控制的地方兴盛起来——莫那斯特博伊斯修道院（Monasterboice）、邓利尔修道院（Dunleer）、德罗姆斯金修道院（Dromiskin）、克朗多金修道院、塔拉特修道院（Tallaght）和其他位于维京人定居点近郊的修道院，从早期就开始影响维京定居者。像格伦达洛修道院和基尔代尔修道院这样的大型建筑在城里或附近建立了新的机构。早在9世纪末期都柏林人中就存在基督徒，10世纪的王朝统治者都是基督徒。943年，奥拉夫·夸兰正式成为基督徒，1028年他的儿子"白胡子"西特里克前往罗马朝圣，后来在都柏林建立了一个教区，直属坎特伯雷管辖。12世纪的一首挽歌描绘了一个都柏林的基督徒形象，诗人称那里的人们为"阿拉尔特（Aralt）的种子，洛赫兰（Lochlainn）勇士的后人"：

> 我不情愿但又主动前往都柏林，
> 前往奥拉夫的金盾之堡；
> 从都柏林的教堂和墓地，
> 我敏捷而又缓慢地前行。

> 哦，都柏林祈祷的人们
> 院长和主教们，
> 直到我能看到他，
> 再把东方的塔迪奇（Tadc）用泥土覆盖。

有一首描述都柏林、出自阿马的爱尔兰诗歌，大约作于1121年或1129年，诗里列举了都柏林的主要教堂：圣帕特里克教堂、圣米歇尔教堂（St. Michael le Pole）、圣米占教堂（St. Michan's）、圣保罗教堂、圣彼得教堂、基督大教堂、圣母马利亚教堂（St. Mary de Dam）、圣布莱德教堂（St. Bride's）、城堡里一座不知名的教堂（可能是圣奥拉夫教堂），以及一些未给出名称的教堂，还包括塞尔·迈克·纳艾达（Cell mac

Naeda）教堂，据说它是爱尔兰修建的第一座教堂，同时列出了都柏林应向阿马缴纳的东西，这些都反映了都柏林的考古发现：

> 每一个大桶里都装有一个盛着蜂蜜的牛角或羊角
>
> 每一个制梳人交一把梳子
>
> 每一个鞋匠交一双鞋
>
> 每一个银匠交一个器皿
>
> 每一个铸币者交一份药
>
> 每一艘商船交一个烟囱罩

都柏林会对与内陆地区进行贸易的维京商人征收税赋，而阿马有权获得这些税赋的十分之一：

> 爱尔兰每一个
> 从事贸易的维京人，
> 都应该向王城的人
> 缴纳税赋。
>
> 他们缴纳的税赋
> 上交给了都柏林：
> 马背上驮着满满的麦芽，
> 还有满满的咸肉。
>
> 两匹马驮满了木柴
> 还有补充的蜡烛，
> 是爱尔兰的维京商人
> 交给王城里的维京人的。

> 交给维京人的
>
> 这些货物的十分之一，
>
> 据说是交给帕特里克的（阿马）。

12世纪，维京人的城市处于教会重组运动的前沿。直到1152年，都柏林一直坚定地跟随坎特伯雷。矛盾的是，首先遭到异教徒维京人袭击的教会迅速恢复，并且非常善于将他们同化；他们的基督徒继承人成为国教改革运动的先驱之一，主张放弃传统的修道院教堂，倾向于主教辖区。

维京人的影响

维京人在政治方面的影响有哪些？他们的确动摇了重要的爱尔兰王国，但是没有征服任何一个大的王国。而尽管他们占领的领地较小，但都具有战略性。自10世纪起，这些城市的重要性就凸显出来。随着第二段维京时代内城市定居点建立而来的经济变革——尤其是贸易前所未有的增长，皇家收入也随之增加——为更强大的王朝提供了极优的强化权力的条件，也激起了爱尔兰王权的争夺战。埃塞尔斯坦和后来英格兰国王的例子没有被乌伊尼尔人或其继承者所忘记，尤其是都柏林和约克建立起的联系确保了主要的爱尔兰国王能够密切关注多变的英格兰-维京关系。11、12世纪他们极力追求"爱尔兰应该有王权"这一想法，更多是基于国外的例子和维京人带来的经济和政治变革，而不是源于权力的传统概念。国王们发起的激烈战斗——运用骑兵、战舰、设防和围困等手段——起源于维京人，后来受到诺曼人的影响，这种影响是通过维京港口与英格兰建立联系而传播过来的。最重要的是，维京人促进了交流，他们成为最终所有社会变革的最有效推动者。他们使爱尔兰在政治和经济上同不列颠和欧洲大陆更密切地联系起来，这在12世纪的乡土文学中有所反映，也伴随着11、12世纪时在政府、教会和商界中剧烈涌动的变革大潮。这才是他们最重要的贡献。维京人的城市落入诺曼人之手后，他们的影响力就衰落了，他们继续作为说古斯堪的纳维亚语的独立群体而存在，直到13世纪末期他们最终被英格兰在爱尔兰所建立的殖民地同化。

第五章

大西洋诸岛

斯文比约恩·拉文松

经典作家们将欧洲的最北部称为"极北之地"（Thule）。第一个使用这个名称的人是马西里亚的皮西亚斯（Pytheas of Masilia），他是一名希腊商人，生活在大约公元前300年。8世纪早期，比德把极北之地描述成不列颠以北的一个岛屿，但是我们不知道他指的是哪一座岛屿——或许是斯堪的纳维亚半岛，或许是它的一部分。大约一百年后，一位在法兰克工作的爱尔兰学者提到极北之地是不列颠以北众岛屿之一，这些岛屿常年寥无人烟，十分荒凉，只有少数几座岛上有些放牧的羊群。有人指出，这些放牧羊群的岛屿是法罗群岛。9世纪末期，在奥罗修斯（Orosiu）的《反对异教徒的历史七书》（参见第七章）的古英语本中，挪威人奥塔（Ottar）描述了沿挪威海岸的航行，但没有提到任何不列颠以北的岛屿。

书面资料

第一批为冰岛和格陵兰岛命名的资料来自1053年教皇所写的一封书信和此后大约20年后不来梅的亚当（Adam of Bremen）所撰写的《汉堡大主教史》。11世纪，这些岛屿接受基督教之后，它们的历史开始从居民的角度书写。1130年左右以后，有关基督教化主题的萨迦和编年史在冰岛一再重写，但是没有最早期的相关历史资料。

第一批知名的冰岛历史学家生活在11世纪和12世纪初。可以确定的是，被称为智者的赛蒙德·西格福松（Sæmund Sigfússon）写了一部历史作品，里面提到了挪威国王奥拉夫一世（995—1000年在位）。但是除了后来历史学家所引用的片断外，他的作品都丢失了。留存下来的当地最早的历史作品是《冰岛人之书》，是一位也被称作智者的阿里·索吉尔松神父（Ari þorgilsson，1068—1148）在1122年至1134年间用冰岛语写成。正如他所说，此书是献给冰岛主教们的，头两位主教——奥斯莱夫主教（Ísleif，1056—1080年在位）和他的儿子吉苏尔主教（Gissur，1082—1118年在位），似乎是他的庇护人。虽然这部不朽作品的现代版本仅有几页，但每句话都很重要。它内容广泛且有深度，涉及：1.移民冰岛；2.定居者和立法；3.建立阿尔庭（Althing，即全民大会，这是10世纪治理方面的转变）；4.纪年；5.政区划分；6.定居格陵兰；7.基督教传入冰岛；8.外籍主教；9.奥斯莱夫主教；10.吉苏尔主教。

阿里擅长按年代写作，这也是这部作品的主题。他仔细地将每一个历史事件同基督教世界观对应起来，因此从欧洲基督教意义上为北欧、斯堪的纳维亚半岛和冰岛勾画出一段清晰可溯的早期历史。他主要关注教会，并且他为大部分材料都一丝不苟地注明了来源；我们可以从他的书中了解昔日异教徒国王和半神领导下的人民的神话传奇，但是他的宗谱追踪了35代之后突然终止。《冰岛人之书》反映了基督教的胜利和教会作为一支强大的力量在冰岛这个新建立的社会中的迅猛发展，而那里居民的思想观念受维京时代的社会和半历史价值观的影响依旧很大，而且当时酋长占主导地位。

另一部重要的冰岛历史文献是《定居者之书》，它可能最早成书于1100年，但现在仅仅保留了13世纪的几个版本。这本书声称记录了第一批在二百多年前到达冰岛的所有定居者，记录下他们所占据的土地的范围以及他们后代的名字。书中通过提及半神话的宗谱、墓地和异教徒墓穴来证明对土地的所有权。

《定居者之书》描述了对冰岛几乎全部低地的占领。持续不断的移民潮构成了该书的框架，定居点被分为四个区划：南部、西部、北部和东部，这与写书时冰岛的地域划分一致。幸存下来的各种版本均有明显的添加和省略，但是都清晰地说明了12世纪初土地所有权登记的最初目的。后面几个版本中的改变反映了12、13世纪冰岛土地所有权的变化和政治的发展。

《定居者之书》的各式版本还反映了冰岛之外的政治变化，尤其是挪威皇家势力的增强。在《定居者之书》的最初版本中，强大的挪威人被指责其专制，主要是针对"金发王"哈拉尔和哈康·格略加德森酋伯爵（Hákon Grjótgarðson）。但是从13世纪末开始，之后的版本试图修改对国王哈拉尔作为规定定居的法律制定者的指责。12、13世纪冰岛萨迦里描述了挪威国王对奥克尼群岛和挪威所有土地〔"所有奥加尔（òðals）和所有土地，有人或无人居住的，甚至海洋和湖泊"〕拥有所有权，这显然与早期冰岛酋长和历史学家的看法相矛盾。但是到13世纪末，情况发生了改变。1262年至1264年，冰岛人接受了挪威国王的政权，挪威国王不再声称拥有所有土地，而是拥有征税和执行正义的权利，而冰岛首领准备在这些事务上进行谈判。

因此，《定居者之书》是一部了解维京时代末期冰岛社会性质的极有历史价值的资料，比《冰岛人之书》更能反映冰岛酋长保守、世俗的态度。

冰岛人与1015年至1028年间的挪威国王奥拉夫·哈拉尔松之间的协

议是另一份了解11世纪历史的重要资料。双方在1025年或稍后达成协议，但是大约在1085年前后以宣誓确认的形式保留下来，一些条款并入以后的挪威和冰岛法典中。根据这一协议，冰岛人获得了在挪威的个人权利：抵达后，他们要向国王缴纳一笔个人通行费，并且在战争时期支持国王；回报是他们获得了在挪威的一切个人权利，包括根据海员法和商人法（the Bjarkeyjar rettur）有权继承和进行贸易的权利。这一对挪威城市和港口法律的传统叫法结合了瑞典梅拉伦湖旁著名的维京小镇比亚克（拉丁文为"Birca"）的名字，意为"桦树岛"。尽管在10世纪末它就已经不存在了，但是11、12世纪斯堪的纳维亚许多地方使用的规范水手和商人的法律依然根据"比亚克"来命名。

根据《冰岛人之书》记载，冰岛世俗法律的撰写始于1117年或1118年冬季。冰岛自由邦时期留下的法律记录《灰雁法典》的手稿片段可追溯到来自大约1200年，但是留存的主要文本来自于13世纪。《冰岛人之书》还提到，1000年，冰岛接受了将基督教理念作为律法。1096年或1097年，冰岛教会法最古老的教会法律（关于什一税的规定）被签署。所谓的"老教会法"（《古基督教法》）是1122年和1133年在隆德大主教阿瑟建议和帮助下由主教们起草，包括斯考尔霍特大教堂的奥莱库尔·勒诺尔夫松主教（þorlákur Runólfsson of Skálholt）和霍拉尔教堂的凯蒂尔·索施泰因特松主教（Ketill þorsteinsson of Hólar）。这些教会法让我们得以了解基督教在冰岛的早期发展。尽管在12世纪时世俗法是用冰岛语撰写的，但它已经受到基督教伦理和教会态度，以及南欧成熟法学的影响：从《灰雁法典》中就能分辨出伦巴第法或罗马法的影子，罗马法也在教会法中留下了印迹。

成文法的出现也源于基督教的影响。习惯了某种海员法或商人法的水手和商人具备读写能力，他们比岛上的居民更加熟悉基督教。由于有海上航线，分散在各岛上的群体比斯堪的纳维亚半岛上的传统群体更能便捷地同外部世界接触，半岛上有些群体位于偏远的内地。这部分解释了为什么冰岛人比挪威和瑞典那些位于内陆的群体更早接受了基督教。

对历史学家而言，冰岛萨迦的吸引人之处更多是在于其作为历史资料，而非文学作品。它们的起源和保存引发了许多复杂和有争议的问题。尽管一些萨迦明显最初写于12和13世纪，但大多数萨迦仅保留在14世纪或以后的手稿中。《定居者之书》中提到的人物甚至整章内容都会出现在萨迦中；很有可能《冰岛人之书》最早提及基督教来到冰岛；而萨迦中提到的传教士国王奥拉夫一世和国王奥拉夫·哈拉尔松的许多细节都取材于更早的国王萨迦。

尽管有理由认为冰岛萨迦是为酋长和他们的随从撰写的，但是毫无疑问，许多14世纪的萨迦手稿是为冰岛强大的地方长官和皇家首领而作，他们都拥有武装的家丁。这些皇家骑士是冰岛自由邦酋长，也就是所谓的族长的后代。萨迦中那些说教的逸事和精彩的故事通常以冰岛为背景，迎合首领和他们随从的口味和心理。信仰基督教的酋长和国王们有他们自己喜欢的圣人和英雄类型，这些会随着政治和其他情况的发展而变化，这一点将在下面一节阐述。

发现和移民

冰岛的殖民活动始于9世纪，这可能得益于造船业和航海术的发展，第八章中将讨论这一点。挪威人很早就拥有沿着"通往北方之路"航行的经验，将最北端有价值的原材料运输到南方市场。12、13世纪时期一些提及挪威的冰岛萨迦中，例如《斯韦雷和埃吉尔萨迦》，我们看到这段漫长的海岸见证了一系列事件，航海术、导航术和海上战术在其中得到了检验。但是前往法罗群岛、冰岛和格陵兰岛的海上航行还需要导航之外的其他技能。

前往北大西洋的航路指南在13世纪版本的《定居者之书》和其他地方保留了下来。《鹰之书》中收录了《定居者之书》的一个版本，其中包含了下面关于大西洋航线的描述：

> 智者说，从挪威的斯塔德（Stad）到冰岛东部的和恩（Horn）
> 需要航行7天时间，但是从斯奈山半岛（Snæfellsnes，位于冰岛
> 西部的一个半岛）出发到格陵兰岛的赫瓦夫（Hvarf）需要4天
> 的航行。从挪威的赫尔纳尔（Hernar）向西一直航行才能到达
> 格陵兰岛的赫瓦夫，然后就驶过设得兰北部，天气好的话才能
> 看到它。但是从法罗群岛南部驶过，大海看上去似乎升到了山
> 峰的斜坡上，却离冰岛南部很远，只能看到鸟群和鲸鱼。从冰
> 岛南部的雷克雅尼斯（Reykjanes）出发，需要向南航行3天时
> 间才能抵达爱尔兰的斯莱恩角（Slyne Head）；从冰岛北部的蓝
> 加尼斯半岛（Langanes）出发，需要向北航行4天时间才能抵达
> 大海尽头的斯瓦尔巴特群岛（Svalbarði），但是从科贝恩塞岛
> （Kolbeinsey，位于冰岛的北面）到达格陵兰岛只需1天的时间。

冰岛人和国王奥拉夫·哈拉尔松之间的协议说明，尽管航海是危险的，他们依然在尝试；其中一个条款是针对某些冰岛人的，他们无意前往挪威但"被海浪冲到挪威，曾经到过格陵兰岛，或冒险进行了探险航行，或在港口间穿梭时被暴风从冰岛吹走，这些情况下他们不需要缴纳通行费"。

可以想象，故事讲述的就是这些长途冒险航行。相比之下，12世纪到14世纪，用冰岛语和挪威语写作的文本在描述如何发现冰岛时或多或少有些虚构的成分，如维京人纳多德（Naddoddur）、瑞典人加达（Garðar）和弗洛基·维尔格达森（Flóki Vilgerðarson）等神话般的海军英雄被当作第一批发现者。经过对比发现，赛蒙德·西格福松以同样方式来处理对发现冰岛的描写，尽管他似乎没有指明发现冰岛的水手的身份。

几本文献中描述了探索未知国度的方式。当航行者抵达一处适合登陆

的地方时，他们就会建立临时的小屋或营地（búðir）。文献提到了格陵兰东部的芬斯营地（*Finnsbúðir*）、西格陵兰北部的卡尔营地（*Karlbúðir*）和位于文兰的莱夫营地。航行者在大约1000年时发现了文兰，它位于格陵兰岛西面。这些探险是在夏季进行的，冬季探险者则留在营地。具有代表意义的是《定居者之书》里对于"红发"埃里克在三个夏季中到格陵兰岛探险的描述。在描述格陵兰岛和文兰岛探险的冰岛萨迦中，船员们既能干又精明，还是懂得维修船只的好木匠。

不来梅的亚当（Adam of Bremen）解释，文兰岛的名字源于那里有能够酿出优质葡萄酒的野生葡萄。12世纪学识渊博的冰岛教士致力于关于文兰岛的萨迦写作，这些萨迦似乎受到萨维利亚的伊西多（Isidore of Seville，死于636年）对神佑群屿描述的影响。文兰岛及其西北部的岛屿以各种方式命名，如马克兰（Markland）、赫尔陆（Helluland），以及在北美大陆的东部海岸才能找到的富鲁斯特利尔（Furðustrandir）。尽管无法确切标明位置，但是有许多理论和大量的文献可以来确认这些地点。1961年，在纽芬兰岛北端附近的兰塞奥兹牧草地有一个重大的考古发现，证明了冰岛文献的真实性。那里发现了11世纪几处维京房子的遗址，人们很容易把它们解释为临时小屋和探险圣劳伦斯河口的基地。《格陵兰萨迦》中有关于卡尔塞夫尼（Karlsefni）在成功抵达文兰后又从格陵兰岛前往挪威探险的故事，表明这些探险有利可图："据说，他驾驶的船只比从格陵兰岛出发的任何船只都富裕。"

我们对于大西洋岛屿最初殖民阶段的了解既仰仗文献，也依赖考古发现。遗憾的是，无论哪一种证据都无法确定组成法罗群岛的18个岛屿是从何时开始有人定居的。尽管考古证据不完全确凿，但是我们可以合理地假设，冰岛开始被殖民之前，这些岛屿是被斯堪的纳维亚人占据的。不断升高的海平面可能毁掉了海岸附近最早定居点的一些痕迹。9世纪时，斯堪的纳维亚定居者的地位已经稳固，接近维京时代末期在最大岛屿斯特莱默岛（Streymoy）的奇尔丘伯乌尔（Kirkjubøur）修建了教堂。

格陵兰岛上的定居始于冰岛人。东部海岸可以说是冰的荒原，但是西部海岸在许多方面同挪威相似，不仅在于它是一条通往遥远北方的航线，而且它还拥有深水湾、海峡、岛礁、岛屿。然而，这里的气候却大不相同：内陆地区被大片冰层覆盖，有几千英尺高，沿岸还有大量浮冰。格陵兰岛上所有维京人的定居点都位于西海岸，很容易在考古遗址和冰岛文献中被辨认出来。最富庶的定居点位于南部，属于卡科尔托克区（Qaqortoq），被称为东部定居点。"红发"埃里克正是在那里建立了他的农场巴拉塔利德（Bratthlið），12世纪时确立了加达（Garðar）作为主教区的地位。往北是一个小定居点，名为米德菲尔斯（Midfirths），属于伊维赫图特区（Ivigtut）。再往北是格陵兰现今首府努克（Nuuk）附近的一个更大的西部定居点。

北大西洋诸岛的殖民化过程应该是由像奥塔这样拥有船只和仆人的挪威酋长进行的。有些解释认为移民者主要是贵族，12世纪时船主要求手下忠诚的证据支持了这一看法。因此，我们可以合理地假设，这些酋长和有钱的从事商业活动的农场主组织了法罗群岛、冰岛和格陵兰岛的移民定居，也组织了对奥克尼群岛和设得兰群岛的军事探险和移民定居。阿里对格陵兰岛的定居所作的描述确认了这一殖民进程。基于一位同"红发"埃里克一起前往这些地区的人给出的信息，他把定居开始的时间定在985年。《定居者之书》的一个版本中有一篇文章明显出自阿里之手，它讲述了"红发"埃里克的第二次探险，"25艘船自布雷扎湾（Breiðafjörður）和博加福约杜尔（Borgarfjörður）驶向格陵兰岛，14艘到达，一些被迫返航，一些葬身大海"。这是维京时代最后一次移民，显然是酋长们的一次海上探险，是在极其危险的航行中为互助而形成的船队。它应该很像更早的维京探险，但比大多数探险的规模要小。一支大型舰队能够在一次探险中征服奥克尼群岛和设得兰群岛，为定居者打开通道，而这正是12世纪《奥克尼萨迦》中描述的画面。然而，一次行动无法占据冰岛这样大的岛屿。在冰岛的定居必定是经过从挪威或奥克尼群岛、设得兰群岛、赫布里底群岛和爱尔兰的许多地方出发的许多次大大小小的探险。

斯堪的纳维亚人移民到这些岛屿可能出于不同的动机。奥克尼群岛和设得兰群岛有适合农业发展的优质土地，位置极其理想，位于挪威和不列颠岛屿及更远地方的航线上，士兵和商人往来其中。法罗群岛、冰岛和格陵兰岛就不同了。第一批移民可能被狩猎和采集的前景所诱惑，但是那些熟悉原来家乡农业的人则希望开垦这些处女地。既然这些岛屿在很多方面与挪威相似，且处于同一纬度，那么早期的农业试验很有可能取得了成功。

《定居者之书》暗示，移民冰岛的最重要原因之一是挪威国王的暴政（ofríki）。"Ofríki"这个词也曾用在古冰岛文本中，例如《埃苏卡里乌斯》（*Elucidarius*），这是关于天使路西法（Lucifer）企图与上帝平起平坐而最终为他的傲慢付出了代价的故事。12世纪早期，冰岛众酋长认为挪威王国在政治和道德上有所不公。但是我们没有理由认为9世纪时冰岛的定居者也抱有同样的看法。航行者前往冰岛定居，之后是格陵兰岛，原因很简单：在挪威饲养牲畜的农场主眼中，这些新发现的土地显然能够提供毫不费力就能利用的巨大机会。

尽管要想得到第一批探险者抵达时北大西洋岛屿自然条件的全面图景有些困难，但是现代科学方法使得某些特征的描述成为可能，我们还可通过考古证据、地名和文字来源来添加一些信息。9世纪末期奥塔描绘了他在挪威北部的活动，这清晰地说明，维京时代斯堪的纳维亚人渴望的猎物是鲸鱼、海象、海豹、驯鹿和鸟类。

定居者会剥取冰岛动物的油脂，由此来利用这里的动物。《埃吉尔萨迦》中有一段对冰岛定居的黄金时代的描述："鲸鱼经常光顾，可以随意用鱼叉捕获。所有的动物都在捕猎的地方待着不动，因为它们还没有习惯人类。"另外两种冰岛本地的大型动物——海象和大海雀，从一开始就被大量捕猎。

海象的价值在于象牙和海象皮。《古基督教法》中提到了捕猎海象，在雷克雅未克和其他地方都发现过海象骨。在没有人类定居的情况下，位于冰岛西南部的半岛罗斯瓦兰内斯（Rosmhvalanes）被称为"海象半岛"，为海象提供了理想的生活条件。现在可以想象，这片鲜有人类涉足的海象聚集地提供了大量的捕猎机会，以及当它们被拿到欧洲市场的时候所带来的高额价值。幸存的历史文献中没有提到这样的贸易，而在冰岛也再找不到海象了。

在这片土地被殖民之前，大海雀——也被称为北方的企鹅——几乎没有天敌，所以冰岛肯定生活着大量的大海雀。大海雀笨拙，不会飞行，很容易被捕捉，一开始它们自然也不惧怕人类。人们曾在冰岛西南部的发掘中发现大海雀的遗骸，比如在雷克雅未克。虽然大海雀现在绝迹了，但直到前不久，人们还在冰岛、格陵兰岛和纽芬兰岛发现过它们。19世纪早期，人们还在冰岛捕获过大海雀。

定居点和物质文化

岛屿上的移民需要改变自然环境来满足他们的需求。挪威农场主从旧世界运到冰岛和格陵兰岛的家畜——狗、猫、牛、猪、马、山羊和绵羊——以及家禽——茁壮成长。《定居者之书》中讲述了许多故事，如奶牛布林娅走丢了，被找回的时候带着40头儿孙；移民英吉蒙德丢了10头猪，找到的时候它们变成了100头猪。这些故事反映了早期农业中的家畜饲养得以在一个富庶国家成功开展。

农业成功的代价是自然植被遭到破坏。当第一批移民抵达冰岛时，阿里评论"那时山脉和海滩间都满是树林"，这暗示在他生活的时期这些林地已经大大减少了。冰岛和格陵兰岛南部的林地最初完全由小白桦树构成，没有针叶树。植被的这些变化可能不如动物世界的变化迅速，但从长期来看同样是显著的。对孢粉的分析显示，至少两种大型植物种类——

白桦树和欧白芷——受害严重，这两种植物都被人和动物所利用。白桦树被清理烧掉，为干草地腾出空间，还被用来做饭、取暖、建造房屋和制作木器，也是制成炼铁所需木炭的原材料。花粉图谱使研究冰岛和格陵兰岛的植物引入成为可能，其中一些是杂草，另一些是可以栽培的大麦。就这样，这些岛屿上的植物世界被人类征服、驯化和改变了。

除了几个早期的特例外，冰岛上的定居点一直都限制在海拔200米以下的沿海地区。冰岛的内部地区乃不毛之地，都是山脉、冰川和荒原。冰岛地形的特点之一是广受侵蚀，尤其是在高地和定居点的边缘。地质学家研究表明，大规模的侵蚀开始于定居后不久。定居者和他们的牲畜扰乱了自然植被，这些植被在冰岛的恢复极其缓慢。这使得狂风侵蚀了之前自然稳定的土壤，把尘土吹起形成了巨大的"风沙侵蚀区"；一些尘土落在低地，继而积累的尘土层被火山爆发产生的火山碎屑岩和火山灰覆盖。对于冰岛这样一个火山岛来说，几十年没有火山爆发是很不同寻常的。这里的火山规模和类型不同，但是大规模爆发的火山灰升到几公里高，并且随风飘散，结果造成了冰岛一些地方的土壤看起来像蛋糕。岛上的侵蚀土壤和火山灰层层交叠。这是火山灰年代学的基础，也是地质学家研究出来的相对定年法的依据，这能够极好地辅助解释孢粉分析和考古所显示的变化。

从编年史和其他文本中可以了解到12世纪以后火山爆发的日期，但是因为在冰岛殖民的斯堪的纳维亚人没有读写能力，所以没有留下更早的火山爆发书面证据。更早的火山活动时间要依靠放射性C–14测量，这能够标示植物或动物在几十年范围内的死亡时间。考古证据表明，所谓"定居火山灰层"是第一次定居之后的一次火山爆发所产生的，放射性C–14测量技术将年代确定在9世纪后期的几十年。

格陵兰岛的冰盖是经由几个世纪的降水形成的。垂直钻入冰层而提取的岩芯使科学家们能够通过测量年层的酸度来识别不同的火山爆发。火山爆发后，地球内部的气体和化学物质释放到空气中，并同雪混合，使酸度提高。通过这个方法确定了产生"定居层"火山爆发的可能年代是在900年之前不久。这个冰芯年代学、火山灰年代学和C-14测量共同印证了阿里的说法：定居大约开始于870年。

尽管北大西洋诸岛的维京时代考古证据有限，但都非常重要。人类占领的遗迹几乎没有为后代保留下来，并且解释也通常是模糊的：比如分布没有代表性。另外，如果没有书面材料，那么实物遗存对于理解社会和宗教的概念有何帮助，这并不确定，反而可能带来更多问题。

在奥克尼群岛、设得兰群岛和冰岛发现了不到400座异教徒坟墓，在冰岛发现了300多座异教徒坟墓。它们与同时期斯堪的纳维亚半岛的坟墓没有太大的区别，这证实了这些岛屿曾被来自斯堪的纳维亚半岛的异教徒所占领。

《定居者之书》中有许多关于异教徒墓地的故事，这些墓地似乎与土地的所有权有关。这些故事表明，一些农场附近的异教徒坟墓留有11、12世纪在这些土地上耕作的农民祖先的遗骨。这些农场可以被视作一种奥加尔，即从祖先那里继承或合法得到的土地。残留的半异教徒法律观念在斯堪的纳维亚半岛很普遍，并且兼及平民和国王。王国本身可以视为国王的合法土地，有时候他们被说成自出生就拥有这块土地。据说位于瑞典乌普萨拉（Uppsala）、丹麦耶灵（Jelling）、挪威韦斯特福尔的巨大墓堆包括了王朝创建者的坟墓。《定居者之书》和挪威法律证明了这些观念在基督教中世纪幸存了下来。在《伊林格萨迦》中，13世纪的历史学家斯诺里·斯图鲁松就揶揄这种信仰，并且加以夸大，使得这些信仰在基督徒眼中显得很荒唐。在这部萨迦和其他萨迦中，异教徒祖先被认为是坟墓里具有某种生命的幽灵或鬼魂。

有些迹象表明，维京人的坟墓在11世纪或晚些时候曾被打开。从这些证据可以看出皈依者对于异教徒祖先的态度。比如，《定居者之书》中有一个故事，讲述了"阿斯蒙德（Asmund）被埋在一座坟墓里，置于一艘船上。他的奴隶在阿斯蒙德死后不想苟活也自尽了，尸体被置于船首"。随后有一个报告说，这个坟墓后来被打开，奴隶的尸体被移走。冰岛有几份资料记述了一些人骨从原来的坟墓中被移走，然后埋在教堂墓地。这个习俗似乎在冰岛一些地方的考古发现中得到反映，比如冰岛北部的奥斯塔霍尔（Austari Hóll）和雅特拉（Ytra），在那里，异教维京人墓地中的人骨在很久之前就被整体搬迁了。这样做的动机显然是救赎他们的祖先。12世纪早期《古基督教法》中的一些条款与迁移教堂墓地有关，所有的遗骨都应该从旧的教堂墓地挖出、小心收集并埋入新的墓地。这可能鼓励了一些人将异教徒遗骨移入基督教教堂墓地。

现代研究中发现的一些未被移动的异教徒坟墓显示，埋葬男子时通常有武器或工具、个人物品和衣物陪葬，埋葬女子时通常有珠宝、其他个人物品、衣物和做饭器具、缝衣器具等。男子和女子的墓中都有马，一些情况下，尸体被放置在小船或舰上。

在《冰岛人之书》中阿里指出，在870年斯堪的纳维亚人来到冰岛之前，爱尔兰基督徒帕帕尔人（Papar）住在那里，但挪威人到达之后他们就离开了。没有发现关于帕帕尔人的考古踪迹，也没有任何关于他们存在的科学证据。《定居者之书》中的报告提到有几个挪威基督徒定居者，这非常不可信，很有可能是博学的教士所杜撰。没有发现早于11世纪的基督教坟墓和教堂墓地；冰岛最初是由斯堪的纳维亚异教徒定居的，目前还没有发现证伪的考古证据。

维京时代房屋和定居点的发掘表明，当时斯堪的纳维亚半岛上的大多数普通房屋类型都能在北大西洋岛屿上找到。的确，它们非常符合中世纪早期北欧乡村文化的传统。10至13世纪冰岛和格陵兰岛的考古证据表明，两地定居点的基本单位都是单个农场，每个农场则有几座房屋或其他建筑。主要的居住房屋（skáli或简单地称为hús）呈长方形或船形，除此之外，还有功能各异的小建筑，它们通常与主屋相通。一些建筑在地面，另一些则沉入地下。尽管牛棚通常距离主屋较远，但在山区牛棚是和主屋相连的。有时远处还有专门供羊群过冬的棚屋。用于挤奶的羊圈和畜栏很普遍，它们通常离农场房屋有一段距离。

　　饲养牲畜的农场主有着既复杂又足智多谋的经济战略：在季节性牧场可以采用分散的游牧方式，在山区或远离农场的地方放牧。但是饲养需要挤奶的牲畜则须建立临时的棚屋（牧羊小屋），羊圈也是需要的。这种欧洲农民古老的羊圈小屋经济在大西洋各岛屿的维京定居点清晰地显现出来，也能在其他的考古证据和地名中识别出来。在像冰岛和格陵兰岛这样极北的岛屿，适合放牧的季节性植被每年都有很大变化。在气候恶劣寒冷的年份，就放弃牧羊小屋，牲畜数量也会减少；在稍好的年份，就重建牧羊小屋，牲畜数量也随之增加。

　　考古证据显示，冰岛的第一批移民试图深入内陆，在高地边缘的山谷定居，但那里的植被极其脆弱。他们似乎也从惨痛的经历中了解到这样做是很不明智的。冰岛维京时代最瞩目的一处银器窖藏是在桑德穆里（Sundmúli）发现的，位于东北部内陆的一个荒凉之地；在冰岛西部荒无人烟的山谷米乔伊达卢（Mjóidalur）发现了一个埋着阿拉伯银币的富有女子的坟墓。人们研究了位于冰岛东部内陆远远高于海平面的赫拉芬克尔斯达卢（Hrafnkelsdalur）山谷中的许多遗迹和定居点遗址，发现早期移民试图适应新环境。

　　维京时代末，居住房屋的供暖方式有了一些变化。考古证据和萨迦显示，最初同斯堪的纳维亚半岛一样，冰岛房屋通过长长的壁炉烧火来供暖，壁炉安置在每侧墙壁旁边的长椅之间，人们在这里或坐或卧。上座位于北侧长椅的中间，朝向南面。显然在挪威国王奥拉夫·基尔（Olaf Kyrre，1066—1093年在位）统治期间，挪威皇家农场的开放式壁炉开始被火炉或烤炉取代。到了13世纪，它们在冰岛已很普遍。12和13世纪的萨迦作者们非常清楚这个变化。他们称传统的房屋为火屋（*eldaskalar*或者*eldhus*），同被称为斯卡拉尔（*skálar*）或斯托福尔（*stofur*）的房屋区别开来。火屋中的壁炉被火炉或烤炉取代，这在萨伽写成的时代很普遍。

　　冰岛接受基督教之后需要建立教堂。第一批教堂非常小，而且由于酋长和地主几乎是在同一时期皈依，因此数量很多。《埃吕别格萨迦》描述了海尔加费德（Helgafell）和另外两个地方在酋长首领的带领下如何建立第一批教堂，并补充道："教士承诺他修建的教堂所能容下的每个人都会在天堂有一个位置。"在格陵兰岛的布拉塔利德发掘的最古老教堂只有一户人家那么大的站立空间，地板面积为2米×3.5米。后来修建的教堂倾向于更大一些的空间，并且反映了教会的阶层。教会体制的建立使得一些小教堂被废弃，另外一些则被大教堂取代。11和12世纪的这种教会重组导致上文提到的《古基督教法》中出现了关于迁移教堂墓地的规定。

最终，一些主要农场或庄园拥有了木质结构的教堂。布拉塔利德的房基表明，此处曾规划过一个教堂。《鲑鱼河谷萨迦》讲到，历史学家阿里的祖父盖利尔·索尔克尔松（Gellir þorkelsson）到罗马朝圣后，1073年在归家途中死去，他曾在赫尔加菲修建了一个教堂，取代了《埃吕别格萨迦》提到的旧教堂。这条信息的来源据说是亚尔诺·索达松（Arnór þórðarson）为纪念盖利尔创作的一首诗，他还写了一首诗来赞美奥克尼酋伯爵索芬（þorfinn，死于1065年）。索芬也曾前往罗马朝圣，并在他自己的领地伯塞修建了一个教堂。奥克尼群岛早期有石头教堂，但是直到12世纪中期才在柯克沃尔（Kirkwall）修建了宏伟的圣马格努斯大教堂（St. Magnus），比冰岛最大的木质结构教堂斯考尔霍特大教堂和霍拉尔大教堂晚一段时间。

冰岛国家博物馆收藏了一些雕刻墙板的碎片，它们以维京时代末流行的风格描绘了圣徒。这些碎片来自冰岛北部的农场，在中世纪属于霍拉尔大教堂。根据阿里的讲述，1106年，为霍拉尔的第一任主教举行了祝圣仪式。中世纪时，斯考尔霍特大教堂被大火毁灭，与此不同的是，霍拉尔大教堂一直存在到17世纪，后来因一场严重的暴风雪而严重受损。教堂建筑被推倒，木材被主教辖区的租佃农场重新使用。这些物料显然包括博物馆收藏的碎片。最奇妙的是，它们最初组成了一幅巨型拜占庭风格图画——《最后的审判》——的一部分。这提醒人们，11世纪的冰岛酋长们与北欧、南欧和东欧都有密切联系。

有些北大西洋诸岛上的酋长既是商人也是雇佣兵，他们不仅为基督教和接受基督教文化打开了通道，而且如考古证据所示，还打开了影响服装、武器、珠宝等物质文化的通道。

社会结构和政治

我们对于维京时代北大西洋诸岛的社会结构和政治了解甚少，这不多的了解几乎全部来自关于冰岛的故事，尤其是阿里的《冰岛人之书》和法典。在解释过去的时候，阿里也像其他历史学家一样受到当时环境的影响，比如11世纪欧洲的"上帝的和平"运动。形成鲜明对比的是，法典编撰者有实现社会理想的意图，尽管现实可能有很大不同。当然，历史文本和法律文本之间有一些联系，要利用它们作为历史文献也因此而变得复杂。基于这些寥寥无几、尤显困难的证据来综合描绘维京时代晚期的社会图景是不可能的，我们只能寄希望于描述其特定时期的一些特征。

关于冰岛人中的社会等级划分，最早的证据是11世纪冰岛人和挪威国王之间的条约。第一个条款规定，冰岛人将在挪威拥有一个叫"赫尔兹"（höldsréttur）的社会群体的权利。早期挪威法律规定了自由人的等级，抚恤金（伤亡发生后，为防止结怨而给予赔偿）金额随着社会等级而变化，"赫尔兹"在非皇家代理人的自由民中等级最高。《灰雁法典》是冰岛早期法律文集，但里面不存在这样的有关自由民等级的证据，这表明冰岛的自由民不分等级，都被视作赫尔兹。另外，阿里讲述了冰岛一个男子因谋杀一个奴隶或自由民而获罪，这个案子应该发生在冰岛法律成文之前。阿里的方案出现在一些挪威早期法律中，但是《灰雁法典》中没有描述，尽管它包括许多关于奴隶和奴隶制的参考资料。因此我们可以合理地推断，阿里非常熟悉维京时代末期北大西洋诸岛的奴隶制。

尽管自由民在法律上是平等的，但这些岛屿的社会有明显的等级特征。酋伯爵、族长和大农场主地位最高，他们通常比较富有，管辖民众和土地。根据《灰雁法典》，上下级之间忠诚和臣服的社会关系被称为"格里"（grið）。这个词也用来描述船长和船员的关系，以及家主和仆人之间的关系，仆人被称为"格里门姆"（griðmenm）。与这个词密切相关的一个含义是每个人都应该拥有的法律意义上的住宅。没有格里的人是没有任何权利的罪犯或流浪汉。在另一个语境下，当军事冲突中达成停战协议时，这个词会被用在短语"to set grið"（设置格里）中。这些社会关系是大大小小的每一个农场、船只上的基本特征，反映了劳动分工和日常任务，塑造了男人和女人、父母和孩子的关系，不仅在很大程度上决定了地主对于某些物质商品特别是土地的权利，也决定了他们的地位和相互关系。因此格里具有政治意义。

我们很难依据《灰雁法典》来定义土地所有权。该法典记录了土地继承制，儿子们通常继承大的农场或农庄，女儿们更有可能继承较小的租佃农场和动产。也有对于收回土地的广泛权利的规定，尤其是当农场没有获得授权而被占领时。因此，冰岛的农村定居点可以清晰地反映出这种农庄结构模式。占有优质土地的欲望在中世纪欧洲家庭尤其是男子中很常见。在挪威和奥克尼群岛，大的农场主和酋长继承或合法取得的土地经常被称为"奥加尔"。如上所指，《定居者之书》的一个主要目的就是证明人对土地的合法权利。

叠加在这些社会关系之上的是复杂的等级组织，由酋长制定法律并执行正义。实现这一目的的最古老机构是庭（或称大会），农场主们聚在一起制定法律并且做出判决。这些大会也具有政治功能：阿里在《冰岛人之书》中描述了930年冰岛人在建立一年一度的大会（即所谓的"阿尔庭"）之前是如何举行地方会议的，如何把冰岛西南部的辛克瓦莱选为举行"阿尔庭"的地址。这样就建立了等级，有许多小的地方大会和一个高级别大会"阿尔庭"，人们可以向"阿尔庭"上诉或移交重要的司法问题。"阿尔庭"由一位推选出来的法律宣讲人主持，他的主要作用是宣布法律。阿里还描述了一场激烈的争执，这场争执在大约962年导致冰岛分为几个大区，每个区都有一个介于地方会议和"阿尔庭"之间的会议，这一创新使人们更容易寻求公正。

《灰雁法典》和《冰岛人之书》以我们在此无法讨论的详细程度描绘了"阿尔庭"的法律及其他程序。然而值得注意的是，维京时代末冰岛的政治和宪政体制能让我们了解当时欧洲其他地方的发展。

尽管几个大区有明确的领土界线，被称为格多尔的族长的权威却没有界限。12世纪一份教会文本禁止族长成为神职人员，他们的权力可以和挪威王室贵族特权以及其他国家征税权相比。随着12世纪冰岛世俗和宗教权力相分离，为课税和执法目的而划分的领土被称为"里基"（riki），不管它们属于教区还是族长。在中世纪的冰岛，宗教和世俗权力逐渐发展为与现代早期的州类似的形式。冰岛联邦或共和国，有时被称为冰岛自由邦，如阿里所述，它的体制发展在维京末期之前是非常先进的，为18、19世纪的政治理论家所羡慕，因为它没有国王，人们自由而平等。

皈依：圣徒和政治

阿里写作《冰岛人之书》的主要目的不是为了描述冰岛政治和法律体制的早期发展，而是对本地第一批主教的皈依和成就给出权威的描述。他和他的前任——冰岛第一个历史学家赛蒙德·西格福松——都把挪威和冰岛的皈依归功于奥拉夫一世。赛蒙德显然声称奥拉夫一世是奥克尼群岛、设得兰群岛和法罗群岛皈依的主因。根据不来梅的亚当写作于11世纪70年代的作品来看，格陵兰岛那时已经有教堂，显然是由冰岛人所建。但是两个人都没有提到格陵兰岛的皈依。

阿里这样简单地描述了冰岛的皈依：国王奥拉夫派遣的一位传教士使一些要人得以皈依，但基督信仰被大多数冰岛人抵制，最终这位传教士返回挪威向奥拉夫汇报任务失败。奥拉夫很气愤，威胁要惩罚居住在挪威的冰岛人。然而，两位冰岛皈依者"白发"吉苏尔和哈亚尔蒂说服了他，他们承诺回到家乡后重新开始这项使命。1000年，两人在阿尔庭反复强调基督教的主张，经过激烈讨论后，最终同意让异教的法律宣讲人做出决定。第二天，宣讲人宣布应该接受基督教法律，每个人都应该接受洗礼。阿里讲到，有一些临时特例允许私下祭拜异教神、吃马肉和杀婴。他没有提到国王奥拉夫在其他地方使用传福音的方式。根据后世的萨迦所记，他在挪威运用说服和强制的方式，强迫奥克尼酋伯爵皈依。其中一些萨迦根据赛蒙德一部丢失的作品而写成。

12、13世纪期间，冰岛完成了几部关于奥拉夫一世和奥拉夫·哈拉尔松的萨迦。奥拉夫·哈拉尔松在挪威继续传播福音。他后来流亡归来索要王位，并死于斯迪克勒斯塔德战役（Stiklestad），之后被视为圣徒。这一系列皇家萨迦在13世纪末被收集整理，称为"伟大的传奇"，每个国王都有其专门的萨迦。其中两位国王的事业起源可以追溯到11世纪，那时候人们已经开始将他们神化了。但是即使在那一时期人们对他们的看法也不尽相同。

奥拉夫一世被赛蒙德和阿里视为英雄，以圣徒形象出现在几个冰岛早期故事中。相反，不来梅的亚当没有对他表示尊重，称他为"乌鸦脚"和叛教者。另外，亚当对奥拉夫·哈拉尔松充满敬意，描绘了他的殉道，称他为圣徒。然而，他只在《冰岛人之书》中出现了两次，每一次都伴随一个蔑视性的外号"胖子"，而且没有任何关于他接受天启的描述。对待挪威国王哈拉尔·哈德拉达（1046—1066年在位）也有类似不同的态度；亚当把他描述为一个疯狂的暴君，而1066年他死于斯坦福桥战役则是命中注定。冰岛文献以更加赞赏的方式描绘了哈拉尔，他因为捐赠了建立辛格维利尔教会的木材而被后世铭记。这些差异是斯堪的纳维亚权力争斗和当时教会政治的结果。我们将在第七章对此展开阐释，但是这里需要简单解释一下阿里和其他冰岛人的态度。

汉堡–不来梅的大主教们声称对整个斯堪的纳维亚拥有教会权威，尽管早期教皇的特权只针对丹麦人和斯韦尔人。直到1053年，教皇利奥九世才明确把挪威、冰岛和格陵兰岛纳入管辖范围。在奥拉夫一世统治的挪威和克努特统治的丹麦，汉堡–不来梅的教会霸权受到了英格兰的影响。克努特声称自己是挪威的领主，但是他的地位受到了奥拉夫·哈拉尔松的挑战。奥拉夫·哈拉尔松随后被大主教视为盟友。奥拉夫·哈拉尔松死于1030年，之后短时间内，丹麦在挪威的势力得以增强。但是五年后，奥拉夫·哈拉尔松的儿子马格努斯从流放中被召回，被尊为国王。由此，挪威人不仅驱逐了克努特建立的英格兰–丹麦政权，而且直接威胁到丹麦本身。克努特唯一在世的儿子哈德克努特死后，马格努斯·奥拉夫松于1042年被丹麦人拥立为国王。拥有丹麦人的支持和萨迦中所称的他父亲圣奥拉夫的帮助，马格努斯和萨克森公爵在1043年打败了温德人（丹麦的斯拉夫邻居）。马格努斯可能还得到了日耳曼人的支持，来对抗声称拥有丹麦王位的克努特侄子斯文·埃斯特里德松（Sven Estridsson）。

1047年马格努斯去世，他的叔叔哈拉尔·哈德拉达继位，斯文·埃斯特里德松最终得到丹麦王位。哈拉尔和斯文之间的冲突持续了几年，1064年，他们达成和平协议。哈拉尔死于1066年，之后他的继承人奥拉夫·基尔娶了斯文的一个女儿，两个王国之间的亲密关系得到进一步加强。斯文当然不支持奥拉夫·哈拉尔松的宗教信仰。马格努斯死后，他的直接继承人对于成为挪威国王并不太感兴趣。挪威王国的主要中心无疑是奥拉夫的埋葬地特隆赫姆（Trondheim）。在斯堪的纳维亚半岛之外，奥拉夫的宗教信仰在萨克森、日耳曼商人经常光顾的波罗的海主要贸易中心、不列颠群岛尤其是英格兰南部得到遵行。1042年克努特王朝结束后，基督信仰尤其受到英格兰南部人民的欢迎，他们反对斯文·埃斯特里德松声称其继承克努特成为英格兰国王。神圣罗马帝国皇帝亨利四世和教皇格里高利七世（Gregory VII）之间为争夺主教叙任权而斗争，使斯堪的纳维亚国王之间竞争所造成的教会方面的影响日益复杂。汉堡–不来梅大主教支持皇帝，而丹麦国王通常支持教皇。

据阿里所写，1056年，冰岛的第一个本土主教奥斯莱夫·吉苏拉松（Ísleif Gissurarson）被祝圣，但阿里没有提及由谁祝圣。不来梅的亚当认为是由汉堡-不来梅的大主教阿达尔伯特（Adalbert）主持，《冰岛人之书》从未提及这个主教教区。主教奥斯莱夫死于1080年，他的儿子吉苏尔被推选为他的继任者。阿里非常清晰地描述了他的密友吉苏尔的祝圣礼。他写到，1081年吉苏尔从冰岛前往瑞典的约塔兰（Götaland），然后于1082年前往丹麦，1083年，他作为主教返回冰岛。吉苏尔显然没有遇到汉堡-不来梅的大主教，那时这位大主教因为是日耳曼皇帝的盟友而被教皇开除教籍。

1095年，斯文·埃斯特里德松的儿子埃里克一世继任丹麦国王，他由于支持教皇而被嘉奖。他的哥哥克努特在1086年被叛乱者杀死，并于1101年被教皇宣布为圣徒。埃里克一世还说服教皇于1101年在隆德建立了独立的丹麦大主教区，同时，斯堪的纳维亚作为教省，阿瑟担任第一任大主教。冰岛的法律宣讲人马库斯·斯凯格贾松（Markús Skeggjason）是主教吉苏尔和历史学家阿里的朋友，他创作了一首诗歌来讴歌圣徒克努特，另一首诗则讴歌国王埃里克一世，诗中赞成建立斯堪的纳维亚大主教区。冰岛人的立场就显而易见了；他们支持教皇和隆德大主教，反对日耳曼皇帝和汉堡-不来梅大主教。

12世纪初的政治形势没给挪威的圣奥拉夫留下多少余地。在丹麦，新封的圣克努特受到普遍欢迎。一个关于丹麦本地圣徒"日德兰的苏格"（Thøger of Jutland）的传奇被人们不断改编，我们可以由此看出那里发生的微妙变化。他最初同圣奥拉夫有联系，因而被国王斯文所反对，但后来证明他和圣克努特一样神圣：他们的骨头都不能被烧毁。据说苏格还被教皇封圣。在冰岛，赛蒙德和阿里所写、诗人所讴歌的都是奥拉夫一世，而在奥克尼群岛，主保圣人是死于1117年的酋伯爵马格努斯。在挪威，圣奥拉夫崇拜的中心是他的埋葬地特隆赫姆；在其他地方也存在竞争者，如南部的圣徒哈尔瓦德（Hallvard）和西部的圣徒苏尼瓦（Sunniva）。

日耳曼皇帝和汉堡–不来梅大主教均不承认北方的独立大主教教区。1113年，他们有机会通过让教皇写信来罢免阿瑟的大主教职位，并把所有该教省的副主教都纳入汉堡–不来梅管辖，由此来进行反击。然而，这些信没有从不来梅发出，阿瑟依旧担任隆德大主教。大约在这个时候，阿里或许是出于对这个冲突的反应，重新修订了《冰岛人之书》，这也是目前仅存的版本。不论事实是否如此，我们显然需要在当时的政治和教会发展背景下来解释亚当和阿里的著作。

1153年或1154年，特隆赫姆教区被命名为大主教教区，教省包括北大西洋的挪威殖民地。此时，圣奥拉夫对奥拉夫一世以及特隆赫姆对不来梅的胜利才算确立。但"伟大的传奇"中两位奥拉夫的故事证实了早期的政治和教会争端，以及其中他们及关于他们的纪念起了主导作用。

在这段为期300来年的时间里，北大西洋诸岛建立了植根于北欧传统并相对稳定的古斯堪的纳维亚社会。通过探寻自然资源，尤其是冰岛和格陵兰岛的自然资源，殖民者成功地向欧洲出口了有价值的异域产品，如毛皮和猎鹰、海象牙和羽绒，偶尔还有北极熊。最南端的奥克尼群岛有富饶的耕作土地，但其他大多数岛屿的农场主则是放牧牲畜，并维持了相对较大的人口群体。这些岛屿，甚至包括最偏远岛屿上的社会，同斯堪的纳维亚的许多地方一样迅速接受了基督教，并很快受到来自欧洲大陆和不列颠群岛的一系列影响。因此，当维京时代在12世纪结束时，尤其是冰岛，开启了一个不亚于基督教欧洲其他任何地方的文化繁荣时期。

第六章

俄罗斯欧洲部分的斯堪的纳维亚人

托马斯·努南

大约从750年至1050年的3个世纪时间里，斯堪的纳维亚人来到俄罗斯欧洲部分，他们主要来自瑞典，也有的来自丹麦和挪威。他们是探险者、冒险家、统治者、商人、雇佣兵、农民、政治流放者和突袭者，表现异常活跃。一些人永久定居下来，成为后来罗斯国的成员。另一些人继续前行至拜占庭或返回斯堪的纳维亚，讲述他们在"东部"的事迹。要想详细考察斯堪的纳维亚人在俄罗斯欧洲部分的经历，必须考虑他们不同的活动以及随着时间推移而产生的变化。除了这个地区本土社会的发展，还须考虑新来者所处的环境。

人们关于维京、俄罗斯、罗斯和瓦兰吉等词汇的意义有许多讨论。"维京"的意义主要由西部的事件所决定，因此为了避免无休止地讨论"真正"维京的含义，在讨论东部的时候最好使用"斯堪的纳维亚人"这个术语。俄罗斯在维京时代并不存在，现在的俄罗斯也不包括当时斯堪的纳维亚人活跃的所有地方——比如乌克兰的基辅和白俄罗斯的波洛茨克

（Polotsk）。也许最好的方式是用"俄罗斯欧洲部分"来定义北极与黑海之间以及波兰与乌拉尔山脉之间的整个地区。

关于"罗斯"这个词的起源也有许多争议。最著名也最有说服力的说法是，这个词源自西芬兰语称呼瑞典的词汇"罗奇"（*Ruotsi*）。很有可能俄罗斯西北部的芬兰人用这个词语称呼出现在他们领土上的斯堪的纳维亚人，东斯拉夫人把它变为"罗斯"。后来，"罗斯"既被用于指基辅公国，也被用来指称成为统治者的斯堪的纳维亚人和非斯堪的纳维亚人，最终用来指这个国家的所有人。989年，弗拉基米尔皈依东正教；之后，"罗斯"也开始用来表示东正教教徒。词汇的发展不是步调一致的，因此任何一段时期内它的意义都没有必要一致。词汇"瓦兰吉""瓦兰吉人"也被用来指代东部的斯堪的纳维亚人，但许多人争辩说它的出现晚于"罗斯"，并且主要用来指那些为罗斯王公和拜占庭皇帝服兵役的斯堪的纳维亚人。

深入俄罗斯欧洲部分内地的斯堪的纳维亚人遭遇了与在西欧海岸抢掠的北方人完全不同的情况。吃水浅的维京船能够轻松攻击和抢劫沿英格兰和法兰西海岸线或河岸分布的富裕城市及修道院，并在当地组织抵抗之前成功逃脱。但是俄罗斯的海岸线上没有可掠夺的城市和修道院，并且内陆航线复杂，需要穿过危险的激流，从一个水系到另一个水系则需要穿越原始森林并横跨遥远的距离。在内海上突袭充满风险，因为当黑海上的拜占庭舰队用希腊火攻打来犯的斯堪的纳维亚人时，可萨可汗（Khazar khagan）的穆斯林协军会封住里海的退路。

然而，8世纪中期以后，进入俄罗斯西北部的斯堪的纳维亚人遇到的有组织抵抗比西部的维京人要少得多。一方面，芬兰、波罗的海和东斯拉夫的部落有很大差异；另一方面，这里的情况也与盎格鲁−撒克逊和加洛林各公国不相同。俄罗斯欧洲部分的地理位置利于贸易，不利于突袭。西部的维京人仅仅是抢走了城市和修道院积攒的财富；而在俄罗斯欧洲部分，斯堪的纳维亚人需要建立本地组织来收集自然财富，然后建立贸易中心和贸易航线来出售这些商品。

俄罗斯欧洲部分的民族

大约公元500年后，俄罗斯欧洲部分最重要的发展是日益增强的经济多元化和大规模的民族迁移。经济多元化为当地人口带来更多财富以及安稳的环境，反过来又促进了政治稳定和地方上层集团的出现。同时，大规模迁移完全改变了民族分布。冒险进入俄罗斯欧洲部分的斯堪的纳维亚人发现当地的民族社会是动态的，并且正在经历巨大的变革。

俄罗斯欧洲部分有三个主要地理经济区：干草原区、森林草原和北部森林。在干草原区，游牧制度处于主导，人们主要依赖羊群、马群、牛群和其他动物。高度专业化的游牧制度非常符合俄罗斯南部和乌克兰的丰茂草原地貌。然而，它又很容易受到干旱、牲畜流行病和其他自然灾害的侵扰。而且，过度专业化又带来一种危害，即游牧民族会依赖相邻的定居人口来提供那些他们自己不生产的商品，如粮食、工具、珠宝和武器等。

7世纪中期后不久，突厥可萨人（Turkic Khazars）成为高加索山脉至亚速海之间的北部草原的主人。8世纪前半叶，他们的影响力向北延伸到伏尔加河和第聂伯河之间的森林草原，向西越过干草原伸向多瑙河和克里米亚半岛。可萨汗国（Khazaria）布满农业村落和一些手工业中心。这种多元化使可萨王朝统治长达300多年（约650—950年），创造了被称为"可萨和平"（Pax Khazarica）的繁荣时期，使俄罗斯欧洲部分和伊斯兰国家的巨大贸易来往成为可能。

从公元6世纪开始，斯拉夫移民缓慢地从多瑙河下游和喀尔巴阡山脉低处向北部和东部移动。第二波移民潮使斯拉夫人从现在的波兰向东迁移。进入俄罗斯欧洲部分的斯拉夫移民被称为东斯拉夫人。在移民的过程中，他们驱逐、灭绝或同化了当地的波罗的人和芬兰人。当斯拉夫人离开俄罗斯南部和乌克兰富饶的黑土地时，他们不得不改变自己的农耕经济。在森林地区仅靠农业是很难生存的，只能依靠火和斧头清除原始森林；土地也不够肥沃，生长季节更短，种子更为低产；冬季寒冷、漫长，而夏季干燥、短暂；冬季不得不停止役畜，又要消耗稀缺的粮食。但是森林也有自身优势。树木提供了建房的材料和取暖的燃料，还有无数的浆果、蘑菇和满是鱼类的溪流。还可猎取动物来食用，并获得用于取暖、交换商品或缴纳贡品的皮毛。事实上，人们所说的东斯拉夫农学家既是农夫也是狩猎者。

同时，大约自750年开始，可萨汗国讲突厥语的民族不断从伏尔加河和乌拉尔草原向北移动，保加尔人（Bulghars）是这次移民的主要群族。10世纪初的时候，他们已经统治了伏尔加河中游和芬兰居住区的许多大面积地盘。他们依托畜牧业、农业、手工制造业，以及与中亚之间蓬勃发展的皮毛国际贸易，很快形成了多元化经济。

在传统意义上，俄罗斯欧洲部分北部的森林区由狩猎采集者占据，大多数人是芬兰-乌戈尔族人（Finnish Ugrians）。大约公元900年前的几个世纪中，农业迅速推广，手工业得到发展，专业工匠出现。这些地区曾经的狩猎者耕种了更多的粮食，制造了更多的工具和武器。卡马-维亚特加地区（Kama-Viatka）的民族同中亚、高加索和拜占庭建立了贸易关系。伊朗、拜占庭和中亚的银器以及钱币流向北方以换取皮毛。到维京时代早期，中亚商人已经成为这种贸易的主要中间商。他们一年一度的车队将花剌子模国（Khwarazm）与伏尔加河中游的保加尔市场连接起来。来到俄罗斯北部的斯堪的纳维亚人利用了当地人日益增加的财富，也利用他们与南方建立的长期贸易关系来获取资本。

罗斯公国的起源

大约1050年至1120年，基辅修道院的几名僧侣编写了第一部连贯的有关罗斯公国起源和早期历史的著作。这本书被称为《往年纪事》（*Russian Primary Chronicle*），包含了生活在俄罗斯欧洲部分的斯堪的纳维亚人的官方史说。据这本书记载，859年，一群瓦兰吉人袭击了俄罗斯西北部的芬兰人和东斯拉夫人，强迫他们缴纳贡品。862年，他们被推翻，但是芬兰人和斯拉夫人自己不懂得管理，随后邀请另一群斯堪的纳维亚人来统领他们，这一群族被称为罗斯人，由留里克（Riurik）率领。留里克在诺夫哥罗德立足，开始将势力范围延伸到俄罗斯北部的其他地区。他的几名随从由阿斯科尔德（Askold）和迪尔（Dir）率领前往当时由可萨人控制的基辅。879年留里克死后，他的继承人奥列格（Oleg）率领一支探险队夺取了对基辅的控制权。这样，北部的诺夫哥罗德和南部的基辅就落入同一个罗斯家族即留里克家族的统治，他们进而开展了一系列战事，最终将他们的附属领地范围从波兰边界扩大到伏尔加河上游。

附属领地的管理掌握在基辅的一位大公手中。他领导了一个由同族人和家仆组成的松散组织，征服了当地民众并向其勒索贡品。《往年纪事》生动地描绘了德雷夫利安人（Derevlianians）的灭亡。这是一支东斯拉夫部落，他们在945年杀死伊戈尔大公，因为他企图征收更多的贡品（通常是每家一张皮毛）。伊戈尔大公的遗孀奥尔嘉（Olga）有计划地消灭了德雷夫利安人的大公、其他统治阶层精英还有部落无数的普通民众，然后烧毁了德雷夫利安人的首府。

获胜战役中的数量巨大的战利品同贡品一起成为商品，从10世纪前半叶开始就运往君士坦丁堡。到988年，罗斯和拜占庭的关系已经非常亲密，弗拉基米尔大公决定皈依东正教，并且娶了拜占庭皇帝的妹妹。在他的儿子"智者"雅罗斯拉夫（Iaroslav the Wise）的统治下，罗斯公国达到鼎盛时期。

《往年纪事》是我们了解俄罗斯欧洲部分斯堪的纳维亚人的最重要资料来源，但是远远不够完善。尽管它在罗斯公国起源的描述上比较具有真实性，但也有许多事实被省略、篡改和歪曲。编撰者依靠的是错误或不完善的信息，许多至多能称得上是二手资料。重要的是我们要记住，《往年纪事》是给为作者们居住的修道院提供资助的王公贵族而写。因此僧侣们被委以使留里克王朝统治合法化的重任。比如，基辅大公们没有被描绘成残酷无情、抢夺土地、强征贡品的冒险家，而是传奇人物留里克的后裔，他们被当地人邀请"来吧，来统治我们"。

幸运的是，还存在其他一些书面资料。其他一些有关罗斯的资料包含了重要证据，如都主教伊拉里翁（Hilarion）的布道、类似圣徒故事的《基辅洞穴修道院的帕特里克》、《诺夫哥罗德第一编年史》和《罗斯法典》（俄罗斯法律）。最著名的伊斯兰资料可能是伊本·法德兰（Ibn Fadlan）的《里萨拉》（Risala），其中记录了922年他从巴格达到伏尔加保加尔途中的见闻，他亲眼见到了罗斯商人。9到11世纪期间的一些地理著作描述了伊斯兰学者已知的包括俄罗斯欧洲部分在内的世界上许多地区，尽管一些作品有些含糊、不太可信。最著名的拜占庭资料是君士坦丁七世的《帝国行政论》，大约写于950年，书中详细描述了每年从基辅来到君士坦丁堡的罗斯贸易船队，以及罗斯内部贡品的征集。不幸的是，主要犹太资料（《可萨通信》和《剑桥文献》）的权威性有些争议。近些年来斯堪的纳维亚萨迦的真实性也被质疑。但是在斯堪的纳维亚不同地方和俄罗斯欧洲部分有一些如尼铭文，记录了前往东方的斯堪的纳维亚人，或证实了他们在那里的存在。最后，一些拉丁文资料——比如《圣伯丁年代记》和克雷莫纳主教利乌普兰德（Liudprand of Cremona）的作品——包含了到访过拜占庭的斯堪的纳维亚人或罗斯人的重要信息。

考古学家在俄罗斯欧洲部分发掘出几千个定居点和坟墓，它们对了解中世纪早期的方方面面提供了丰富的信息。特别是有超过400个建筑群带有斯堪的纳维亚特征或拥有可以追溯到维京时代的手工艺品。他们还发现大量的斯堪的纳维亚胸针、吊坠、带有雷神锤子形状吊坠的铁质颈圈、刀鞘、刀鞘的金属饰物、矛头、铁盾浮雕、铁匠工具、剑和船葬的遗物等，帮助考古学家追溯斯堪的纳维亚人在俄罗斯欧洲部分的踪迹、他们何时在某一地区活动活跃以及他们参与了哪些活动。另外，在俄罗斯欧洲部分共发现了几万枚伊斯兰、欧洲、拜占庭和罗斯的硬币。这一丰富的钱币证据显示了当时经济和政治的发展。在描述俄罗斯欧洲部分的斯堪的纳维亚人方面，这些书面资料和实物资料比《往年纪事》提供了更加可信、更加详尽的基础。

维京时代在俄罗斯欧洲部分的开启

公元8世纪期间波罗的海和北海沿岸开始出现新的城市中心。这些城市异于稍早的定居点，是国际贸易和工艺品生产的枢纽，最著名的是建于8世纪早期的丹麦城市里伯。一些学者将这些发展同维京时代的出现联系起来，而另一些学者指出，居住在波罗的海南岸的西斯拉夫人中也出现了类似的定居点。因此，他们提出存在一种新的"波罗的海文化"。

750年左右，在沃尔霍夫河左岸的旧拉多加建立了一个小定居点，距离沃尔霍夫河与拉多加湖汇合处13公里。在此之前的一段时间，来自斯堪的纳维亚的商人和袭击者已经造访了波罗的海东南部沿岸和拉多加湖，一些人甚至在现今的爱沙尼亚和拉脱维亚建立了定居点。考古证据表明，斯堪的纳维亚人从一开始就住在拉多加：在8世纪50年代的土层中发掘出一套斯堪的纳维亚—波罗的海铁匠工具，其中有一个奥丁（Odin）头像护身符。一位专家甚至提出它们的主人来自哥特兰岛（Gotland）。这些工具来自一个在8世纪50年代中期到70年代期间运营的大型锻造—金属制造—珠宝加工建筑群。

到访拉多加的斯堪的纳维亚人不是来抢劫和袭击的。周边没有其他城镇，修道院也不存在，周围当地人墓地中的随葬品都很朴素，没有什么可偷的有价值财物。建立拉多加的目的是便于进入自然资源丰富的俄罗斯欧洲部分的内陆。行走至此的斯堪的纳维亚人最初可能是来寻求皮毛，然后再返回波罗的海出售。但是他们很快发现，把在俄罗斯北部获取的皮毛和其他商品带到位于伏尔加河口的可萨首都伊蒂尔（Itil）更有利可图。在那里，可以用皮毛同穆斯林商人交换伊斯兰银币或迪拉姆（Dirham）。随着同可萨人的贸易日益增加，斯堪的纳维亚人发现他们也可以跨过里海，然后骑骆驼沿着著名的陆路到达巴格达。行程虽然艰辛，但收入颇丰，因为俄罗斯欧洲部分和斯堪的纳维亚都缺少本地白银资源，而西方的硬币如加洛林人制造的硬币又非常稀缺。从与"俄罗斯"贸易中获得的白银迪拉姆就成为雄心勃勃的斯堪的纳维亚人获取财富和权力的途径。

到公元8世纪90年代中期，所有俄罗斯欧洲部分的伊斯兰迪拉姆的最早窖藏都位于拉多加，大约开始于同一时期的另一小部分窖藏则在哥特兰岛。也就是说，拉多加已经成为从波罗的海穿越俄罗斯欧洲部分到达伏尔加河下游再前往伊朗和伊拉克的新兴商路上的关键城镇。随着9世纪斯堪的纳维亚贸易的巨大增长，拉多加也日益扩大。城镇内部或周边拥有更多的迪拉姆窖藏。更多的手工艺作坊涌现，打造铁制、铜制、骨制以及琥珀和玻璃材质的工具、武器和珠宝。这些作坊和一批仓库与拉多加作为东部贸易服务站的功能密切相关。比如，一家玻璃作坊通过制作珠子来换取当地芬兰人的最好皮毛，另一家制作琥珀珠宝的作坊也是基于同样目的。在这一时期建筑的最近发掘中发现了数量相当大的琥珀和许多玻璃珠子。拉多加的手工艺人也建造修补了商人们穿过这个城市使用的海船和河船。由海船从波罗的海运来的木材甚至用于建造拉多加的住宅。

在拉多加，一些最初的斯堪的纳维亚居民有可能只是像候鸟一样的居民，每年贸易结束后就返回家乡。然而随着拉多加的扩大，许多斯堪的纳维亚人成为永久定居者，虽然大多数人还是选择回迁。到9世纪中期，一个只属于斯堪的纳维亚人的墓地——整个俄罗斯欧洲部分唯一一个，甚至带有一些船葬墓——在沃尔霍夫河右岸、拉多加对面的普拉昆（Plakun）已经开始投入使用。然而，拉多加不是一个纯粹斯堪的纳维亚人的定居点。一开始，东斯拉夫人和西芬兰人就是这个城镇人口的重要组成部分。拉多加是手工业生产和国际贸易的跨国中心。

扩张和定居

大约9世纪中期，俄罗斯北部的商路基础设施发生了重要的新变化。比如，这段时间在伊尔门湖北岸兴建了一个名为留里科沃戈罗季谢（Riurikovo Gordishche）的定居点。同后来它的邻居诺夫哥罗德一样，沃尔霍夫河的激流使它免受斯堪的纳维亚人的突袭。尽管向导可以引导商船安全穿过大瀑布，袭击者却不能发动突然袭击。大约860年的一场大火证明，拉多加的地理位置难以接受自然的挑战。留里科沃比拉多加小，但是同样完成了手工艺品生产和长途贸易服务站的基本功能。并且，它坐落在富饶的土地上，比拉多加周边的土地更适合耕种。人们在13公里以北的科洛匹戈罗多克（Kholopyi Gorodok）的山丘堡垒发现了9世纪的农具，这更加验证了这一看法。

拉多加的斯堪的纳维亚人也开始深入俄罗斯北部内陆地区。在拉多加湖东南部地区的西芬兰人墓地发现了少量可以追溯到9世纪末到11世纪的斯堪的纳维亚手工艺品和坟墓。显然这里的一些斯堪的纳维亚家庭是商人，他们用珠子和其他重要产品从当地人手中换取皮毛。但也有人认为，其他家庭是瑞典农场主，他们移民到俄罗斯寻求土地，适应了当地刀耕火种的农业方式。9世纪60年代初期，拉多加的西南方普斯科夫古城（Pskov）一个芬兰–波罗的海定居点被大火焚毁。9世纪末期和11世纪初期间，人们在它的遗址上兴建了一座城镇，来自多个国家的手工艺人、商人和勇士在此居住。一些斯堪的纳维亚人继续向东推进，进入别洛焦尔斯克湖（Bellozero，即白湖）以南地区，至少有两个手工业和贸易中心兴起。9世纪末至10世纪末，克鲁季科（Krutik）有一个在皮毛贸易方面非常活跃的定居点，它显然接纳了几名斯堪的纳维亚流动的铁匠。别洛焦尔斯克定居点位于北面40公里处，于10世纪前半叶兴起，并在克鲁季科消亡后继续存在。

到9世纪中期，通往可萨汗国的主要路线上或其附近出现了一些基地，主要是斯堪的纳维亚商人所利用的贸易和手工艺品中心。斯堪的纳维亚人途中会在这些地方停留，有些人则作为商人、代理或为途经的商人提供服务而定居下来。这些基地是多民族定居点，斯堪的纳维亚人只占人口的一小部分。第聂伯河上游的本地人口是波罗的人，伏尔加河上游的本地居民是东芬兰人。中世纪早期还出现了斯拉夫人流向俄罗斯中部和北部的重要移民潮。这些贸易中心附近的墓地中发现的斯堪的纳维亚埋葬品通常比较分散，而不是集中在某一区域，这说明斯堪的纳维亚人已经同当地社会融合。他们每天同猎人和商人打交道，同当地部落酋长谈判来保证斯堪的纳维亚商人安全通过并得到当地的商品，死后则同家人一起被葬在这里。

活跃在俄罗斯欧洲部分的斯堪的纳维亚商人不是守法店主。他们会毫不犹豫地使用武力或恐吓介入当地社区，强迫当地人提供皮毛、奴隶或其他所需的产品。如果当地上层集团拒绝合作，斯堪的纳维亚人就会把他们除掉。但是避免冲突也是可能的：斯堪的纳维亚商人也是代理，他们把当地上层集团从自己人民那里勒索来的商品夺来销售，再将能加强社会地位的进口商品卖给他们。随着时间的推移，斯堪的纳维亚人对当地民众的剥削日臻成熟。对皮毛和其他商品的勒索不再处于无序状态。相反，由斯堪的纳维亚定居者和当地上层集团组成的团队每年冬季会在他们的地区搜集这一年的贡品。因此，贸易和手工艺城镇开始变成从当地民众手中搜集贡品的中心。

这些基地存在的确切时间和其中的民族组成依然值得讨论。大多数基地似乎在9世纪某个时期转型为多民族贸易和手工艺中心，这一趋势在10世纪到达顶峰。其中一个主要基地是伏尔加河上游的萨尔斯科（Sarskoe），位于罗斯托夫（Rostov）附近。它在6到8世纪本是梅里安人（Merian）的定居点，9世纪发展为一个多民族城镇，到10世纪，它已经成为一个大型贸易和手工艺中心。雅罗斯拉夫尔（Iaroslavl）附近有三个大型墓地，分别在博尔霍伊蒂姆雷沃（Bol'shoe Timerevo）、米哈伊洛夫庄园（Mikhailovskoe）、彼得罗夫（Petrovskoe），大约有700多座9世纪到11世纪的坟冢或坟墓。附近是一个同时期的多民族村庄，显然是贸易和手工艺制造中心。蒂姆雷沃的发掘人员在一名男子的墓中发现了一把日耳曼"乌尔博特"（Ulfberht）剑，还发现了一个盘底带有阿拉伯刻字的商用折叠式天平。从坟墓的数量和定居点运转的期间来判断，蒂姆雷沃的平均人口大约有130人。比尔卡的平均人口大约有500到600人，海泽比的平均人口大约有1000人。毫无疑问，一些商人选择从伏尔加河上游的基地出发穿过保加尔领土前往可萨汗国，然而主要商路显然是穿过奥卡河（Oka）和顿河流域向南前进。

另一个基地是位于第聂伯河沿岸的斯摩棱斯克以西10到12公里的格涅兹多沃（Gnezdovo），这是商人们穿过沃尔霍夫河和第聂伯河流域往返于波罗的海和黑海之间的一个大贸易中心。这里的建筑群最初有超过5000座9世纪后半叶至11世纪前半叶的坟冢，还有同一时期的5个定居点（2处有防御工事，3处为手工艺品和贸易中心）。这些定居点的人口总和大约平均为1250至1400人，至少90座坟墓里包含斯堪的纳维亚手工艺品。

东部贸易

拉多加、留里科沃、萨尔斯科、格涅兹多沃和其他地方的基地使斯堪的纳维亚得以经由可萨汗国同伊斯兰世界开展利润非常丰厚的贸易，我们可以从俄罗斯欧洲部分以及波罗的海周边地区的迪拉姆窖藏推测出这种贸易的发展和增长。目前，有信息表明那里藏有5个乃至更多迪拉姆的窖藏地超过了1000个，而硬币总量达22.8万个。因为许多存储在欧洲东部和北部的迪拉姆被熔化，或从未见于记录，或依旧埋在地下，从伊斯兰世界输入的硬币实际数量要远远超过这些。这些迪拉姆尽管不是完美的资料，却也为我们了解维京时代著名的东部贸易历史提供了最好的证据。

硬币证据表明，东部贸易开始于8世纪80年代。9世纪上半叶，贸易范围不大且不稳定，这一时期与拉多加最初的建立及其开始缓慢发展的时间相对应。9世纪60年代至80年代贸易量有了显著增长，贸易上的增长促进了留里科沃的发展、伏尔加河上游和第聂伯河上游内陆基地的形成以及对芬兰腹地的扩张。比如，人们在蒂姆雷沃定居点发掘出一处大型窖藏，在里面发现大约有2700个865年或866年的迪拉姆。更大的贸易量要求形成有组织的皮毛收集体系，还有沿主要水路为商人前往可萨汗国提供给养和服务的站点。

到9世纪晚期，斯堪的纳维亚人已经在俄罗斯欧洲部分活跃了将近150年。定居下来并且同当地人通婚的斯堪的纳维亚人慢慢开始获得一个新身份，"罗斯"这个词最好地表现了这一点。但并非所有罗斯人都是斯堪的纳维亚后裔，这个词所指代的人群还包含许多当地上层集团成员。在距离切尔尼戈夫15公里处的谢斯托维茨塔（Shestovitsa），考古学家出土了一个包含6个墓地、1处要塞和1个开放定居点的建筑群。谢斯托维茨塔似乎是当地大公随从的一个武装营地，由几名斯堪的纳维亚人和数量较多的东斯拉夫人组成。另外，到945年，与拜占庭的对外贸易几乎全部被斯堪的纳维亚人后裔垄断。斯堪的纳维亚人的同化速度显然依赖占领期的推移。然而，越来越多的斯堪的纳维亚人被罗斯社会接纳，从这时开始，只有新移民被称为斯堪的纳维亚人。

9世纪末期东部贸易出现短暂的下滑，随之而来的是巨大变化。首先，亚洲中部的萨曼王朝成为向俄罗斯欧洲部分提供迪拉姆的主要国家。其次，贸易量增长极大，迪拉姆窖藏的80%都是在900年至10世纪30年代期间存储的。再次，将迪拉姆运到俄罗斯欧洲部分的路线改变。9世纪时，主要线路是从伊朗和伊拉克出发跨过高加索山脉或里海抵达伏尔加河口的伊蒂尔。10世纪的主要线路是从中亚的花刺子模国和河中地区穿越干草原到达伏尔加保加尔或可萨汗国。最后，斯堪的纳维亚或罗斯商人的作用发生改变。我们了解到，9世纪他们会长途跋涉到达巴格达。10世纪，罗斯和伊斯兰商人在保加尔人和可萨人的伏尔加大型市场会合，他们可以在这里安全的环境下开展生意。

一直到940年，10世纪的贸易才得到适度增长。在拉多加，贸易的稳定增长表现在一处大约修建于894年的大型建筑群，一个拥有10到20名商人的协会将它用作基地和仓库。10世纪20年代末，这个城镇的手工艺区出现了一个具有同样功能的相似建筑。10世纪四五十年代，东部贸易到达鼎盛时期，流入的迪拉姆增长迅猛。在伏尔加上游盆地的穆罗姆（Murom）发现的一处窖藏最初大约有2万迪拉姆，所有流入俄罗斯欧洲部分和波罗的海的迪拉姆中有30%是在这20年中存储的。新迪拉姆的巨大流入最初在10世纪40年代的俄罗斯欧洲部分十分明显，随后其流入量在50年代的波罗的海非常引人注目。因此，10世纪中期是维京时代东部贸易的巅峰，格涅兹多沃、蒂姆雷沃和萨尔斯科都在这一时期达到全盛也就不足为奇了，诺夫哥罗德的最早时期土层也追溯到这一时期。与中亚间蓬勃发展的贸易也促进了市场扩张和主要商路沿线贸易站点的繁荣。

基辅崛起

尽管基辅的小型定居点存在了几个世纪，但它成为大城镇是在9世纪末。基辅主要贸易和手工艺品中心波多尔（Podol）可以追溯到大约887年。坟墓和手工艺品等证据表明，斯堪的纳维亚人占基辅上层集团的一小部分，但极易将两者区分开来。根据《往年纪事》所记，大约880年，奥列格带领他的一伙人离开诺夫哥罗德（留里科沃/拉多加）前往基辅，杀死了更早到达那里的留里克的两名随从阿斯科尔德和迪尔。这样，考古证据和《往年纪事》的描述就吻合了。

基辅留里克王朝的建立使它成为罗斯公国的中心。在奥列格抵达之前，可萨人统治基辅和第聂伯河中游大部分地区。考古证据指向该地区一处建于7世纪末的可萨遗址，人们没能在此处找到迪拉姆窖藏或斯堪的纳维亚工艺品，这表明基辅在9世纪大部分时间内没有起到明显作用。在留里克王朝统治下，基辅很快成为东部贸易的积极参与者。在传统意义上，基辅的优势与第聂伯河到全欧洲最大城市君士坦丁堡的商路开发有关。但是，我们也有充分理由相信东部贸易在10世纪初更为重要。

基辅加入东部贸易之中，这是基于一个多世纪以来斯堪的纳维亚人与可萨人所建立的联系。他们定期穿越可萨人领地，为卖到伊蒂尔的商品向可汗缴纳什一税，同可汗交易，袭击现在阿塞拜疆境内的穆斯林城镇，甚至为可萨人提供服务，正如839年瑞典人作为可萨出使拜占庭的特使一样。从9世纪30年代开始，可萨人开始与干草原上的佩切涅格人（Pechenegs）、马扎尔人（Magyars）和其他敌人产生巨大矛盾，结果便是他们更难在第聂伯河上游维持统治地位。因此，基辅对于雄心勃勃的斯堪的纳维亚人变得极具吸引力。

在基辅站稳脚跟的留里克家族想必同可萨人达成了妥协，他们名义上承认可汗的领主地位，但他们可能成了事实上基辅和第聂伯河中游的统治者。但是《可萨通信》和《剑桥文献》都提到，到10世纪中期，基辅停止参与东部贸易，这显然是由10世纪40年代基辅和可萨人之间日益紧张的关系造成的。

一个世纪后编写《往年纪事》的时候，留里克王朝和可萨人之间的亲密关系已经被遗忘，更有可能是为方便起见从记录中省略了。基辅信仰东正教的罗斯大公不愿公开他们与游牧的突厥可萨人的关系，突厥可萨人的上层集团已经皈依犹太教。事实上，罗斯人和可萨人的联系非常紧密，以至于10世纪初，伊斯兰资料把基辅的罗斯统治者称为可汗。基辅大公们无法完全掩盖这一事实，即他们被普遍认为是以可萨可汗合法继承者的身份来统治第聂伯河中游。

在基辅立足后，留里克家族也开始同君士坦丁堡开展贸易。然而，拜占庭人对罗斯人充满怀疑。有几次，尤其是在860年，一些斯堪的纳维亚人攻击君士坦丁堡和其他沿黑海的希腊城镇。奥列格坚持不懈，他对君士坦丁堡的攻击（大约907年至912年）迫使拜占庭人签订条约，明确规定允许罗斯人在君士坦丁堡做贸易。基辅同君士坦丁堡的贸易持续增长，大约到950年，大批装满皮毛、奴隶、蜡和蜂蜜的商船从基辅出发驶向拜占庭首都。941年至945年，一支来自基辅罗斯的舰队突袭黑海上的拜占庭城镇，直至被拜占庭海军消灭。直到现在，对于这次冲突的确切原因依然存在争议。他们签订了一项新的贸易协议，详细规定了开展贸易的条件。拜占庭人依然担心假扮商人的罗斯人会突袭进入君士坦丁堡和周边地区。

750年至1000年，各种斯堪的纳维亚探险者在俄罗斯欧洲部分的不同地区立足。留里克后裔只是许多有志于统治当地的斯堪的纳维亚群族中的一个。比如，罗斯-拜占庭贸易条约（909年至912年签订）提到了居住在切尔尼戈夫、波洛茨克、罗斯托夫、柳别奇（Liubech）和其他城镇的大公，这些人应该是受奥列格管辖的。《往年纪事》中没有再提到这些大公，也没有理由认为他们是奥列格的同族人。换言之，在主要水路沿线的重要城镇都有罗斯统治者。尽管在伊戈尔和斯维亚托斯拉夫（Sviatoslav）统治下，留里克王朝的领地得到极大扩张，但10世纪最后25年依然存在独立的罗斯大公。大约980年弗拉基米尔从诺夫哥罗德出发前往基辅时，他绕道想占领罗格沃洛德（Rogvolod）统治的波洛茨克。《往年纪事》记载，"罗格沃洛德来自海外，管理波洛茨克，正如图罗夫人（Turovians）正是从统治图罗夫（Turov）的图里（Tury）那里得名一样"。

留里克家族不属于那些在俄罗斯欧洲部分建立第一批斯堪的纳维亚定居点或创建东部贸易的先驱。他们只是在9世纪中期来到俄罗斯西北部，那时对这一地区的统治是斯堪的纳维亚不同群体之间争夺的主要问题。一群留里克家族击败了其他斯堪的纳维亚人，使当地芬兰和斯拉夫部落臣服，并统治了基辅，创建了罗斯国。一些对手被留里克家族杀死，另有一些离开罗斯领地，或听命于拜占庭，或返回波罗的海。另一些人作为奴仆或家仆服务于留里克家族。《往年纪事》忽略了这段为期250年的权力斗争。

留里克家族最终获胜的主要原因是他们控制了基辅。基辅在第聂伯河畔有一片广阔的商业-工匠区，在河边的高原地区有政治-教会区。峭壁对这个政治中心形成了天然保护。通过左右前往君士坦丁堡的水路交通，基辅还控制了第聂伯河中上游的贸易，因此成为罗斯与拜占庭贸易的南部终点。基辅位于森林区和森林-草原区界限以北10公里处，尽管它难免受到游牧民族的袭击，但首当其冲的是南边的罗斯城镇和定居点。总之，基辅位置理想——足够向南，可以控制同拜占庭的贸易；又足够靠北，不易受袭击，相当安全。

俄罗斯和波罗的海

基辅逐渐成为罗斯国中心之时，俄罗斯西北部正在发生重大变革。10世纪末和11世纪初，诺夫哥罗德取代拉多加和留里科沃成为罗斯势力在这一地区的核心。在诺夫哥罗德的最早考古发现可以追溯到大约10世纪20年代，亦即大约斯堪的纳维亚人开始出现在拉多加后170年。政治权力的转移很有可能发生在弗拉基米尔皈依之后。拉多加易受攻击，不适合做政治中心，而留里科沃距离佩林（Peryn）的异教徒庇护所较近。因此，毫无疑问，当地第一位主教希望远离这样一个异教徒中心，而把他的教堂建在北部稍远的诺夫哥罗德村落。当地长官和商人紧随其后，到11世纪早期，诺夫哥罗德已经成为俄罗斯西北部的政治、教会和商业中心。

中心城市从留里科沃迁到诺夫哥罗德反映了10世纪末和11世纪初波罗的海和俄罗斯欧洲部分一个更广泛的现象。在俄罗斯欧洲部分，格涅兹多沃让位于斯摩棱斯克，蒂姆雷沃和萨尔斯科分别被雅罗斯拉夫尔和罗斯托夫替代，而在波罗的海，比尔卡被锡格蒂纳取代，海泽比被石勒苏益格取代，帕维肯（Paviken）被维斯比（Visby）取代。我们目前尚不清楚这些变化——有时发生于"成对的"或"姐妹"城市范围内——是否都是由同样的发展造成的。在俄罗斯，有材料显示11世纪初的新城市更深地植根于当地经济和农业腹地，并且充当已具雏形的公国的政治和教会中心。

诺夫哥罗德成为俄罗斯西北部主要中心，是在俄罗斯欧洲部分的国际贸易发生大变革的背景下发生的。到10世纪60年代，迪拉姆流入量开始下降，到11世纪，只有少量迪拉姆流入俄罗斯欧洲部分。到11世纪30年代，这种流动完全停止。迪拉姆数量下降的原因是萨曼王朝瓦解，同时伴随着中亚地区白银日益紧缺。大量出口和现有银矿的枯竭导致新迪拉姆质量日益下降：1000年的银含量接近90%，而半个世纪后下降到5%。可以理解为什么罗斯商人不再想要这种硬币。因此，到11世纪初，诺夫哥罗德开始把目光投向波罗的海，把那里当作皮毛的主要市场以及以日耳曼硬币和盎格鲁–撒克逊硬币形式存在的白银的主要提供者。

要想深入理解罗斯和波罗的海的贸易变化，我们需要仔细研究周边地区的迪拉姆窖藏。大约55%流入俄罗斯欧洲部分的迪拉姆被重新输出到波罗的海。从中我们可以了解许多斯堪的纳维亚人和西斯拉夫人同俄罗斯欧洲部分的贸易来往。在所有斯堪的纳维亚国家都发现了迪拉姆，来自挪威的迪拉姆相对较少，只有很少一部分来自丹麦。它们大部分存储在瑞典，包括哥特兰岛。事实上，哥特兰岛拥有欧亚大陆西部最大的单一迪拉姆窖藏集中地，这些迪拉姆的发现还需历史学家进行解读。9世纪和10世纪大部分时期，梅拉伦湖畔的比尔拉是瑞典同俄罗斯进行贸易的主要市场，这解释了在俄罗斯欧洲部分发现的如此多的斯堪的纳维亚手工艺品都与瑞典中部有关的原因。目前，还不知道同一时期的哥特兰是否存在可以与之相媲美的中心。

钱币和考古证据清晰表明，瑞典——尤其是瑞典中部——在斯堪的纳维亚与俄罗斯欧洲部分的交往中起了主要作用。9世纪中期之前，贸易相当有限，并且有一些不稳定。9世纪六七十年代期间贸易有了显著增长，但接近9世纪末期又有所下降。之后贸易水平稳定增长，在10世纪50年代达到顶峰。10世纪40年代流入俄罗斯欧洲部分的大量迪拉姆在50年代进入瑞典。从50年代起，瑞典迪拉姆窖藏从时间构成上越来越久远，因为流入瑞典的新迪拉姆越来越少。10世纪后半叶，不知为何流入量开始下降，到11世纪前10年完全停止。正是此时，诺夫哥罗德成为俄罗斯与波罗的海新贸易的中心。

波罗的海地区大约30%的迪拉姆来自现在的德国北部和波兰，也就是维京时代西斯拉夫人占领地区。参与波罗的海同东部贸易的远远不止斯堪的纳维亚人，但关于西斯拉夫人在其中扮演角色的研究相对较少。一个猜想是，斯堪的纳维亚人用迪拉姆购买西斯拉夫人的谷物和其他产品；另一个可能是，波兰北部和德国的迪拉姆是斯堪的纳维亚人在袭击这些地区时丢掉的。然而，西斯拉夫商人很有可能积极参与波罗的海与俄罗斯西北部的贸易，这也可以解释在拉多加-留里科沃地区发现的西斯拉夫物品。换言之，西斯拉夫人与斯堪的纳维亚人争夺俄罗斯欧洲部分的迪拉姆和自然资源，他们在拉多加和留里科沃这样的城镇也有自己的设施。有一段时间，斯堪的纳维亚人做得更加成功，就有更多的迪拉姆流入瑞典。另一段时间，西斯拉夫人效率更高，便有更多的迪拉姆流入波兰北部和德国。平均来说，斯堪的纳维亚人在俄罗斯欧洲部分的波罗的海贸易中所占份额是西斯拉夫人的两倍。想必是斯堪的纳维亚人在俄罗斯欧洲部分的政治结构中影响力更大，因而他们更具竞争力。

随着迪拉姆向西流动，一些商品从波罗的海出口到俄罗斯欧洲部分。考古和书面材料证实，如琥珀、武器（尤其是剑）、锡锭和铅锭、玻璃和葡萄酒这些产品都是从波罗的海进口的。西斯拉夫人也向拉多加出口谷物。进口的琥珀和剑的数量肯定很大，一份伊斯兰材料记录到，除来自俄罗斯北部的皮毛之外，伏尔加保加尔向中亚的花剌子模国提供大量此类商品。当地上层集团的财富日益增长，使东方和欧洲进口商品在俄罗斯欧洲部分非常畅销。迪拉姆和剑之类的产品或在当地使用，或再次出口。

除了同俄罗斯西北部交往外，斯堪的纳维亚人还积极探索白海和科拉半岛（Kola）。到880年，挪威人定期航行到此，通过以物易物或强征贡品从土著萨米人那里收集皮毛和其他当地商品。他们遭遇到了其他来自陆路的斯堪的纳维亚和芬兰商人的竞争。到10世纪，斯堪的纳维亚人还不得不同为寻找皮毛到达北冰洋的伏尔加保加尔人竞争。11世纪，诺夫哥罗德的罗斯人开始在北方的芬兰人、乌克兰人和萨米人中建立附属领地。到维京时代末，斯堪的纳维亚人在北冰洋贸易中一直面临来自罗斯人和保加尔人的激烈竞争。

维京时代在俄罗斯的结束

随着留里克家族及其同盟确立为罗斯国的统治者，他们对进入俄罗斯欧洲部分的新斯堪的纳维亚人形成一种自相矛盾的态度。许多斯堪的纳维亚人因为各种原因源源不断来到俄罗斯欧洲部分，有些人是受到在拜占庭军队服役的巨大诱惑。自10世纪初，斯堪的纳维亚雇佣军就在拜占庭军队服役。945年，罗斯−拜占庭协议特别规定，如有要求，基辅大公应该向拜占庭派遣斯堪的纳维亚士兵。通过那些由第聂伯河−沃尔霍夫河自君士坦丁堡返回家乡的斯堪的纳维亚雇佣兵，可以解释俄罗斯欧洲部分发现的大多数拜占庭硬币。奥列格、伊戈尔、弗拉基米尔和雅罗斯拉夫都曾邀请来自斯堪的纳维亚的瓦兰吉协军协助抗击拜占庭人，以及在基辅王位的争夺中打击他们的兄弟。然而，这些团伙也对留里克统治的罗斯地区造成了威胁。从弗拉基米尔开始统治时的反应能看出留里克家族对新斯堪的纳维亚人的态度。作为诺夫哥罗德的统治者，他需要自来国外的斯堪的纳维亚雇佣军来帮助他同兄弟争夺基辅控制权和大公地位。但是，在斯堪的纳维亚人帮助下取得基辅后，弗拉基米尔不希望这些雇佣军抢劫他的首都或威胁到他的统治。因此，他将一些人招募到他的军队，又派遣另一些人前往君士坦丁堡，并告知拜占庭皇帝这些人已经上路了。简言之，此时留里克家族作为罗斯统治者，首先关注的是他们在罗斯地区的地位。他们越来越将斯堪的纳维亚新移民看作外国人，对他们是潜在的威胁。

9世纪和10世纪期间，来到俄罗斯欧洲部分的斯堪的纳维亚人的地位发生了改变。以前他们是贸易网络和收集贡品的国家创立者，而现在越多新来者成为雇佣兵。他们参与弗拉基米尔成为大公的战役，在雅罗斯拉夫打败兄弟夺取基辅的最初行动中也起到关键作用。但是在1024年的利斯特文（Listven）战役中，雅罗斯拉夫新招募的斯堪的纳维亚雇佣军遭到他的兄弟姆斯蒂斯拉夫（Mstislav）所率领的游牧协军的决定性打击。利斯特文战役展示了移动骑兵超越经验丰富的步兵所具有的优势，标志着游牧协军成为俄罗斯欧洲部分首选雇佣军。

雅罗斯拉夫统治时期，斯堪的纳维亚人迎来了他们在俄罗斯最后的辉煌。雅罗斯拉夫的最著名门客是哈拉尔·哈德拉达，该人于1031年逃离斯堪的纳维亚，他为雅罗斯拉夫服务5年（并娶了他的女儿伊丽莎白），之后作为士兵在拜占庭获得功名，最终成为挪威国王。更早一些时候，在1029年，雅罗斯拉夫为挪威的圣奥拉夫及其儿子马格努斯提供庇护。雅罗斯拉夫的妻子英格德公主（Ingigerd）是瑞典国王奥洛夫·斯科特科农（Olof Skötkonung）的女儿。据萨迦记录，两人结婚后他将拉多加赐给她。她随后指定瑞典的酋伯爵罗根瓦尔德（Rognvald）为那里的长官。在拉多加，考古学家在这座城的墓地中发掘了一些11世纪斯堪的纳维亚基督徒的坟墓，很有可能是死于战斗的贾尔·罗根瓦尔德手下的瑞典士兵。最后，英格瓦（Ingvar）率领斯堪的纳维亚远征队前往黑海探险，这也有可能是在雅罗斯拉夫的许可下进行的。

尽管这些事件经常作为留里克家族与斯堪的纳维亚家乡持久纽带的证据被现代人引用，但事实上，它们只不过是雅罗斯拉夫有步骤地同欧洲许多统治王朝建立亲密关系的努力，这种政策也许受到了他同拜占庭暴风骤雨式的关系的启发。从长期来看，雅罗斯拉夫为数不多的重要拜访者和同族人的重要性，远远不敌俄罗斯欧洲部分斯堪的纳维亚雇佣军的最终失势。

第七章

丹麦帝国和维京时代的结束

尼尔斯·隆德

丹麦人和邻国

尽管我们对11世纪之前的斯堪的纳维亚不完全了解，但有很好的证据表明，这一地区的大片区域在维京时代很长一段时间内被丹麦国王控制。比如，813年，丹麦人前往挪威南部的韦斯特福尔去恢复丹麦在那里的权力。《法兰克王室年代记》把韦斯特福尔描绘成"帝国的最远端"。810年丹麦国王戈德弗雷德遇害后，内战开始，丹麦在那里的势力明显颓败。在一定程度上，丹麦国王很有可能是挪威西部和北部当地统治者的领主。

维京人在西欧的活动在多大的范围和以什么方式受到斯堪的纳维亚王权变迁的影响？大家可以任凭猜测。一方面，有明显证据表明一些维京探险队首领是流放者，以被更强大的对手驱逐出家乡的王室成员为主；另一方面，也有明显迹象表明，9世纪前半叶统治丹麦的国王比之前更多地投入到对法兰克王国的袭击——至少法兰克国王认为他们是罪魁祸首。虽然，9世纪下半叶几支维京军队洗劫了法兰克王国和不列颠，但是我们对于丹麦国王的势力知之甚少。这些军队的首领可能是被强大国王驱逐的流放者，也可能是在无权势的国王的统治时期获得独立行动权的一些人。我们无从知晓。

但我们清楚的是，到9世纪末，丹麦国王的势力被大大削弱，原因之一是从维京远征胜利归来的对手。比如854年，霍里克一世被他侄子杀害，后者曾遭到驱逐并求助于海盗。不来梅的亚当在11世纪后半叶撰写了汉堡–不来梅大主教史，他将这种权力的丧失归因于一次标志性失败，据说在892年由国王阿尔努夫率领的一支东法兰克军队在戴尔河击败维京军队。这表明，丹麦国王和活跃在西欧的维京军队之间有紧密的联系。但是亚当和其他作者夸大了这次战斗的重要性，它其实只涉及一支维京军队中正在前往冬季宿营地途中的一部分人。这次失利也没能阻止他们依照计划前去过冬。

但是衰落的确是现实，流放者向往着归乡之途。一个在瑞典停留过一段时间的王室返回，设法立足了几十年，结果又被另一个从国外返回的王室取代。公元900年前，一位在波罗的海游历的英格兰人伍尔夫斯坦观察到，博恩霍尔姆岛（Bornholm）有自己的国王，它既不属于丹麦人，也不属于斯韦尔人。这可能表明之前丹麦国王所拥有的领主地位已经衰落了。

衰落最明显的标志可能体现在挪威发生的事件中。与丹麦不同，挪威不曾由一个本地国王统一过。然而，到9世纪末的时候，在挪威西部拥有领地的"金发王"哈拉尔试图将势力延伸到全国。根据传统，他被安置在奥斯陆峡湾以西的韦斯特福尔。但是这种传统形成于12、13世纪，那时丹麦国王再次强行声明拥有这一地区，而挪威方面的宣传自然是希望它能代表挪威王国的中心。从传统意义上，著名的哈夫斯峡湾之战也被视作哈拉尔为统一挪威而付出的极大努力。事实上，通过这场战役，哈拉尔将其势力从位于卑尔根（Bergen）的领地向南扩展到哈夫斯湾以外。他不大可能曾经统治过整个挪威。

耶灵王朝

恢复丹麦在斯堪的纳维亚领导地位的国王都属于耶灵王朝。耶灵王朝在耶灵修建了重要纪念石碑，上面刻有如尼铭文。有一块碑文上记录到，"蓝牙王"哈拉尔炫耀自己赢得了整个丹麦和挪威，并且使丹麦人皈依基督教。尽管人们试图解读这段碑文，但目前我们仍然不清楚哈拉尔在统一丹麦方面有何成就，甚至对于"丹麦"所包含的意思也有争议。

这个名称首次出现的时间，我们可以追溯到挪威酋长奥塔对从斯林格斯海尔（Sciringesheal）前往日德兰南部的海泽比的旅途描述中。他告诉威塞克斯的国王阿尔弗雷德和他博学的臣子，"当他从斯林格斯海尔航行到那里（即海泽比）时，他能够在丹麦停泊三天，右侧就是广阔的大海。到达海泽比的两天前，他的右侧是日德兰半岛和施莱湾（Sillende）以及许多岛屿。在港口一侧，他连续两天看到属于丹麦的岛屿。"奥塔的描述被收录在奥罗修斯《反对异教徒的历史七书》的古英语翻译版本中，它区分了"丹麦"（Denemearc）和属于它的岛屿，也区分了日德兰岛和施莱峡湾（日德兰南边）以及附属岛屿，这个区分同这部译作中另一处区分吻合，即"南部丹麦人"居住在施莱峡湾和日德兰岛，"北部丹麦人"居住在现在挪威东南、瑞典西部和大多数丹麦岛屿等沿海地区。从表面来看，"丹麦"这个名字只适用于丹麦人居住和被丹麦国王统治的地区。因此，哈拉尔的父亲高姆（Gorm）娶了号称"丹麦之骄傲"的翠拉（Thyre）就显得非常重要。这表明，根基在日德兰的高姆想必是"南部丹麦人"，他娶了来自于"丹麦"的"北部丹麦人"，这为日后他的儿子"蓝牙王"哈拉尔统一这两个地区铺平了道路。

"蓝牙王"哈拉尔统治时期的考古记录极其令人震撼。耶灵如尼文石碑是为纪念其父母而修建，却专门用来记录他自己的功绩。除此之外，他修建了两个坟冢和一个巨大的木质教堂。他于958年将其父亲埋葬在北面坟冢的一个木屋里。哈拉尔执政开始的这一时间对后来历史资料中记载他统治了40年的传统说法提出了质疑。哈拉尔的死亡时间不晚于987年，如果他在958年之前就成为国王的话，他肯定是他父亲的联合执政者。南面的坟冢修建于十多年之后，里面没有发现坟墓，这可能是哈拉尔为自己修建的，但最终并没有用于此用途，因为哈拉尔成了基督徒，或者也可能是为他的母亲翠拉修建的。根据耶灵稍小的石碑记载，翠拉先于她的丈夫高姆去世，理当由高姆来安葬。然而，在耶灵附近的三处碑文上，拉文（Rarn）的儿子图厄（Tue）声称自己修建了翠拉的坟冢，这不太可能是耶灵南面的坟冢。因此，翠拉葬在何处、由谁埋葬还是个谜，都只能靠猜测。大约在965年，哈拉尔皈依基督教，之后将他父亲的遗骨从坟冢中迁出，重新葬入两个坟冢之间的木质教堂之内。

哈拉尔统治时期修建了许多防御工事，在海泽比、里伯可能还有奥胡斯（Århus）修建了城墙进行防御。在丹内维尔克，公元700年前就开始修建堤岸、河沟来保护边界不受日耳曼人侵犯，在10世纪50年代又重修加固，60年代则修建新的城墙将主城墙与围绕海泽比的半圆形城墙连接起来。然而，哈拉尔统治时期留下的最壮观的纪念物是大约980年建造的环形堡垒，比如在西兰岛西部的特瑞堡、日德兰半岛东部的费尔卡特（Frykat）、日德兰半岛北部的阿格斯堡（Aggersborg）、菲英岛（Fyn）的欧登塞，可能还有斯科纳（Skåne）的特瑞堡都建有环形堡垒。以前它们被认为可以追溯到"八字胡"斯文统治时期，而且是在斯文征服英格兰的背景下出现的。然而，树木年代测算将这些堡垒的年代确定在哈拉尔统治时期：用来建造特瑞堡的木材是在980年9月至981年5月间采伐的。这使得人们重新开始讨论建造这些堡垒的目的。一些人认为它们是哈拉尔统一丹麦的胁迫手段；另一些人把它们看作服务于王国的皇家要塞，以便更加紧密地管理国家。阿格斯堡的大小是其他堡垒的4倍，旨在控制挪威。堡垒和房屋内的发掘物品支持了这种解释，因为只有少数房屋有壁炉，所以它们不太可能作为过冬地，甚至对于最强壮的勇士来说也不可能。在一些房屋内发现了银匠或金匠等手工艺人留下的制品。这里给人的一般印象不像是驻军的房屋，也有人认为它们是用来抵御日耳曼人侵犯的流动中心。不管是出于什么目的，从任何方面来看它们都很奇特。环形的布局似乎并不能起到任何实际作用，也没有找到它们的参考模型。在特瑞堡，人们不知何故费了很大工夫来平整土地、建造堡垒。这些堡垒的目的也是短暂的：没有任何一个堡垒有过修补的痕迹，在费尔卡特甚至有一段墙在修建期间就倒塌了，而且没有再修复。

除了这些建筑外，哈拉尔统治时期还修建了许多道路和桥梁。人们在瓦埃勒（Vejle）南部的拉文宁恩格（Ravning Enge）发掘出一座巨大的木桥，跨度为700米，根据树木年代测算它建于978年；在西兰岛还发现了那个时期令人惊叹的道路工程。

这些工程都表明哈拉尔是新一代丹麦统治者，立志利用全部资源将他的意志不断推向扩大了的王国。当人们把环形堡垒归功于"八字胡"斯文时，认为从英格兰获得的战利品为建设提供了资金——事实上，英格兰自己为征服买了单。据了解，哈拉尔没有利用外国资源，因此他肯定在丹麦人中进行了大量勒索。后来的资料暗示，丹麦人痛恨哈拉尔强加给他们的强迫劳动，但是也可能只是后来基于他儿子的叛乱和为纪念他统治时期的宏大建筑工程所做的一种合理化解释。

8世纪初欧洲人就开始了把基督教带到丹麦的尝试。这一时期，鉴于丹麦和欧洲其他地区的紧密联系，基督教在丹麦广为人知。10世纪后半叶的一位观察者的确声称过，尽管丹麦人依然举行异教徒仪式，但是他们已经成为基督徒很久了。9世纪中期，海泽比和里伯修建了教堂，但是这一时期基督教在丹麦还没有被正式或永久确立。

斯堪的纳维亚基督教化的责任落在汉堡–不来梅的大主教安斯卡尔的继任者们身上。这个大主教区于832年建立于汉堡。在一次丹麦人袭击汉堡后，845年不来梅大主教区和汉堡大主教区合并，这令科隆的甘瑟（Gunther）大主教和之后的大主教们非常沮丧，因为不来梅从他们教省划分出去了。一个世纪后依然没有什么进展，汉堡–不来梅大主教在丹麦或其他地方没有副主教，因此他的教区无法严格按照规范运行。它的存在很难合理化，而且科隆想要回不来梅。

阿达尔达戈（Adaldag）大主教终于迎来了好运，德意志的国王和皇帝们重新恢复了对传教的兴趣，将它与帝国扩张相结合。据说，934年"捕鸟者"亨利（Henry Fowler）击败了丹麦人，迫使他们接受洗礼。这件事似乎可能性很小，但即使它是真的，这次皈依并没有产生持久的影响。948年，奥托大帝（Otto the Great，936—973年在位）为丹麦三个大主教区——石勒苏益格、里伯和奥胡斯指定了主教。这些主教可能从来没有踏足过丹麦，但是他们的任命为阿达尔达戈提供了急需的副主教。阿达尔达戈起初在奥托大帝的文书处任职，大约在937年至988年期间担任大主教。毫无疑问，他督促国王支持以向斯拉夫人传福音的同样方式进行传教。日耳曼人在斯拉夫人中的传教与帝国扩张密不可分，归顺基督就是归顺皇帝，皇帝为信仰所付出的努力为他带来相当可观的世俗回报。

这个教训对丹麦人来说肯定印象深刻。哈拉尔皈依最可能的解释是他无法抵制德意志的基督教捍卫者，因此决定皈依基督教。这样皇帝就找不出征服丹麦的借口了。事实与不来梅的亚当试图让我们相信的相反，这并非意味着丹麦与汉堡建立了密切关系，或者948年所任命的主教真的被允许前往丹麦的教区。相反，哈拉尔更可能希望自己指定主教。

据说哈拉尔被一名叫作波波的传教士说服，认为基督是唯一真正的神。据说波波经历了火烤的考验。同影响哈拉尔的政治因素相比，关于这一故事对皈依的影响程度人们只能任凭猜测。但重要的是，波波同汉堡没有明显的联系。这对于不来梅的亚当来说非常尴尬，以至于他把波波接受考验的故事嫁接到他对瑞典国王"胜利者"埃里克（Erik the Victorious）皈依的描述中。当然汉堡是日耳曼人的帝国教会的一部分，它向帝国负责，皇帝不仅对汉堡–不来梅，也对附属教区拥有权利。

同考古证据相比，哈拉尔统治的历史记录寥寥无几。11世纪后半叶之前的书面记录非常少，那时不来梅的亚当提供了一些信息，据说是来自与他同时期的丹麦国王斯文·埃斯特里德松（1047—1076年在位）。亚当把哈拉尔描述为基督教国王的典范，说他极其虔诚，是汉堡–不来梅大主教的伟大朋友和丹麦教会的支持者。他让丹麦拥有许多神父和教堂。亚当希望，在哈拉尔作为异教徒叛乱的牺牲者结束统治后，他还能够被封为殉道者。然而亚当的描述带有偏见，不足为信。他的目的是使他的教区的存在和地位合理化，为达到这个目的他毫不犹豫地歪曲了事实。

把哈拉尔的皈依归功于一个来自汉堡之外的传教士——遗憾的是我们也不知道波波来自哪里——反映出人们因丹麦同帝国的关系而对这个教区产生了消极态度。这样的态度也在随后的发展中得到合理印证。哈拉尔在965年前皈依基督教，那时皇帝颁布了一份宪章，放弃对于丹麦大主教区的帝国权利，从而承认了丹麦拥有一位基督教统治者。但是奥托大帝的姿态并没有让哈拉尔相信日耳曼人的意图是完全友善的。他继续重新加固丹内维尔克，968年，他开始了把丹内维尔克与海泽比周围城墙连接起来的巨大工程。在奥托二世继位后，哈拉尔甚至在974年攻击了日耳曼人。他战败了，而且可能不得不向胜利者割让土地。但是当奥托二世在卡拉布里亚（Calabria）败给萨拉森人（Saracens）之后，983年，哈拉尔再次打败日耳曼人，并趁机收回了这些土地。在这样的形势下，如果汉堡副主教被允许前往丹麦，哈拉尔可能会像一个世纪后的斯文·埃斯特里德松一样阻止他们参加德意志的教会会议。不来梅的亚当对哈拉尔对待汉堡–不来梅态度的描述是他那个时代的政治宣传需要，因为斯文·埃斯特里德松正在同教皇谈判建立丹麦独立大主教区。亚当急于强调汉堡–不来梅的古老权利，并证明它的大主教在斯堪的纳维亚基督化过程中的领导作用。

丹麦、挪威和英格兰

"蓝牙王"哈拉尔恢复丹麦在挪威的势力可能意味着他直接统治了维肯地区，并被挪威其他大多数地区接受为领主。挪威国王"金发王"哈拉尔可能死于10世纪30年代，他的儿子"血斧"埃里克继位。埃里克像他的父亲一样，试图从特伦德拉格（Trøndelag）开始将他的统治延伸到挪威的其他地方。但是，很快他不得不面对一个对手，外号"善良王"的弟弟哈康（Håkon），哈康在英格兰国王埃塞尔斯坦（924—939年在位）的宫廷里接受教育。哈康同埃塞尔斯坦宫廷的附属关系可能表明，"金发王"哈拉尔曾经向英格兰国王寻求帮助来抗击丹麦人。尽管英格兰在埃塞尔斯坦统治时期似乎没有受到丹麦维京人的骚扰，但是有证据表明埃塞尔斯坦同奥托大帝形成了抗击丹麦的同盟。当"血斧"埃里克被哈康从挪威驱逐后，他在特伦德地人及其酋伯爵拉德的西格德（Sigurd of Lade）支持下到达了诺森布里亚，在那里他被立为约克国王。但是后来他又被驱逐，在954或952年被杀。

当埃里克的儿子们——如果母系关系正确的话，他们就是"蓝牙王"哈拉尔的表兄弟——反叛"善良王"哈康的时候，哈拉尔支持并帮助其中的"灰袍者"哈拉尔（Harald Greycloak）掌权。然而不久后，他就开始独立行事，超出丹麦国王能够接受的程度，并遭到丹麦人和特伦德人的联合反对。"灰袍者"哈拉尔在利姆海峡战败后，"蓝牙王"哈拉尔被接受为挪威的领主，通过拉德的酋伯爵行使权力。

据不来梅的亚当所说，在"蓝牙王"哈拉尔统治后期，哈拉尔的儿子"八字胡"斯文起兵反叛。亚当记载，斯文成为丹麦那些心怀不满的人的领导，其中一些是被迫接受基督教的大人物。斯文甚至领导了一次异教徒反抗行动，将忠于汉堡的主教从丹麦驱逐出去。"蓝牙王"哈拉尔在战斗中受伤后，向居住在奥德河口朱姆内（Jumne）的温德人寻求庇护。他在那里因伤去世，遗体被带到罗斯基勒，并被安葬在他亲自建立的教堂内。

根据亚当所述，斯文因为反叛受到了神的惩罚，被他父亲的朋友——他们居住在波美拉尼亚（Pomerania）的朱姆内——抓为俘虏，然后被丹麦人花重金赎回，之后被瑞典国王"胜利者"埃里克从他那取之不义的王国赶走。英格兰拒绝对其给予庇护，他被迫在苏格兰流亡14年。在之后的其他资料中，关于斯文的被俘和被赎出现两次甚至三次。

这个故事难以令人信服。根据亚当所言，斯文尚在艰难的流亡中时，他就实际上领导了维京人对英格兰的突袭，他父亲的温德朋友们是被虚构出来的。"蓝牙王"哈拉尔有一个温德妻子，她是阿博德里特大公米斯蒂沃伊（Mistivoi）的女儿，这反映出两个大公之间的政治关系。他们共同的敌人是日耳曼人，并在983年联合起来反对日耳曼人。哈拉尔面对丹麦的反叛，寻求阿博德里特人的庇护是合理的，但尚不清楚朱姆内在这段时期是波兰王国的一部分还是独立的地区。无论哪种情况，哈拉尔在那里寻求庇护都会因距离波兰人太近而极其危险。那时波兰人同日耳曼人关系友好，因此也成为阿博德里特人和丹麦人的共同敌人。瑞典国王"胜利者"埃里克为表示友好而娶了波兰公主，显然是希望寻求支持以抵抗丹麦人。而且，哈拉尔的朋友——阿博德里特人、波美拉尼亚人或波兰人——不会把他的遗体交给反叛者来埋葬。

"八字胡"斯文：最幸运的国王

虽然仍然带有偏见，但是佛兰德斯的一位匿名僧侣大约于1040年写作的《诺曼底埃玛王后颂》中对"八字胡"斯文生涯的描述带着较多的同情。他把斯文描述为"他那个时期实际上最幸运的国王"，不应当是他父亲嫉妒和仇恨的牺牲品。当他的父亲公开剥夺他的继承权时，军队聚集在他的身边保护他。这位奉承者接着描述斯文后来是怎样和平又令人满意地统治他的国家。

我们对斯文在国内的统治知之甚少，同样对他袭击英格兰的原因也了解甚少。人们提出过几种解释，其中之一是他向斯拉夫人支付了一次或多次赎金后变得穷困潦倒。但是因为有理由怀疑他是否曾被斯拉夫人俘虏，所以这个解释不能令人信服。另一种解释认为，当他继承父亲的王位时，通过俄罗斯河流进入波罗的海的阿拉伯白银枯竭，他失去了一个重要收入来源。然而，白银的流入在之前的10世纪中期就停止了，而且没有证据表明这是丹麦国王的一个重要收入来源。更有可能的是，斯文的动机是在英格兰为自己聚敛财富，以便更有能力抵抗来其他袭击英格兰的维京首领的威胁。斯文不想遭受同霍里克一世一样的命运。与他的父亲不同，他之所以能够在海外开展袭击是因为他不必担心日耳曼人的威胁。

然而对于他在1013年最终得以征服英格兰却存在另一种解释。这位僧侣奉承者声称，斯文此次远征的目的是惩罚"高个子"托鲁克尔，因为他同一部分丹麦皇家舰队投靠了英格兰国王埃塞尔雷德。托鲁克尔是1009年抵达英格兰的一支维京队伍首领。三年内他们在就像其他维京人一样抢劫、放火、向英格兰人索取贡金和赎金。1012年，坎特伯雷大主教埃尔夫赫亚克（Ælfheah）因为拒绝被赎回而被他们杀害，这支维京队伍以此来显示英勇。此后，托鲁克尔带领大约45艘船只投靠埃塞尔雷德，解散了余下军队。

这位僧侣奉承者显然想把斯文描绘成受害方，在袭击英格兰这件事上毫无过错，他强调托鲁克尔在丹麦国王宫廷中的地位，指责他携部分皇家舰队背叛的行为。然而其他一些资料对于两人的关系描述更加模棱两可。后来托鲁克尔同传说中的约姆斯维京人（Joms vikings）联系起来，这是一支纪律严明的勇士队伍，应该是以波罗的海南部海岸线上的约姆斯堡（Jomsborg）为基地。据说这个被不来梅的亚当称为约姆内的要塞是由"蓝牙王"哈拉尔建立的，他曾在儿子叛乱后在此避难。关于约姆斯维京人的描述可能在12、13世纪得到详述，但是这种联系可能是真实的：作为波罗的海一支维京人的首领，托鲁克尔可能被约姆内统治者所雇佣。考古发掘表明，约姆内不是堡垒，而是奥德河口的一个大城镇，通常被称作沃林（Wolin），大约有一万名居民。这时独立的维京团伙非常活跃，瑞典如尼铭文提到了一些用英格兰货币奖励其手下的酋长名字。托鲁克尔有可能在某段时期被迫承认斯文为领主，但是他自1012年至国王埃塞尔雷德亡故，一直为埃塞尔雷德服务，这说明他从来不是斯文的人。

994年，斯文率军突袭英格兰，未能对伦敦进行成功袭击，但是洗劫了英格兰南部。此战季后期，这支军队在南安普顿过冬。在此宿营时，埃塞尔雷德派人去请军队的首领之一奥拉夫一世，单独向他议和，并提出雇佣他和他的手下当雇佣兵。奥拉夫接受了条件，通过签订条约来规范他的军队和英格兰百姓的关系。为埃塞尔雷德服务了一段时期后，奥拉夫利用在英格兰获得的资金返回征服挪威。特伦德拉格酋伯爵哈康·西格森（Håkon Sigurdsson）被谋杀后，奥拉夫被拥立为特伦德拉格的国王。

这毫无疑问是有预谋的，对于斯文是极大的挑衅。斯文继承了其父亲挪威领主的地位，当奥拉夫开始攫取政权时，斯文必定会强势反击。至于英格兰那边，他们明显是蓄意让斯文忙于斯堪的纳维亚事务，这步棋显然获得了成功：直到公元1000年斯文在斯沃尔德岛（Svold）之战中打败并杀死奥拉夫后，他才返回英格兰。

奥拉夫一世作为挪威的缔造者被载入挪威史册。后来的历史学家把他归为"金发王"哈拉尔的后代，使得他登上王位的理由变得无可挑剔。但是他们对奥拉夫童年和青年时期近乎圣徒式的描述，说明他们对奥拉夫的祖先一无所知。显然当奥拉夫跟随领主前往英格兰时，他在挪威众多酋长中占有一席之地，但是他对于继承王位的要求与其他酋长没什么不同。

斯文在斯沃尔德岛之战中获得了斯韦尔国王奥洛夫·斯科特科农（"胜利者"埃里克和波兰王后的儿子）的支持。大约993年，埃里克死后，斯文娶了这位波兰王后，由此斯文成为奥洛夫的继父，奥洛夫的姓氏"斯科特科农"意为"附属国王"，可能暗示着他同丹麦国王是一种附属关系。

不来梅的亚当认为斯文是一次异教徒叛乱的领导者，他把主教从丹麦驱逐出去。毫无疑问，斯文像他父亲一样不欢迎德意志主教，但是没有证据表明他是叛教者。相反，在位期间，他修建了罗斯基勒和隆德的教堂，而英格兰传教士则得以在挪威和丹麦传教。但是，亚当认为将英格兰教士带入他的王国比叛教更糟糕。

维京军队和雷当制

13世纪丹麦的省级法律中描述了一种称为"雷当"（leding）的军队体制，丹麦人民必须为战舰提供给养和水手。这种体制基于土地所有制，从理论上来讲，可以集结一支大约3000艘船的舰队，每艘船上配备大约40名水手。有人声称，"八字胡"斯文必定是依靠这种体制来集结必要的军队以征服英格兰，正如他在1013年迅速而令人心服口服地征服英格兰那样。斯文的指挥才能应该受到钦佩，但是13世纪记载的体制在10世纪不太可能存在，实际上这种体制可能在12世纪后半叶之前都没有传入丹麦。

斯文军队的招募方式是维京时代的习惯做法，许多人迫切想加入军队是因为打了胜仗可以赢得许多奖励。领主希望他的手下加入他的军队参战或独立战斗，其中一些人本身可能就是国王。拉德酉伯爵为哈康"蓝牙王"哈拉尔对抗日耳曼人的战争派遣了一个小分队，哈拉尔对约塔兰甚至俄罗斯的突袭可能都是代表丹麦领主实施的。这位僧侣奉承者强调斯文"通过加倍的慷慨使他们屈服并忠诚于他"。他们形成了传统的军事拥护者，并期望领主加以奖赏和善待。几处如尼铭文反映了这种典型的态度，这些铭文还表明有一些人来自不归斯文直接管辖的斯堪的纳维亚地区。几处瑞典铭文纪念了一些瑞典人，他们参与了斯文儿子克努特率领的远征。如尼石刻还记载了独自率领西进和东进远征队的酋长。在政权顶峰时期，斯文的帝国控制了大部分斯堪的纳维亚。但是这些石刻提醒我们，尽管一些西进的酋长承认斯文的权威，丹麦国王却不是唯一的维京指挥官。这也许是我们应该看待"高个子"托鲁克尔的视角，而不是把他作为丹麦"雷当制"的一位指挥官。10世纪80年代他站在"蓝牙王"哈拉尔一边反对斯文，他所属的军队可能是独立行动的，也很可能参与了在霍伦加瓦格（Hjørungavåg）与拉德的哈康伯爵的战斗，这是对哈康支持斯文而进行的报复。

克努特大帝登基

1014年2月3日，"八字胡"斯文死在盖恩斯伯勒（Gainsborough），之后出现了复杂的继承问题。1013年圣诞节前不久，斯文被英格兰权贵拥立为英格兰国王，那时埃塞尔雷德已经去诺曼底避难。斯文去世后，英格兰人选择召回他们先前的国王，而不是拥戴斯文的儿子克努特为王，但是克努特在盖恩斯伯勒被丹麦军队推举为斯文继承人。然而，这并没有让克努特成为丹麦国王。克努特的哥哥哈拉尔成为丹麦国王，斯文前往英格兰时可能将国家交与他管理。局面对于克努特来说相当捉摸不定，克努特在英格兰打造了模具，好像希望立刻在丹麦以他的名义铸造硬币。据那位僧侣奉承者所说，他也享有权利获得丹麦王权，但是哈拉尔剥夺了他的这一权利。

这种情况下克努特可能有两种选择：要么为争夺丹麦同其兄长作战，从英格兰角度来看这是理想的选择；要么返回索取对英格兰的权力。他选择了后者，并像他父亲那样从整个斯堪的纳维亚招募了一支新的军队，于1015年返回英格兰。然而，此时的情况对丹麦人来说有着巨大的潜在危险。斯文对斯堪的纳维亚的控制在他儿子们的手中瓦解了。首先，英格兰人再次支持一位挪威酋长在他所属的丹麦帝国地区挑起事端。与"高个子"托鲁克尔一同留在英格兰的奥拉夫·哈拉尔松在英格兰的支持下前往挪威，意在夺取政权，并且攻击拉德酋伯爵，即埃里克·哈康森和斯文·哈康森兄弟，他们一直是"八字胡"斯文的忠实支持者。酋伯爵斯文在内斯贾尔（Nesjar）战败，很快就死去，而埃里克则加入克努特军队。奥拉夫·哈拉尔松开始了征服挪威其他地区的征程。

丹麦在瑞典的影响也受到削弱。奥洛夫·斯科特科农没有将对继父"八字胡"斯文的忠诚自动转移到同母异父的兄弟哈拉尔身上。他似乎利用这个时机将自己从丹麦的羁绊中解脱出来，将一个女儿嫁给了挪威的奥拉夫，请来汉堡-不来梅的主教，试图在丹麦国王的敌人中寻求朋友。有个故事讲述了克努特派"铁甲王"埃德蒙的儿子们前往瑞典的奥洛夫之处，意图让奥洛夫谋害他们。奥洛夫拒绝遵从克努特的命令，将这些孩子送到俄罗斯和匈牙利。这个故事说明，克努特期望瑞典对他忠诚。大约1022年奥洛夫的儿子阿农德·雅各布（Anund Jacob）继承他的地位，也采取了类似的反丹麦路线。

我们对克努特兄长哈拉尔的统治以及他可能参与克努特争夺英格兰战斗的情况知之甚少。没有关于他的死亡记载，但是在1019年，克努特被正式立为英格兰国王，同时也前往丹麦，可能是去那里接管政权。克努特后来被称为"大帝"，这是对他最终建立帝国的认可。然而，这个帝国不如他父亲的帝国那样广大。尽管如此，他作为英格兰国王，仍是个富有的统治者。尽管他在斯堪的纳维亚拥有重要的地位，但那里不是他首要关注的问题。

英格兰国王克努特

克努特征服英格兰之后，只留下威塞克斯作为自己的领地，并派遣酋伯爵来管理其他地区。拉德的埃里克·哈康森被授予诺森布里亚酋伯爵称号；伊德里克·斯特奥纳的变节确保了克努特的胜利，他保留了对麦西亚的控制，但是很快被处死。"高个子"托鲁克尔被封为东盎格利亚酋伯爵。

我们尚不清楚托鲁克尔何时到达克努特那里。"八字胡"斯文死后，国王埃塞尔雷德从诺曼底被召回，那时托鲁克尔还在为国王服务。但是在克努特统治的最初几年，托鲁克尔在英格兰极受信任。1020年，克努特从丹麦写给英格兰臣民的一封信表明，克努特不在英格兰期间托鲁克尔实际上是摄政王。这很有意思，要知道托鲁克尔曾经非常激烈地反对克努特的父亲。他似乎的确太有权势了，克努特无法忽视他。尽管1021年他被流放，但是几年后就又重新获得信任。

克努特作为英格兰国王，首要关注之一是保护新王国不受新的维京袭击。这些攻击可能来自他自己以前的军队，那些人被他用钱打发并回到了斯堪的纳维亚。他保留了40艘船，并在1018年成功地摧毁了一支袭击英格兰的30艘船的舰队。两年后，克努特向英格兰人保证，他已经采取了预防措施以抵御来自丹麦的威胁，只要英格兰人效忠于他，他们就是安全的。我们不确定这些预防措施是什么，其中之一可能是任命他的姐（妹）夫乌尔夫作为他在丹麦的摄政王，乌尔夫是一个强大丹麦家族的一员。大约1022年，乌尔夫见证了两份英格兰宪章的签署，这可能是在他短暂访问英格兰期间发生的。

登基后，克努特显然做出了几项管理英格兰的承诺，随后颁布了一项关于教会和世俗事务的法令。这项法令的大部分内容是重复早先的英格兰法律，受约克大主教伍尔夫斯坦二世影响很大，也可能是由大主教亲自编撰。伍尔夫斯坦二世曾为埃塞尔雷德起草过几部法律，他在1023年去世前一直担任克努特的法律顾问。

这件事与克努特明显地急于接受并履行一个基督教国王的角色共同形成了一种观念，即他的征服并没有切断英格兰同过去的联系，一切都是延续的。然而，并不是所有方面都是这样。首先，克努特的战斗太残忍，夺取了许多英格兰郡长和乡绅的性命；其次，克努特的宪章见证人名单表明，英格兰上层阶级大多数被新人取代，包括无数被称为"国王的乡绅"

的丹麦人。许多土地肯定也更换了主人，因为新主人接管了死去权贵的土地，可能还包括一些没能在战争中幸存下来的教会机构的土地。克努特保留了一些船只和船员为他服务，并拥有一支侍卫队，其中一些人被授予田地，成为乡绅阶层。尽管新丹麦移民人数不多，但非常欣赏克努特所鼓励的这种新盎格鲁-丹麦风格的模式，典型的例子是在温切斯特。

克努特的斯堪的纳维亚帝国

作为丹麦国王，克努特的影响只在两方面比较显著。第一，他试图按照英格兰模式引入硬币体制，于是开始依照他自己和前人在英格兰的硬币模板造币。人们怀疑硬币类型是否同英格兰一样定期改变，但克努特本意是希望如此。

另一方面是教会政策。克努特最初对汉堡-不来梅持有与其父亲和祖父相同的态度。他从英格兰而非德意志带来神职人员，鼓励丹麦神职人员去英格兰接受教育。事实上，教会组织可能是克努特真正寻求将管辖权融入他的帝国的唯一领域。据不来梅的亚当记载，汉堡-不来梅大主教恩万（Unwan）俘虏了正在从英格兰返回丹麦的罗斯基勒主教赫布兰德（Gerbrand），将他关押起来，直至他向恩万表示顺从和忠诚。赫布兰德曾在坎特伯雷接受埃塞尔诺斯（Æthelnoth）大主教祝圣，克努特有可能正在谋划提升罗斯基勒为直接受坎特伯雷管辖的大主教区。这解释了恩万的过激行动，恩万同时还向德意志国王康拉德二世（Conrad II）请求帮助。这也可能解释了为什么罗斯基勒主教似乎在克努特统治时期接受了大量土地。那时罗斯基勒还修建了一座石头教堂，尽管什么痕迹也没有留下。1030年的同一批建筑者又在罗斯基勒修建了另一座教堂，即圣克莱门斯教堂（St. Clemens），显然是英格兰石匠的杰作。

到1027年克努特在罗马参加康拉德二世加冕为帝的典礼时，他可能已经放弃了对汉堡–不来梅的政策。这次访问期间，他为了自己的臣民而在谈判中做了一些让步，并且安排他的女儿和皇帝的儿子在成年后结婚。

克努特前往罗马之前，斯堪的纳维亚爆发了一场严重危机。1026年，他面临挪威国王奥拉夫·哈拉尔松和瑞典国王阿农德·雅各布的结盟。显然克努特的姐（妹）夫乌尔夫也加入了他们，而乌尔夫在叛乱前似乎一直代表克努特的小儿子哈德克努特统治丹麦。克努特从英格兰率领一支军队到达斯堪的纳维亚，同敌人作战，而战斗的结果一直存在争议。根据《盎格鲁–撒克逊编年史》记载，克努特的对手一直在战场上占有主动权，然而当时的诗歌被引用来证明克努特大获全胜，这一引用也可能有误。不管结果怎样，克努特还是能够在一年后访问罗马。给英格兰臣民的第二封信写于克努特从罗马返回斯堪的纳维亚途中，他在信中清晰地表明他的敌人没能夺走他的统治权，但是显然他不能自行制定协议条款，返回英格兰前他不得不与对方进行谈判。

乌尔夫在叛乱中扮演的角色让他付出了生命的代价。对于当时的环境有着相互矛盾的传言，但是毫无疑问克努特将他清算了。重要的是乌尔夫被施以除忆诅咒：他的儿子几乎不被称为斯文·乌尔夫松（Seven Ulfsson），而是通常根据母系姓氏被称作埃斯特里德松（Estridsson）。

经历这些事件之后，克努特与挪威反目，挪威的奥拉夫·哈拉尔松通过武力以及与当地强大的酋长结盟，极大地扩大了政权。但是克努特把奥拉夫视作篡位者。在1028年之前，奥拉夫就自称挪威国王。这一年克努特终于将奥拉夫驱逐出去。他不是通过激烈战斗做到这一点，而是通过说服或贿赂挪威酋长背弃奥拉夫，因为奥拉夫是一个暴君。由于失去了支持，奥拉夫向丹麦的另一个宿敌诺夫哥罗德大公寻求庇护。

克努特指定埃里克·哈康森的儿子哈康·埃里克森作为他在挪威的代理人。埃里克在"八字胡"斯文统治时期担任拉德酋伯爵，后来克努特统治时期担任诺森布里亚酋伯爵，这样就恢复了由本地酋长代替丹麦领主在挪威执行权力的传统做法。不幸的是，他在从英格兰迎接新娘返回挪威的途中死去，这诱使奥拉夫·哈拉尔松在俄罗斯和瑞典的支持下返回挪威，但是1030年6月30日他在斯迪克勒斯塔德战役中被挪威反对者杀死。克努特这时犯了一个关键性的错误。他没有选择另一个本地代理人，而是派北安普敦的艾尔夫吉福（Ælfgifu）为他生的儿子斯文和艾尔夫吉福本人去统治挪威。他们的统治可能没有奥拉夫那样严苛，但是外国人的统治很快就不被欢迎。不久奥拉夫被尊为圣徒，他的儿子马格努斯从俄罗斯返回时，挪威人集合在他的周围——可能在1035年克努特死之前就这样做了——赶走了斯文和他的母亲，斯文不久之后死去。

克努特不仅宣称自己为挪威国王，而且还是"一部分瑞典人"的国王。他通过各种方式来佐证以他为王的瑞典人的身份。锡格蒂纳硬币是以他的名义铸造的，这经常被认为是斯韦尔人接受克努特作为国王的证据。这些硬币实际上都是从复制了同一枚克努特硬币的同一种模具中铸造的，其他锡格蒂纳硬币是以英格兰国王埃塞尔雷德的名义铸造的。因此这些硬币不能作为克努特统治斯韦尔人的证据。然而一些纪念约塔兰乡绅和年轻战士的如尼铭文，的确表明了为"八字胡"斯文或许也为克努特服务的瑞典人身份。克努特有可能希望像在挪威一样，试图通过获取尽可能多的权贵的忠心而在瑞典重建丹麦政权。

克努特之死揭示了帝国的脆弱。没有迹象显示，克努特和他的顾问有意把他的统治看作一个统一体。唯一佐证这种想法的是人们对于计划在罗斯基勒建立直接归坎特伯雷管辖的大主教区的猜测。比如，似乎没有召开过丹麦和英格兰权贵的联合大会。

克努特成为英格兰国王之前，同麦西亚长官艾尔夫海尔姆（Ælfhelm）的女儿，北安普顿的艾尔夫吉福产生感情，艾尔夫吉福为他生了两个儿子，哈拉尔和斯文。然而征服英格兰后，出于政治上的考虑，克努特又娶了埃塞尔雷德的遗孀诺曼底的埃玛为妻子。他们签订协议，只有他俩共同的儿子才能继承王位，这样就将埃玛与埃塞尔雷德的儿子和艾尔夫吉福与克努特所生的儿子都排除在王位继承之外。根据这个协定，克努特与埃玛的儿子哈德克努特应该继承英格兰王位。但是克努特死时，哈德克努特正在丹麦，受到挪威的马格努斯的极大威胁，至少四年无法继承英格兰的政权。由于他的缺席，外号"飞毛腿"的同父异母兄弟哈拉尔在强大的英格兰同族人支持下被拥立为英格兰国王，尽管他本人有些不太情愿。埃玛则到佛兰德斯寻求庇护。只有在1040年哈拉尔死后，哈德克努特才得以前往英格兰索取王权。

哈德克努特在英格兰的统治是短暂的。他死于1042年，英格兰人又回到他们的旧王朝，推举埃塞尔雷德和埃玛的儿子爱德华为国王。克努特的侄子斯文·埃斯特里德松声称自己拥有丹麦王位，但是丹麦人承认挪威的马格努斯为国王。1047年马格努斯死后，斯文·埃斯特里德松才被承认为全丹麦的国王。但是许多年内他不得不同哈拉尔·哈德拉达斗争，后者是马格努斯的叔叔，也是马格努斯在挪威的继任者。丹麦的帝国野心暂时搁置，但是并没有被遗忘。诺曼底的威廉征服英格兰后，将英格兰和丹麦统一在一个王国之下的梦想又复苏了。

哈拉尔·哈德拉达：最后的维京人

斯文·埃斯特里德松可能比较珍惜他对英格兰的权利，但是在"忏悔者"爱德华统治期间或爱德华刚刚死后，他没有试图坚持自己的权利。那时哈罗德·戈德温森被推举为英格兰国王。下一个声称对英格兰拥有权利的斯堪的纳维亚人是挪威国王哈拉尔·哈德拉达。他与诺森布里亚的流放酋伯爵托斯蒂格（Tostig）——哈罗德·戈德温森的兄弟——结盟，1066年他入侵诺森布里亚，但是在同哈罗德·戈德温森对抗的斯坦福桥之战中战死。

诺曼底的威廉更成功，但是他的征服没有被所有英格兰人或斯文·埃斯特里德松接受为最终事实。斯文·埃斯特里德松作为克努特的侄子同威廉一样拥有权利，甚至更多。

1069年，英格兰叛乱首领请求丹麦帮助，斯文·埃斯特里德松派遣了一支据说有240艘船的舰队，由他的三个儿子和弟弟奥斯本率领。尽管他们也抢劫，但这次行动不仅仅是旧式维京袭击。它的重要目的在于将威廉赶出英格兰。

英格兰和丹麦联军攻占了约克，但是丹麦人不愿意迎击威廉的主力军队。当威廉逼近约克时，丹麦人却撤退了，并在亨伯河过冬，用当时一位编年史家的话说，"在那里国王抓不到他们"。然而他们总归是破坏稳定的因素，威廉同意向他们支付贡金。他们最终撤走，放弃了英格兰盟友。1075年，威廉的两位诺曼伯爵发动叛乱，并向丹麦人求援。但是当丹麦舰队抵达时，叛乱已被平息，这支舰队只能洗劫约克。

圣克努特征服英格兰的计划

10年后，威廉面临一个更加严重的威胁。据《盎格鲁-撒克逊编年史》记载，1085年英格兰民众"传言并相信，国王斯文的儿子丹麦国王克努特正出发前来英格兰，有意在佛兰德斯伯爵罗贝尔的帮助下征服这个国家，因为克努特娶了罗贝尔的女儿"。尽管这经常被认为只不过是一种浪漫的期望，试图复兴维京时代的昔日美好，但是威廉在诺曼底听到这些谣言时，却认真对待这次威胁。他招募了一支极其庞大的雇佣军，将他们驻扎在附属国，"空置海边土地，当敌人登陆时，他们无法快速获取任何东西"。他们匆忙在科尔切斯特城堡（Colchester Castle）上开凿比原来计划低一层的垛口。威廉显然对这次谋划入侵的消息十分担心。1084年，他在英格兰征收高额的丹麦金，有可能是袭击威胁促使他采取这个措施。这种规模的入侵必定需要长期谋划和筹备，而大约在1085年前谣言可能传到了威廉那里。

入侵从未发生，第二年克努特被叛乱的丹麦人杀死。导致这次叛乱的原因是人们长期争论的话题。当时一些人认为他的死乃是暴君的命运，克努特侵犯自由农民的自由，向臣民施加不公正的重负；另一些人谴责这次谋杀是对圣洁国王、基督教信念以及教会虔诚拥护者的最无耻背叛。现代历史学家仍然在讨论这位丹麦唯一的圣徒国王的真正特点是什么。但是可以认为，这次起兵实际上是由国王向丹麦人初次施加一种被称为派遣（*expeditio*）的义务而引起的，这是一项对民众服兵役的要求，也可以通过付钱来代替兵役，被称为罚金（*lethang wite*），相当于法兰克的"传唤令"（*herebannus*）。

1085年计划的袭击不是克努特第一次被卷入同征服者威廉的敌对行动，克努特还是1075年远征军的首领之一。这也不是威廉第一次面临丹麦人和弗兰芒人的结盟。《编年史》记载，1075年，丹麦舰队离开英格兰，前往佛兰德斯。克努特的弗兰芒王后阿黛拉（Adela）为他生了三个孩子——两个女儿和一个儿子；因此这段婚姻不太可能在他1080年继位后很久才确立。1075年，克努特访问佛兰德斯的时候可能的确讨论过这个问题，可想而知在他成为国王前就订立了婚约。

克努特的岳父罗贝尔是征服者威廉的王后莫德（Maud）的兄弟，但是罗贝尔和威廉的关系在1071年的卡塞尔（Cassel）战役后恶化。通过此次战役，罗贝尔篡取了佛兰德斯的政权，他的侄子阿诺尔夫（Arnulf）付出了生命代价。卡塞尔战役后罗贝尔很快与法国国王腓力一世和解，之后忠诚地支持他压制强大的属国诺曼，佛兰德斯和诺曼底统治者之间的关系自然充满敌意。英格兰王子埃德加是反对诺曼征服者的焦点。1072年，当威廉要求苏格兰人将埃德加驱逐时，他在佛兰德斯获得了庇护。1079年，罗贝尔为威廉叛乱的儿子"短袜"罗贝尔（Robert Courtheuse）提供庇护。当克努特不管出于什么动机谋划入侵英格兰时，罗贝尔伯爵显然都是盟友。

克努特是一位雄心勃勃的国王。他的联姻比任何前人都有着更加宏大的目标，但克努特大帝除外。他的儿子——后来被称为"好人"查理的佛兰德斯伯爵——以查理大帝的名字命名也绝非偶然。他是丹麦王室第一位取此名的成员，查理大帝是他母亲家族最著名的成员。克努特的野心可能让他的弟弟们担忧，甚至导致他们强烈反对威胁到他们登上国王宝座的政策。

在克努特短暂的统治时期，他试图极力强化王室在丹麦的权力。他声称王室拥有前所未有的特权，包括有权拥有公共土地和沉船，有权成为外地人和无同族人人员的继承人。与当时欧洲王公一样，他也试图强制维持和平。一旦有人破坏和平，就会遭到重罚。他还是教会的热忱支持者；不能全信圣徒传记作家的夸大其词，但没有理由怀疑克努特颁布了法律保护弱者、孤儿、寡妇和外来人，这是基督教的理想。他也试图强制实施什一税。

克努特的舰队在出发前往英格兰之前就解散了。他想加入北方利姆海峡的舰队时，却被滞留在了日德兰半岛南部。当时的资料对这次滞留进行了矛盾且不可信的解释，但是克努特有可能担心神圣罗马帝国皇帝亨利四世的干涉。克努特似乎支持亨利的敌人——与亨利对立的国王萨尔姆的赫尔曼（Herman of Salm）。教皇格里高利七世反对由亨利资助的对立教皇克莱门特三世（Clement III），克努特向支持格里高利七世的主教提供了庇护。这足以给亨利理由来向克努特施压，但是这位皇帝也可能忌惮克努特与敌人佛兰德斯的罗贝尔之间的结盟。卡塞尔战役后，并且在罗贝尔与法国国王腓力一世和解后，亨利支持埃诺特伯爵鲍德温成为佛兰德斯伯爵。人们不禁推测，亨利有意阻止克努特入侵英格兰。假如罗贝尔和克努特取得胜利，亨利就要在佛兰德斯和丹麦面对更加难以对付的敌人，因此他完全有理由阻挠入侵的计划。

然而，亨利所起到的作用是臆想出来的。众所周知，克努特被阻止离开石勒苏益格以前往加入利姆海峡的舰队。当舰队越来越失去耐心，他们派使者劝说克努特加入，或指定他的弟弟奥拉夫作为首领。因为奥拉夫自己就是使者之一，所以克努特担心有阴谋，将他逮捕并送到佛兰德斯。随后克努特允许舰队解散，首领们向他承诺一年后将再次集结。

然而，集结还未实现，日德兰就爆发了叛乱。叛乱在1086年7月10日结束，克努特在欧登塞被愤怒的臣民杀死，倒在圣奥尔本教堂（St. Alban）的圣坛前。

克努特的失败标志着维京时代的终结，再也没有斯堪的纳维亚人抢劫或入侵不列颠、法国和德意志地区。然而，典型的维京活动——如袭击、收取贡金甚至征服王国，以及一切正常的外交形式——并没有停止。12世纪，在波罗的海进行了无数反对温德人的探险，其中一些打着十字军的旗号。温德人自己也曾利用丹麦人的弱点和内战来洗劫丹麦沿海地区。这些战斗的首领之一是任罗斯基勒主教（1158—1191年）和隆德大主教（1177—1202年）的阿布萨隆（Absalon）。据当时的历史学家萨克索（Saxo）记载，他刚被任命，就既从事了主教的职业，也开始了一份维京人的事业。

| 第八章 |

船和航海术

杨·比尔

　　尽管在维京时代斯堪的纳维亚的造船传统同北欧其他地区没有本质区别，但是考古证据表明维京船只更加轻巧、细长、迅速，他们的帆船要优于当时英格兰人（可能还有法兰克人）使用的笨重轮船。

　　有两点原因造成这些不同。第一个原因是地理因素。斯堪的纳维亚的水路和进入大海的通道是决定定居点位置的重要因素，比北欧其他地区更为重要。在挪威和丹麦，大多数人居住在海边或大湖的周边地区，森林和山地人口则比较稀少。内河航道不仅有天然屏障，而且是通向大海的航线。维京时代丹麦所有地方都离大海很近，它实际上是一个群岛，由窄长的陆地同欧洲大陆连接起来，同时它被大片茂密的森林同斯堪的纳维亚半岛内陆隔开。这些自然特点也意味着维京时代许多统治者的政权在很大程度上依赖于船只和海上控制权，这与当时欧洲其他统治者有很大不同。8世纪末丹麦国王统治的广大帝国极其依赖海上力量。

　　第二个原因是历史因素。斯堪的纳维亚距离罗马人和后来的法兰克人都足够遥远，这使它在公元后第一个千年内的政治和宗教生活得以繁荣，相对不受欧洲其他地方变革的影响。留存下来的一个特征就是船只作为宗教和世俗象征所起的核心作用，有个事实说明了这种作用，青铜器时代的石头船挡和船只的金属装饰已经在公元前发展了1000年。船只承载的重要象征意义自然使他们在建造上精益求精，一艘好船能为拥有者增加美誉。在维京时代出现的基督教文化与北欧文化的冲突中，船葬比之前更加频繁，暗示船只作为宗教象征更具重要性，至少对于抵制新宗教前进步伐的异教徒而言是这样的。

早期斯堪的纳维亚社会中船只的象征和现实意义导致船只设计的改进，由此，斯堪的纳维亚人比其他北欧人的设备更加完善。在欧洲许多地方，船的主要功能之一是运输货物，若以此目的论，人们便无须盛赞船的速度和精致，这样一来对比就更加鲜明。在大西洋和北海，维京船同英格兰船、弗里西亚船以及法兰克船遇到了同样的挑战，但是他们的航行是出于不同的原因。

最早的船

斯堪的纳维亚船只的发展在很大程度上依赖于它们在获取或维持政权中起到的重要作用，也因为它们在有相对屏障的水域航行。从青铜器时代的战船到维京人的长船，斯堪的纳维亚船只细长、结构轻巧，不依靠风来行驶。自由穿梭于大西洋的航行和后来维京时代日益增长的大宗货物贸易使得帆船成为必需品。

最早的斯堪的纳维亚木板船是丹麦西南部阿尔斯（Als）的鹿跳舟（Hjortspring）。这是一艘战船，长19米，宽2米。底部是欧椴树树干，中间被掏空并向外延展。每侧由两块稍有重叠的木板组成，由韧皮缝在一起。这是所知道的最早用熟料建造的船只，这种技术一直到中世纪都在整个北欧占有主导地位。当底部和侧板定型时，船的肋骨被绑在留出的羊角桩上。每一根肋骨都由一块横挡固定，中间有两个人的空间，肋骨间距正好1米。轻舟由24只桨划动，船首和船尾处还能最多再容纳4人来掌控舵桨。船头和船尾是缝制上去的，有独特的与青铜器时代岩刻相似的分叉轮廓。然而，这艘鹿跳舟没有那么古老。大约公元前350年，它同战败勇士的武器一起作为祭品沉入湖中。

鹿跳舟的一些特征在来自一处相似祭祀地点的三艘船上得到体现，它们建造于公元4世纪早期丹麦西南部的尼达姆（Nydam）。这些船也是由熟料制造，肋骨被缝在了一起。侧板不是被缝在一起的，而是用铁铆钉固定在一起，通过锤子将其置于内侧一个小金属板上。其他的区别是，船头船尾的分叉被单独榫接在一起的弯曲木板取代，使用的木材不再来自欧椴树，而是橡树，或像其中一艘一样使用松木。

但是最重要的变化是推动力方式。短桨被固定单桨取代，这使得制造更大干舷的大型船成为可能。尼达姆最大的一艘船只大约长23.5米，宽3.5米，1.2米深，有14对桨。操舵方式也发生改变。船尾的舵桨被固定的边舵代替。5世纪和6世纪的船只图片显示，舵桨依然在船头使用。一艘7世纪的船显示，那时这种技术还未被完全弃用。

尽管尼达姆出土了斯堪的纳维亚最早的划艇，还是应该强调一下，它们比鹿泉舟晚了600年，这两个时期之间几乎没有发现其他船只。许多尼达姆船的新特征可能较早就在其他船只上运用了，但可能是日耳曼人在罗马人把帝国势力延伸到莱茵河之后先发展了海船。罗马学者塔西佗于公元98年记载，斯韦尔人（居住在现今瑞典东部）仍然在使用短桨，但是没有理由认为船只的创新设计在全部斯堪的纳维亚地区是同时被采纳的。当一个地区对一种新技术有需求时，其才能被采用。帆就是个很好的例子。

帆的引进

一位高卢罗马贵族——西多尼乌斯·阿波利纳里斯（Sidonius Apollinaris）在公元473年写给朋友的一封信中提到撒克逊人在高卢海岸的一次袭击。据他所写，撒克逊人的船只是有帆的。尽管这一证据非常间接，但可能是最早对于斯堪的纳维亚船只也有帆的暗示。与撒克逊袭击同一时期，来自日德兰半岛的朱特人和盎格鲁人对罗马帝国进行了袭击，而且在瓦登海（Wadeen Sea）、被岛屿保护的沿海一带、从日德兰西海岸的布拉瓦德舒克（Blåvandshuk）到特塞尔岛（Texel）都非常活跃。因此，很难相信他们没有利用与西边邻国同样的造船技术。事实上，瓦登海是未来几个世纪内造船业开拓性发展的中心。

西多尼乌斯的证词与斯堪的纳维亚偏远地区哥特兰的石画形成对比。这些石画清晰地表明，直到7世纪帆才在那里使用。公元5世纪和6世纪的石画只显示了划艇。在东盎格利亚的萨顿胡（Sutton Hoo）发现的船可能也是一只划艇。但因为我们只能从留在土壤里的船体印迹来推断，也许还有怀疑的余地。然而，明显的证据是萨顿胡船的肋骨是用木钉固定在木板上的，并不是捆绑在一起。这与丹麦瓦登海北端格雷斯埃斯布鲁（Grestedsbro）发现的同一时期船只的肋骨一样，几个世纪后这种方法在斯堪的纳维亚普遍应用，这表明到7世纪撒克逊人和盎格鲁-撒克逊人一直在使用与当时的斯堪的纳维亚不同的造船技巧。

斯堪的纳维亚第一艘帆船，也是迄今为止保存最好的维京船只，是在奥斯陆湾以西奥斯伯格的一个墓地发现的，根据树木年代测算可以追溯至大约820年。它长21.5米，宽5.1米，船体中部的船舷上缘到龙骨深1.4米。桅杆安装在一个船中部前端的内龙骨上，用甲板层的一块桅杆加强板固定，甲板根据其形状被称作叉子。同后来的船只相比，奥斯伯格船内龙骨非常短，只有两根间隔一米的肋骨的跨度。叉形的桅杆固定板似乎无法胜任，中间出现了断裂，用一块铁板加以修补。桅杆固定板有两个功能，一是船帆升起落下时操纵桅杆，二是船扬帆时支撑桅杆，但是它不能代替横向绳索。在奥斯伯格以南大约20公里处的科克斯塔德（Gokstad）发现的船只建造于895年至900年间，它的结构就大大改进了。内龙骨更长，长达四根肋骨的跨度，桅杆固定板是一块巨大的木板，中间有凹槽来安装桅杆。如果人们第一眼看到奥斯伯格船，似乎会认为它的桅杆固定板是比较原始的，在下一个世纪有了很大改进。然而这是不对的。奥斯伯格船的内龙骨和桅杆鱼尾功能不够强大，因为这艘船是用于一位王后的葬礼，由于过于庞大，建造者不习惯于处理如此大型号的船只所要承受的桅杆和装备的力量。解决问题的关键在于内龙骨的长度。从鹿泉舟制造到维京时代结束，斯堪的纳维亚船只肋骨间的距离都是一样的，大约1米宽，因为这是横挡和坐在船只里面的水手间最理想的距离。内龙骨将桅杆的压力分散到大部分船体上。奥斯伯格船的内龙骨只有两根肋骨的跨度，适合更小一些的船，但是对于奥斯伯格船这样的大型船只就完全无法应付了。造船工人很快意识到这一点，后来在大型船只上使用了更长的内龙骨。

帆的采用带来了船只设计的重要发展。尼达姆船只中最大的一艘和后来的萨顿胡船只细长且船体较浅，船头船尾较矮且倾斜，而奥斯伯格船则宽大，同其长度相比吃水较深，船首船尾高大。7世纪初哥特兰的画石显示了相应的变化，我们能发现更早出现的较长的月牙形船只被船首船尾陡峭、船体较深的船只所取代。对奥斯伯格船的肋骨仔细研究后发现，不仅船体的深度被改变，其基本结构也发生了改变。

不论是绑在船体上还是用木钉固定在船体上，比奥斯伯格船时间早的船只上的肋骨都是从一处船舷延伸到另一处船舷，造成的截面或者是圆弧形，或朝船首船尾方向呈V字形。肋骨可以取自自然形状的木头。这种类型船体的横向稳定性相对稍差，但是速度较快。通过专门增加底部和侧面之间的过渡，奥斯伯格船的稳定性得到改进。肋骨不再是由单独的木头组成，而是由几根木头组成的框架。船底木板绑在底部木板的羊角桩上，两块曲材紧紧地固定在船体的上板和一根放在而不是固定在船底木板上的称为"拜特"（bite）的横梁上。船底和侧面连接处有一块非常结实的边条（从船头到船尾纵向排列的一些木板），被称为梅金胡夫（*meginhúfr*），将船底木板上面的压力分散开。

奥斯伯格船还有另一个创新。不用船舷上的桨架，而是让船桨穿过扬帆航行时可以封闭的桨孔。尽管船只庞大、干舷较高，船桨也能以合适的角度触及水面。奥斯伯格船在9世纪下水，展示了今后二百年维京船只的所有关键特性。

不同的船型

这段时间船只设计进行了无数的改进，吸取了历次维京航行的经验。在奥斯陆湾东侧图内（Tune）发现的小船依然使用捆绑式的船底木板，建造于910年之前。科克斯塔德船长23米，宽5.2米，比奥斯伯格船略大，却深许多，不算深龙骨的话有1.8米深。桨孔位于第二层板条上，而不是最上面的板条。横梁和边条也在船体较低处，毫无疑问这艘船是为了大西洋航行建造。在丹麦的海泽比和菲英岛的拉德比（Ladby）发现了两处公元900年前后同一时期的船葬，它们富丽堂皇，都使用了可以航行的细长战船。海泽比船长17至20米，宽2.7至3.5米，内龙骨跨度有4根肋骨。拉德比船长20.6米，宽3.2米，发掘者发现了用于固定桅索的铁环。尽管这些东西保存较差，它们依然显示了9世纪末斯堪的纳维亚已经开始制造专门用途的船型了。一些是细长、敏捷的战船，用于斯堪的纳维亚南部的隐蔽水域，而科克斯塔德船代表了更加结实的海船。这些变化不是区域性的，挪威权贵毫无疑问拥有速度极快的战船，丹麦国王则需要能够穿越北海和其他公海的船只。

专门的货船显然是在以后发展起来的。挪威的克拉斯塔德船（Klåstad）可以追溯到990年，是确认的最早的维京货船。它最初被造成帆船，但后来装备了有限的几个长桨以便于在海岸附近行动。它比科克斯塔德船小（长21米，宽5米，深1.6～1.7米），但比例相似。克拉斯塔德船有桨架，而不是利用桨孔，船底形状也不同：边条更低，位于船底，创造出横截面呈双角的船，用于运输重物。同时，横梁更低，使货舱更大。

发掘克拉斯塔德船的时候，它的最后一批货物残骸（一堆磨刀石在另一艘本该空着的船只残骸底部）被发现。人们不禁猜测它是艘货船，为维京时代末日益增长的重物和大宗货物运输而建造，比如铁、滑石和磨刀石。然而，10世纪末发展专门货船的更重要的因素可能是越来越有效的皇家政权提供了日益改善的安全环境，以及大西洋岛屿上北欧定居点的运输需要。这种情况下，一艘船不需要大量水手来保护安全。在以下几个地方发现了这一时期或稍后时期的几艘货船：瑞典西部哥德堡的阿斯克卡尔（Äskekärr），罗斯基勒湾的斯库勒莱乌和海泽比港。

斯堪的纳维亚语文献通常将维京时代和中世纪早期在大西洋航行的船只称为"克纳尔"（knarr），现代讨论中这个名字尤其同罗斯基勒湾斯库勒莱乌发现的一种船只联系在一起。在那里总共发现了5艘船，它们分两次被沉入水中来封锁通往罗斯基勒的通道。5种不同的11世纪船只被发现，使之成为了解这个时期船只的最丰富资料。其中被认为是克纳尔的船只长16.3米，宽4.5米，深2.1米，船首宽大，建造结实。它显然来自挪威，至少船只结构中大量使用的松木表明了这一点，因为松木在维京时代的丹麦不太常见。这艘船属于第一次被沉入海底封锁海路的船只，根据树木年代测算，另一艘同一阶段的船建造于1040年，它们大致是同时期的。这艘克纳尔被称为斯库勒莱乌一号，载货量为20吨。在海泽比发现了另一艘克纳尔，可以追溯到1025年。通过目前发现的碎片判断，后者的尺寸更大，大约长25米，宽5.7米，深2.5米，估计载重量为38吨。这一类型的第三艘船是在阿斯克卡尔发现的：它的比例同斯库勒莱乌一号（长16米，宽约4.5米，深2.5米）相同。树木年代测算显示造船期为950年至1050年间，但是没有再具体的年代。

这些船首宽大、建造结实、干舷更高的船是已经发现的当时最适航的船只，难以相信当时的斯堪的纳维亚造船人还能造出比这些更好的船只。这就是认定它们是斯堪的纳维亚语作者们所说的"克纳尔"的最具有说服力的理由。11世纪前，这个词只用于战船。有一点很重要，即斯库勒莱乌一号的建造同克拉斯塔德船非常相似，而克拉斯塔德船又同科克斯塔德船的比例几乎一样。所以包括奥斯伯格船在内的所有这些船被当时的人们都称为克纳尔不是毫无可能的。

第二种货船也发现于斯库勒莱乌，被称为三号船。它只有14米长，3.4米宽，深1.4米。最初是为运输货物而设计——它的6根桨可能不是用于通常的推力方式——但是船体呈尖形，只能装载4.5吨货物。船主可能是用它出行或进行本地贸易，它不适合长途航行。它和建造于1040年的西兰小型长船斯库勒莱乌五号有许多共同的特点，这说明它是在当地使用的。斯库勒莱乌五号的建造者在材料使用上非常节省，这暗示这艘船可能是被迫为国王加强当地防御而造，由当地出资并在本地造船工的指导下建造。建造者吝啬的一个标志是，船只有几部分用的是从其他船只上拆下来的旧木板。例如，船舷的上缘来自一艘划艇，它的所有肋骨比新船的肋骨间距更近，因此不得不封上原来的桨孔，并切出新的桨孔。

斯库勒莱乌五号有13对桨，是最小的一艘长船。我们可以拿它与982年建造并在对海泽比攻击中用作火船的一艘更大的长船对比。这艘火船的残骸在海泽比港发现，显示有28米长，有21至24对桨，使用最好的木材建造，木板的尺寸和质量都是其他维京船只无法比拟的。虽然只有3米宽且船体相对较浅，无法在开阔海面航行，但是在丹麦和波罗的海西南的峡湾和狭长地带，它肯定是令人生畏的。它的建造年代与丹麦的环形堡垒非常接近，人们不禁认为这艘船属于丹麦国王，或是迫使他修建堡垒的威胁证据。维京长船有许多名称，诗歌中通常把它们讴歌为龙船或蛇船，这不仅仅指它们的速度和灵活性，还说明全副武装的水手勇士的凶猛。尤其在中世纪，长船的通用名称是"蛇"（snekke）。在瑞典可能还有丹麦，这个词还和领航舰相关。大量维京时代和中世纪早期的天然避风港名字中也带有这个词。

迄今为止发现的最大长船也来自斯库勒莱乌，该船于1060年在都柏林或附近建造。抵达丹麦后，它经过几十年的使用和维修，之后大约1133年被沉入水中来加强罗斯基勒湾的封锁。这艘被称作斯库勒莱乌二号的船保存较差，但有足够多的残片显示它大约长30米，可能有30对桨。这很有可能，因为肋骨间距离非常小，比0.7米稍长。它可以运载100名勇士，肯定是当时的最大战舰之一。根据后来的证据，丹麦的征税船主要由那些拥有20对桨的船组成，最大的船有30对桨。

除了大型货船和战船之外，维京时代斯堪的纳维亚水域布满了用于旅行、捕鱼或其他目的的小船。维京时代的斯堪的纳维亚尤其是挪威和丹麦有成千上万的船墓，主要使用的就是这些小船。这些船通常保存极差，只剩下一些生锈的铆钉。但是也有例外。瑞典中部乌普兰的船葬提供了有关这些小船使用的有趣信息。通过比较船的尺寸和墓地所在河流的规模，有可能推断出河流的通航性与船只大小之间的联系——明显证明了这些船是在较小河流上使用的。

造船业

多亏罗斯基勒海盗船博物馆系统性复制船只的尝试，我们了解到许多维京船只建造的方式。为了保证复制品不仅在外观而且在性能上也尽可能地接近原船，他们努力从工具的痕迹或木材的选择和运作方式来推断，并使用原来的造船方法。维京时代和之后造船的最重要区别在于木板的制作方式。尽管罗马人已经将锯介绍给北欧造船工，但是在西罗马帝国没落后就被遗忘了，而且13世纪之前没有再使用过。他们使用的技术是将树干劈成板条；在橡树密布的斯堪的纳维亚南部，巨大的树干沿半径被劈开，这种技术要求树干直径至少有一米，而且几乎没有树结。由于沿着木头的纹理处理，这种方式制作的木板非常坚固，并且干燥后不会收缩或变形。这点非常重要，因为造船者经常使用新砍伐下来的树木，这比晾干的木材更容易操作。再往北部，那里的树木主要是松树，树干被劈为两半，每一半都被削平形成一块大的木板。这种方法也用于制作非常宽的橡木板或其他木板。

框架材、船首船尾和其他弯曲或有角度的板材尽可能地选用自然弯曲的木材。这样，船的尺寸和重量就能够降到最小。维京造船工的主要目的之一就是使船只轻巧、灵活和坚固。船底木板在龙骨处经常做得窄而深，但上端对灵活性要求最高，因此做得平而宽。

斯库勒莱乌三号表明，在造船之前，造船工有清晰的设计想法。这艘船的船头船尾宽大、中空，两侧雕刻线条，同加上船头完工后的船只边条相对应，每一侧的线条都能以正确的角度延续。有时完整的船首柱和船尾柱会在水下放置一段时间，以避免以后裂开和扭曲。在沼泽中发现了完工但没有使用的船首柱，保存完好，它们有相似的线条和台阶。对斯库勒莱乌三号进行仔细分析发现，船首的设计是基于多个圆的不同部分，而这些圆直径不同，由龙骨的长度决定。造船工肯定有一些经验法则和一个简单的办法使他能够从一开始就确定船的结构和造型，比如也许使用一根绳子和一支粉笔。

建造方法也是一个既定程序。斯堪的纳维亚船只同15世纪前北欧的其他船只一样都是"外壳制造"：先安置好龙骨和船首船尾，板条一个接一个放上去。建到一定高度时，内部材料才放进去：船底完成后放入框架和横梁；当两侧足够高时，再加入上面的横梁和其他内部配件。重叠搭造的外壳本身非常坚固，每一块板都用铆钉固定在相邻木板上。尽管框架较轻，但也提供了必要的加固来抵御来自海浪和绳索的双重压力，又没有使船体变得死板。斯库勒莱乌三号的结构清晰地显示了灵活的重要性。船底的上层板是卡在而不是钉在两块沿船长的内部加固板上，这个加固板被称为纵梁，是一种重复的横梁模式。所有维京船都很重视这种结构以及其他用来减轻船底上层木板关键区域压力的方法。

工具和造船厂

制造维京船的工具非常简单。砍伐和削砍树木时使用长柄短刃的斧头，但木板是用短柄、T形宽斧来削砍的，如在贝叶挂毯中所描绘的一样，在伦敦、海泽比和其他地方都有发现这种宽斧。用锤子或木槌敲打楔形物以将树干劈开。木板的最初准备工作在砍伐树木时应该就开始实施了；把整个巨大的树干运到造船地点毫无意义——一位熟练的工匠可以用斧子把表面削得足够平滑——但是刨子用于削平必须紧密贴合的重叠边缘。放在沟槽里的毛纺线能够使连接处尽可能防水，沟槽是用一种称为"模具刮刀"的特殊工具切割成的，这种工具还可用于雕刻侧板和船只其他部位的装饰图案。洞是由勺形的钻做成的，钻被护胸甲顶住压进侧板表面时可以旋转。箍子（brace）和鸟卜法（augur）是后来的发明。我们对测量工具没有任何了解，但是毫无疑问造船工使用铅垂线以及标有不同标准度量的木棒和线。

制造成百上千的铆钉也需要特殊的工具。一艘维京船上，固定每米木板大约需要5个铆钉；像斯库勒莱乌三号这样的小船使用了超过1000个铆钉。制造铆钉不需要先进的锻造技术，制造锚却需要。一艘装备完善的船需要一个像里伯和拉德比船葬中所发现的大铁锚。这些肯定是维京时代铁匠制造的最大物品了。

铁器通常是表明一个地方曾经维修或制造船只的唯一留存证据。一个非常好的例证是维京时代哥特兰岛的一个贸易中心帕维肯（Paviken），人们在那里发现了成千上万的铆钉和许多简单的工具。帕维肯生产了数量极多的铆钉，但是事实上在维京人所登陆之处发现的铆钉数量要少一些。通常会在船只避风港发现维修船只的痕迹，这些避风港被称为"屋"，挪威发掘了大量的这类地点。这毫不奇怪，造船者不需要特殊的设施，大多数维修可以由任何曾经做过木工和铁匠的工匠完成。因此，尽管确实存在造船厂这样的地方，但是没有理由假设维京时代的造船业都集中在造船厂。

在丹麦南部法尔斯特岛（Falster）的弗里布雷德雷（Fribrødre Å）发掘了维京末期一艘船的残骸，主要是已经解体的船的木板和其他部分，但还发现了未使用的铆钉，表明这里曾经造过船。解体的船和许多物品来自波罗的海南部的斯拉夫地区，法尔斯特岛上的一些地名显示那里曾经有斯拉夫人的定居点。发现地附近有两个带有"snekke"的地名，表明这里也曾经是长船的避风港。因此解体的船只有可能是从斯拉夫人那里俘获的，尽管这里也有可能是流亡斯拉夫酋长的基地，其为丹麦国王服务，负责本地防御。发现的大量材料表明，对于这样一个地点来说，它所涉及的活动规模太大，不可能将其解释为只是维修几艘战船的修理厂。

港口和登陆地

带有"snekke"名称的避风港是船只聚集和维修的地方，沿海集市与此不同。维京时代在斯堪的纳维亚尤其是里伯、海泽比和比尔卡等地形成了几个永久性的、相对较大的贸易中心和城镇雏形。这些地方肯定拥有港湾，但是只在海泽比和比尔卡发现了港口设施的明显证据——港口周围的水域中放置了栅栏。它们还拥有栈桥，树木年代测算分析显示第一座栈桥位于海泽比，建于725年。但是836年这处场所被系统管理并被分割成几处，之后不久这座栈桥就被几座新栈桥取代了。885年，新修了一座更大的栈桥。之后，由于定居点的垃圾在港口周围堆积，所有栈桥都被延长。885年修建的栈桥尤其被加长以支撑一座建筑；这座栈桥下发现了大量硬币和砝码，表明这里曾经是国王代理人向新到港的船只征收通行费和其他费用的地方。

和当时法兰克/弗里西亚的杜里斯特港一样，海泽比也有无数独立的栈桥；11世纪石勒苏益格在接替了海泽比之后也是如此。这表明栈桥主人和地主（也就是国王）之间存在单独的关系，后来斯堪的纳维亚才发展起像城镇这样拥有公共港口设施的独立法人。

维京时代的栈桥和港口的数量有可能比迄今为止发现的多很多，但是对吃水较浅、可以在任何有合适沙滩的空旷海岸登陆的维京船只来说，这些都不是必需的。然而情况也可能是这样的，大型港口只在那些能够形成大规模交通的地方修建，不致浪费了建筑的费用。港口既用于商业，也用于军事。建于726年的坎赫夫运河是一个很好的早期实例，它将拥有两个丹麦主要航道的萨姆索岛分成大贝尔特岛（Storebælt）和小贝尔特岛（Lillebælt）。运河宽11米，长几百米，将岛东部的优良港湾和开阔的西部海岸连接起来，这样，一支在港湾拥有基地的舰队就可以控制两条通道上的交通。

航海

维京人的航海技术是在斯堪的纳维亚有相对屏障的水域里发展起来的，水手们几个世纪以来沿海岸从一个地标航行到另一个地标，他们通常在白天和晴朗的天气航行。当他们将航行延伸到欧洲其他地区时，也采取同样的方法。这些航行中的观察被记下来，有助于丰富已知世界的海图，虽然没有被画下来，但是同样可靠。当在未知水域航行时，能够得到前人的信息自然非常有利，但是这些信息是口口相传的。一个方式是寻求描述性地名的帮助，如耶尔姆（Hjelm），卡特加特海峡里一个陡峭小岛的名字。另一个例子是库伦（Kullen），这是一个从斯科纳的低洼海岸伸出来的高耸岬角的名字。

斯堪的纳维亚人使用同样的航海方法在遥远水域开展了更加广泛的航海，先是到达不列颠北部岛屿，然后到达冰岛、格陵兰岛和北美洲。尽管他们可能几天都看不到陆地，但是基于他们自己或他人之前的观察，沿着同一个方向尽可能远地航行，他们就能够知道自己所处的位置。尽管看不到陆地，有经验的水手有多种方法来查明陆地的方位，甚至知道距离有多远。中世纪有一段对挪威到格陵兰岛航线的描述，就是很好的例证：

> 从赫尔纳尔到挪威一直向西航行就能抵达格陵兰岛的赫瓦夫，然后你就经过设得兰群岛的北部，只有在能见度很好的情况下才能看到它。但是经过法罗群岛南部，大海好像升到了半山腰。但是离冰岛南部还很远，人们只能觉察到从那里来的飞鸟和鲸鱼。

该文字选自14世纪版《定居者之书》中的《鹰之书》（*Hauksbok*），精彩地解释了维京人航海的方法。赫尔纳尔位于卑尔根所在峡湾深入开阔海面的位置，赫瓦夫是现今格陵兰岛南端的费尔韦尔角（Farewell）。文献中建议的一直向西航行并不意味着他们使用了罗盘，这个工具是在维京时代后很久才引入欧洲的。但是在太阳和星星的帮助下，可能大致知道罗盘上的主要点在哪里。

如果看不到设得兰群岛，它们的位置是通过海鸟来揭示的，如同后面航行中提到的冰岛。《鹰之书》提到了另一种方法，即飞鸟可以帮助确定陆地位置。它声称冰岛的发现者弗洛基·维尔格达森（Flóki Vilgerðarson）有三只乌鸦，其中一只被放飞，朝冰岛方向飞去，向弗洛基展示航行方向。这显然复制了《圣经》中诺亚的鸽子的故事，但是世界上的其他一些地方曾经使用鸟来导航，这种想法对于善于观察并解释鸟类飞行的人们来说并不奇怪。鲸鱼的出现也是有指导性的，表明存在着鱼群丰富的觅食地，因为在接近陆地的地方比如冰岛或主要洋流汇聚的地方，海洋深处的营养水域被迫升到表面。在发现法罗群岛的描述中，人们是根据远处物体如船只或地标消失在海平面以下来判断航行方向的，但这并能不说明维京人认为世界是球形的。

维京人有一些导航方法，只需要经验和仔细观察。他们还积累了许多北海和北大西洋的盛行风和洋流方面的信息，可以使他们提前几天预测天气情况并规划相应航线。

有许多关于维京人导航辅助手段的讨论，但是唯一拥有令人信服证据的是领航员。据伍尔夫斯坦记录，他从海泽比到特鲁索（Truso），白天和晚上都在航行。这暗示他用了领航员才能使船只在黑暗中与海岸保持安全距离。据称，冰岛文献里提到的"太阳石"是维京水手使用的工具，有人说这是在丹麦发现的一种长石，能够使光发生偏振，即使太阳被云完全遮蔽也能确定它的位置。当然这也需要有一片晴朗的天空，这个工具在阴天的情况下就用不上了。因此很难看出它作为导航工具有什么实际用途。在格陵兰岛一座修道院里发现了一小块中间有洞的木板，洞明显是用来插木棍的，这块木板被认为是轴承刻度盘和太阳罗盘。该推测是基于这样的假设，木板表面刻的线条标记了罗盘的点，中间的木棍是形成影子的晷针。这种想法被认为太不现实而被摒弃了，不仅仅因为上面的线条是不规则的。事实上，没有可靠的书面或考古证据来证明，维京人除了领航员外还使用了任何其他导航辅助工具。

维京的影响

维京时代之前北欧许多地方都使用熟料制造船。盎格鲁–撒克逊人和其他日耳曼部落的扩张肯定把熟料制造的传统带到了英格兰，可能还有弗里西亚和法兰克。其他地区造船业后来的发展导致中世纪船型的出现，如柯克船（cog）和霍克船（hulk），但是诺曼底和不列颠群岛的造船业还是受到维京人的较大影响。11世纪末贝叶挂毯中描绘的诺曼船只，实际上同当时的斯堪的纳维亚船只雷同。在英格兰，直到10世纪人们都一直在使用独特的熟料施工，后来融入了维京和诺曼的传统，形成了所谓的"英格兰龙骨"。都柏林滨海区的大量发现表明，自10世纪初期开始，那里制造的船和斯堪的纳维亚制造的船已经没有什么区别。都柏林的发掘证明，维京人不仅在那里造船，还沿爱尔兰海的其他地方造船，并且成品非常相似。作为10至13世纪的国际港口，尤其是12世纪70年代被诺曼人征服后，人们肯定期待都柏林能提供更多船型的证据。维京造船传统也可能在远方留下痕迹。有人认为，11世纪活跃在西班牙西北部加利西亚的维京人将熟料造船技术介绍到那里，至今仍然盛行。

在东方，显然是7世纪和9世纪之间占据波罗的海西南部沿海地区的斯拉夫人在很大程度上采用了斯堪的纳维亚造船技术。在这之前，他们的定居点在内陆，因此没有独立造船的传统。但是取得沿海地区的控制权后，他们开始在沿海集市和其他地方频繁地同斯堪的纳维亚人接触。现已发现的众多斯拉夫船只表明，它们同斯堪的纳维亚船非常相似，但是它们通常稍小，装饰稍欠华丽，木板大多使用小木钉固定。

东部的芬兰、波罗的海地区和俄罗斯也有熟料造船的传统。芬兰-乌克兰部落明显采用了熟料技术，并且发展出他们自己稍有不同的传统。这显然发生在斯堪的纳维亚人开始在俄罗斯北部活跃的时候。有趣的是，在旧拉多加以及格涅兹多沃一处船墓中发现的铆钉是从遵从芬兰传统的船上找到的，而不是斯堪的纳维亚传统的船上，这表明维京人在俄罗斯河流上使用的是当地制造的船而不是他们自己造的船。

后维京时代

随着基督教化进程的发展和西欧模式的王国逐步建立，船渐渐地失去了其在斯堪的纳维亚观念中持续了几个世纪的特权地位。价值观改变了，什么是值得花钱购买的这一看法也发生改变。到13世纪初，城镇和市场经济快速发展，这些变化开始在造船业显现。不必要的精细、华丽的造型和雕刻精美的细节消失了，取而代之的是更结实的结构、更大的货舱和更廉价的造船方法。船成为贸易工具，而不是对拥有者社会和政治地位的反映。很快，斯堪的纳维亚船开始变得与北欧其他地区所熟悉的大船（柯克船和霍克船）类似。然而，老传统在小型船只上保留了下来，尤其是在距离人口众多、经济占统治地位的斯堪的纳维亚南部较远的那些偏远地区。19世纪末期挪威北部依然在使用带有许多维京船特征的方形桅杆渔船。甚至距今更近一些时候，那些在斯堪的纳维亚河流和内陆湖泊上航行的船，也很难同1100多年前埋藏在科克斯塔德的挪威酋长的陪葬小船区分开。

第九章

新旧宗教

普雷本·梅夫伦格拉希特·索伦森

不来梅的亚当

"一些非常残暴的民族"。这是不来梅的亚当对斯堪的纳维亚人的描述，也是欧洲大陆基督教教会对于基督教传入前的斯堪的纳维亚人的看法。这种看法一直到不久之前还很盛行，甚至在斯堪的纳维亚也是如此。然而，如果我们想了解基督传入之前的斯堪的纳维亚社会本身，那么只把它看作一个逐渐开化的原始社会形态是不够的。尽管斯堪的纳维亚异教文化与基督教文化完全不同，但我们必须将二者一视同仁。

在斯堪的纳维亚官方接纳基督教之后不久，亚当在大约1070年撰写了《汉堡大主教史》。10世纪后半叶丹麦皈依基督教，冰岛在1000年、挪威在11世纪初、瑞典在几十年后、芬兰更晚一些也都皈依基督教。汉堡大主教区（后来将不来梅教区并入）成立于832年，目的在于向北边和东边的异教徒区域传播福音。在亚当所处的时期，整个斯堪的纳维亚依旧属于这个德意志北部教省。

亚当有大量工作是研究斯堪的纳维亚国家历史，最后的第四卷书《北方岛屿描述》详细描绘了那里的地理和民族情况，因此成为维京时代最有趣的历史和文化资料。但是需要谨慎对待这些信息，因为亚当对斯堪的纳维亚缺乏同情和容忍。

尽管斯堪的纳维亚人信奉基督教，他们在这个博学的日耳曼人眼中依然是怪异的。他通常把他那个时期的斯堪的纳维亚人描述为野蛮人，甚至异教徒。他这样记录，在博恩霍尔姆岛和斯科纳岛还存在神像崇拜，在斯科纳岛主教埃吉纳（Egino）就打碎了弗雷（Freyr）的著名神像。瑞典的情况尤其糟糕，大约1066年发生了对基督教的残酷镇压。在乌普萨拉，供奉奥丁、弗雷和托尔等神的圣殿依然繁荣。每一位神都有与众不同的特征：弗雷拥有巨大的阴茎，给男人带来和平与快乐，婚礼上会祭祀他；奥丁是战神，通常携带武器；托尔拿着的锤子，被亚当描绘成权杖，他是雷电、风雨之神，掌管风调雨顺和丰收，异教徒会在饥荒和疾病时祭祀他。根据向亚当提供信息的人所描述，每9年在这里举行一次盛大祭祀活动：杀死所有已知物种的9个雄性，包括动物和人，他们的尸体被挂在小树林里。每个人都要参与这些庆祝活动，基督教徒要付费才能豁免。

尽管亚当是基于道听途说写下了这段关于异教徒的著名文字，但他还是像一个目击者一样展示了这一活动。这似乎合理而真实可信，对于众神和他们各自职责的描述与古斯堪的纳维亚文学中的信息一致。然而，当亚当描绘越加偏远的地区时，他的民族志描述变得越来越富于想象。他描绘的最东方地区居住着各种想象中的生物，如亚马孙人、独眼巨人、狗头人和食人族。

我们要相信亚当试图尽可能真实地描述，但是他的著作不仅反映了那个时代基督教的思想意识，也反映了他自己的倾向和欧洲大陆的教会政治。这在他对待那些推动盎格鲁-撒克逊教会对王国影响力的统治者态度上尤为明显。亚当告诉我们，征服英格兰并且偏袒英格兰传教士的丹麦国王"八字胡"斯文实际上镇压了丹麦的基督徒。奥拉夫一世在斯堪的纳维亚萨迦中是挪威和冰岛伟大的传播福音者，但是在亚当的描述中实际上是一个异教徒。奥拉夫可能是在英格兰接受洗礼，他在英格兰神职人员的陪伴下从异教徒拉德酋伯爵哈康手中接管了挪威，这使他与汉堡的传教政策发生冲突。亚当这样记录：有人说他是叛教者，所有人都认为他施行巫术，用鸟来占卜。他没有给奥拉夫一世留一丝情面。

亚当描述了斯堪的纳维亚的宗教情况，为我们提供了一幅异教徒和基督徒共处的过渡时期画面。基督教作为新宗教，在斯堪的纳维亚经历了一些挫折，主教和传教士要同异教斗争。但是在大多数地方，从一个宗教过渡到另一个宗教的漫长转型期间通常是平稳的。早在维京时代开始之前，在欧洲旅行的斯堪的纳维亚人必定已经开始熟悉基督教了，甚至在公元初的几个世纪中斯堪的纳维亚和罗马也有往来，尽管我们对确切的过程和地点并不太了解。

异教徒和基督徒

早在公元1世纪或2世纪，可能是受地中海尤其是意大利的字母启发，斯堪的纳维亚就有了最初的字母——如尼文。如尼文字母在北欧、可能也在斯堪的纳维亚南部新发展起来，但是在北方没能创始出一种与南方经典文化相媲美的合适的书面文化。然而一个被忽视的事实是，不管谁创造了这种字母，他肯定熟知对其形成启发的字母表，因此也熟悉以这种字母写作的文献。如尼文的创始人肯定能够用拉丁文或其他书面语言读写。

他们肯定还能够将经典文化和基督教的思想传递到北方的口述文化，未来几个世纪这一文化保留了它的口述传统。那时斯堪的纳维亚人没有更多地利用书面材料，但绝不是因为他们没有这个能力。没有人能够阻止他们学习使用羊皮纸和墨水，或雇用能够使用这些工具的人。他们之所以保留了口述文化是因为它适合他们的生活方式。我们完全可以假设，在早期阶段基督教的思想和主旨被借鉴，我们还应该假设它们被用在了纯粹的异教语境中。直到公元后的第一个千年接近尾声时，我们才能观察到基督教对斯堪的纳维亚的仪式、道德或社会组织的主要影响。

公元9、10世纪期间，定居于基督教国家的斯堪的纳维亚人皈依新宗教。异教徒和基督徒之间必定存在着活跃的思想和观念交流。基督徒必须不折不扣地接受教会的教义和命令，如果异教徒认为基督教的思想、仪式和神化要素在他们自己宗教中有用的话，则可以随意采纳。然而，这些借鉴并没有将异教变成基督教。我们应该讨论的是借鉴，而不是基督教对异教的影响。只要基督教与异教共存，它就会受到异教徒解读的影响。两种宗教和它们各自从属的社会一样，从根本上是不同的；如果异教徒将基督教元素融入他们的信仰或神话中，这些元素就需要改变，并且在完全不同的背景下寻求认可。只有当基督教作为官方宗教胜利之后，情况才发生巨大的改变。各种异教思想、习俗和概念都因被妖魔化而被禁止，尽管有一些以基督教的形式幸存下来。

对后人来说，教会禁止异教的所有东西意味着知识的丧失。基督教带来了罗马字母和一种新的书写技术。长期以来，教会决定这种书写的用途，不想保留异教知识。亚当的著作反映了这种态度。作为不来梅的主教座堂教士团成员，他肯定有关于教区内依然盛行的异教的一手资料。但是除了在描述乌普萨拉神庙时为我们举了一个令人生厌的例子之外，实际上他没有记录任何关于异教信仰和习俗的内容。按照教会的观点，异教在历史上没有位置；亚当在描述乌普萨拉神庙的时候表达了这种观念——在描述的最后，他提到祭祀过程中唱了许多污秽的歌曲，还是"不提为好"。

除此之外，我们对旧北欧宗教尤其是神话还是有相对全面的了解，部分归因于考古发现、如尼铭文、地名和外国游客评论中保留下来的维京时代证据，部分归因于中世纪斯堪的纳维亚作家们书写的关于斯堪的纳维亚过去的文献。从这些作品中我们找到了那些解读和系统评价，它们使我们能够将其他证据一同置于当时的环境。

诗歌和斯诺里《埃达》中的神话

一些同时形成的有利环境催生了这部文学作品。12世纪的欧洲对过去产生了新的兴趣，尤其是对诗歌和语言。这一早期的复兴对斯堪的纳维亚产生了重大影响，基督教在那里才传了几代人，维京时代的诗歌和故事依然通过口述保留。这种兴趣以及相伴而来的自由主义精神鼓励学者们将这些口述传统记录下来。在挪威和丹麦都是如此，但是最早和最重要的书面记录出现在冰岛，一种新的散文形式"萨迦"构成了中世纪学者记录过去和自身创作的主要框架。

埃达诗歌和吟唱诗歌是维京时代的两种主要诗歌形式，在冰岛的一些手稿中得以保留。众所周知，这种诗歌在基督教传入前的口述社会所起的作用比文学在现今社会所起作用重要许多：它是斯堪的纳维亚社会传播道德、宗教、历史和政治意识形态的主要途径。

埃达诗歌是从大约写于1270年的《皇家手稿》（*Codex Regius*）中发现的，其中包含了10首关于诸神的诗歌和19首关于英雄的诗歌，另有3首关于诸神的诗歌保留在其他文本中。一些诗歌是解释知识的说教式对话，一些诗歌则完全讲述神话。但是大多数情况下，神话知识被认为是理所当然的，被用在诗歌更为宽泛的语境中。《皇家手稿》编者用宏大的场面，以末世论《西比尔的预言》（*Vǫluspá*）开篇，描述了世界的创造、诸神的黄昏（*Ragnarǫk*，众神灭绝）到新世界再生的历史。

关于诸神的埃达诗歌是独特的，欧洲文学中没有可与之相比的内容。它们存在的时代是有争论的，也许在口述传播的过程中经历了改变和再创作。但是我们可以认为，它们的内容叙述的是真正基督教传入之前的斯堪的纳维亚社会。

第一批吟唱诗歌大约是在维京时代初期在挪威创作的，但11至13世纪末期是这种诗歌题材的衰落期间，而最开始则主要是冰岛吟唱诗人发展起来的。这是一种高度发达、复杂、巧妙的艺术形式，首先主要吸引了国王和他们的随从。吟唱诗人甚至最大限度地运用了许多基于神话的委婉说法，也就是比喻。因此，了解神话对了解他们的诗歌而言非常必要，这可能是在基督教到来两三百年后，神话以及保留这些神话的诗歌依然被记住的主要原因之一。12世纪的复兴唤起了人们对冰岛、挪威和奥克尼吟唱诗歌的新兴趣，因为它们被认为是基督教传入前斯堪的纳维亚语言和世界观的最好表达。重拾古老的吟唱传统成为时尚，在冰岛，斯诺里·斯图鲁松在大约1220年创作了吟唱诗体诗歌《埃达》，以完整的神话形式重新讲述斯堪的纳维亚神话。斯诺里的《埃达》同埃达诗歌和吟唱诗歌一起构成了我们了解北欧神话的最重要资料。

大约在1200年，萨克索·格拉玛提库斯在丹麦写成了他的名作《丹麦人的业绩》（*Gesta Danorum*）。他巧妙地将关于英雄和众神的丹麦诗歌译成拉丁语，将神话改写成最古老时期的历史记录；斯诺里用同样的方式将神话运用在他的《海姆斯克林拉》（*Heimskringla*）中，讲述从大约1230年开始的挪威历史。

这些书面资料可信吗？长久以来学者们一直对此持怀疑态度，认为中世纪作者向我们所传递的关于基督教传入之前的北欧宗教信息包含了学界的建构，没有可靠的基础。基督教文学和已经辨认出来的基督教传入之前的神话与礼仪之间有相似性，人们认为这表明了像斯诺里这样的基督教历史学家和神话学家依照基督教模式塑造了异教。基于这个假设，雷神托尔同"世界之蛇"战斗的神话是基于基督与海怪利维坦（Leviathan）之间战斗的描述得来的；光明神巴尔德（Baldr）是基于基督的形象，异教圣殿和祭祀的描述也是根据基督教和犹太教的礼仪。显然中世纪的作者们根据他们自己的经验来解读异教，正如我们根据我们的经验来解读一样。但是如果认为与基督教的所有相似之处只是基督教的重构，就夸大其词了。

中世纪作者显然十分了解异教与基督教世界观之间的关系。斯诺里在他所著的埃达诗歌中描述了基督教传入之前的宇宙学和神话，他在序言中解释了这种关系。与他的时代的神学一致，他说，上帝创造天地后，人类忘了上帝的名字和真理，但是上帝让他们保留了智慧。然后他们开始思考自然现象，创造了自己的诸神来解释所看到的一切。斯诺里说："他们以一种世俗的观念理解一切，因为上帝没有赐予他们灵性。"斯诺里和中世纪中期那些像他一样的人都是基于此来描述基督教传入之前的宗教。这当然是偶像崇拜，但是只要记住这点，基督徒就可以没有任何风险或不带任何偏见地把它作为祖先文化的一部分来研究。

欧洲只有两种基督教传入前的神话——希腊神话和北欧神话——作为连贯的思想体系保留下来。北欧神话作为一个整体出现，主要归功于斯诺里的描述，已知的大多数神话只在他的复述中作为独立完整的一体而保留。埃达诗歌中的神话遵循《西比尔的预言》的主要脉络，但是与这首诗形成对比的是，斯诺里的表述富有逻辑而且成体系。这反映了基督教传入之前和中世纪时期的描述方式显著不同。同现代结构主义者一样，斯诺里希望将异教世界观描绘成一个结构连贯的体系，一个能够与基督教相媲美的教义主体。维京时代的诗歌从来没有这样尝试过，那时诗歌里的神话都是支离破碎、令人费解和千变万化的。

然而，这并不意味着维京时代的宗教晦涩、"原始"，它只是基于与我们不同的假设和形式。这些诗歌以普遍接受的对世界的认识为前提，即诸神的力量有特定的性质和功能，通过故事和图画来展现行为和活动的神话模式，或通过吟唱诗歌比喻中的关键词语来唤起，或在艺术家和工匠作品的肖像特征中得到体现。在口述传统中，神话没有像斯诺里的埃达诗歌中那样得到最终的定义。常见的人物和物体元素被创造性地结合在一起，表达了构成北欧世界观的想法和方式。维京时代诗歌不断变化和重复的是这些想法和思想，而不是神话本身。诗人和其他阐释者努力将神话转化成能够理解生活及其问题的概念。

这暗示了寻求一个神话最古老或最初版本的意图不一定是有意义的。其中一个例子就是光明神巴尔德之死的神话，这是关于诸神世界毁灭的最重要的表述。众神无法阻止巴尔德之死，因为他们自己的生活包含了欺骗和毁灭的因素，集中表现在洛基这样一个骗子和周旋者身上。洛基的父亲是巨人，母亲是女神。他是北欧神话二元性的缩影：他是奥丁的结拜兄弟，但是在"诸神的黄昏"时却与混沌之力站在一起；他制造麻烦，又解决麻烦。是他用聪明的计谋一手造成了巴尔德之死。

这个神话在《西比尔的预言》中短暂出现，女预言家西比尔（女巫）用一系列震撼的形象讲述了这个故事：残暴的神；一棵槲寄生变成的致命利箭，黑暗之神霍德尔（Hǫðr）用这支箭射死了他的兄弟；第三个兄弟"一生下来"就为巴尔德复仇；巴尔德那伤心哭泣的母亲弗丽嘉（Frigg）；最后，西比尔描述了在一个邪恶的地方有一个被捆绑的人，"看起来像洛基"。

斯诺里非常详细地讲述了这个神话。在他的版本中，弗丽嘉让世上万物发誓不伤害光明神巴尔德，只有一棵弱小的槲寄生没有被要求立誓。然后众神认为没有什么能够伤害巴尔德，就向巴尔德投掷各种武器。洛基把槲寄生变成一支箭交给盲眼的黑暗之神霍德尔，霍德尔用它杀死了自己的兄弟巴尔德。斯诺里添加了对巴尔德葬礼的精彩描述。他借鉴了创作于980年左右的吟唱诗歌《家庭诗歌》（*House Poem*），诗中描述了在一个冰岛酋长大厅里的神话画面。斯诺里继续讲述赫尔默德（Hermóðr）前往冥土向冥王赫尔（Hel）请求放回巴尔德，但是狡诈的洛基阻挠了此事。故事的结局是，众神捉住洛基，将他绑在尖利的石头上，在他的头上悬挂了一条毒蛇。他原本应该在这里躺到世界末日，然而他的妻子西格恩（Sigyn）用碗接住滴下的毒液，只有当她去倒掉毒液时，滴下的毒液才会掉在洛基的脸上。毒液使洛基浑身发颤，以至于整个地球都在颤抖。这解释了地震的原因。

萨克索所著的《丹麦人的业绩》一书提供了第三个版本。萨克索将霍德尔和巴尔德融入丹麦历史，将这一神话改编成对于巴尔德妻子南娜（Nanna）的情杀。如同《西比尔的预言》一样，萨克索也收录了第三个兄弟生下来就为巴尔德复仇的故事，他说奥丁用计谋同一位俄罗斯公主生下了第三子。冰岛吟唱诗人也了解这个故事，但是在他们的讲述中，来自远方的公主是一位巨人的女儿。

维京时代的几首诗歌提到了巴尔德之死，但是如果没有斯诺里的解读，我们很难把这个神话作为一个连贯的故事来理解。每一份基督教传入前的资料都使用了故事的一部分。仅《西比尔的预言》有完整的顺序，但依然带有维京时代神话支离破碎和令人费解的特点。吟唱诗人将这些神话编织进令人费解的晦涩语言中：在埃达诗歌中，巨人们和西比尔揭示了世界起源和末日的秘密，但是它们被讲得极其隐晦和不完整。维京时代的人们能够非常理性地运用技能，组织复杂的探险，建立新的社会，他们同样也明白，人生最深刻的道理和目的都蕴含在神话和艺术之中。

我们对北欧神话的了解显然不如对维京时代本身的了解那样完善，因为各种资料只能提供有限的信息，还因为我们截然不同的思维模式使我们很难理解神话中的概念。它们可能在基督教传入前形成了相对可信的世界观和众神图景，否认这个可能性是幼稚的，其幼稚程度不亚于认为所有书面资料都向我们展示了一个真实的维京时代。困难在于我们的理解能力不足，而不在于材料本身。下面的描述就是基于这个假设。

神话

基督教传入之前的维京人认为他们居住在世界的中心。神话中的世界是农民土地和水手眼界的映射。有人居住的地方是被称为"中央之地"的米德加德（*Miðgarðr*），众神的世界阿斯加德（*Ásgarðr*，亚瑟神族的封闭之地）就位于此处。每位神都有各自的宫殿：托尔住在毕尔斯基尔尼尔（*þrúðheimr*，力量之殿），奥丁居住在瓦尔哈拉（*Valhǫll*，英灵殿），弗蕾雅住在福克旺加（*Folkvangr*，战场原野），弗丽嘉住在芬撒里尔（*Fensalir*，雾海之宫），巴尔德住在布列达布利克（*Breiðablik*，辉耀宫），海姆达尔住在希敏约格（*Himinbiǫrg*，天卫之宫）。

阿斯加德的中央生长着宇宙之树伊格德拉西尔（Yggdrasill），它的顶端直穿天际，三支大根包含着整个世界：一支根上住着人类，另一支根是巨人的世界，第三支根下是冥界（Otherworld）。伊格德拉西尔是时间和空间之轴。宇宙之树长在乌尔达泉（Urðr's Well）旁边。乌尔达与维尔丹迪（Verðandi）、斯考尔德（Skuld）一起决定命运，即决定时间能带来什么。维尔丹迪和斯考尔德的名字来自动词，分别代表"是"（be）和"必须"（must）。这三位女神将人类的命运刻在木棒上，或者编织命运之网。在人类的农场中央有一棵可以同宇宙之树相媲美的大树，它使一代又一代延续下去。

有人居住的世界秩序井然，人们耕种农田，在此之外是充满危险的荒野。神话中，这是巨人族的世界。斯诺里使用了乌塔加尔（*Útgarðr*，外面世界）来描述这些地方，而在埃达诗歌中，它们仅被称为约顿海姆（*Jǫtunheimar*，巨人世界）。这样看来，以斯诺里的观点，异教的世界图景是环形的，神族在中央，巨人族在周边近海的地方。他就像研究神话的现代学生一样，试图认为这个世界图景与《圣经》及古代所描述的同心宇宙是平行的。然而，异教宇宙是基于由近及远的纬度。它从人类居住的任何地方出发；与荒野的距离——不管在现实中它是海洋、山脉还是森林，暗示了从安全到危险的过渡。以神话的角度来看，它意味着受神族保护的世界与神族和人类的敌人所控制的世界不同。神话中，这些敌人通常住在遥远的东方和北方。

在基督教传入前的北欧世界中，不管是在大自然还是家庭生活中，有许多不同的政权。但宇宙是由神族和巨人族对立统治。亚瑟神族身份高贵，具有创造文明、保护生命的权力；而巨人族是危险的，巨大而又粗鲁，但同样具有智慧和知识。然而，这两种对立的权力关系比秩序与混乱、文明与自然或基督教观点中的善与恶之间的对比更加复杂和微妙。世界在这两种力量的斗争和相互影响中诞生并泯灭。

异教思想尤其强调时间，甚至宇宙之树都被描绘成是多变而易逝的。命运三女神坐在大树脚下，一同编织着未来。一只虫子咬了命运之树的根，四只小鹿吃了它的叶子。西比尔在《西比尔的预言》中开篇说道，她记得宇宙之树伊格德拉西尔还是地下一粒种子的那个时候。诸神创造世界后，她说："露水从它（高大的树）上面滴下，落入山谷。它屹立在乌尔达泉旁，万年长青。"但是她在"诸神的黄昏"的想象中提到了"一棵古老的树"在颤抖和怒号。在诗的结尾，世界获得重生，诸神的儿子们选择了一棵新的宇宙之树。

《西比尔的预言》从四个阶段描绘了宇宙序列，即创世、世界末日前的时期、诸神的黄昏和新世界。创世前万物并不存在，只存在一个极大的鸿沟金恩加格（*Ginnungagap*）。不来梅的亚当在大约发现于1430年的一份手稿中描绘了北方，这个名字被用来指希腊学者称为极北之地中一个被雾气笼罩的冰冻海洋。北方人到这些地方的航行经历也许得以帮助他们理解创世前的世界。金恩加格可以被理解为"一片广漠太空"或"一个充满各种能量的巨大空间"。两种解释都可以与神话中最初的混沌相契合。

按照《西比尔的预言》，神族将地球从金恩加格鸿沟托起来。然而在这之前，鸿沟中的力量制造了伊密尔（Ymir，咆哮者）。这个原始生物可以在其他文化的神话中找到对照，如印度的阎罗王（Yama）、伊朗的伊玛（Yima）。在斯堪的纳维亚，它是雌雄同体的巨人，是从混沌中出生的生物。它的腋下生出了一子一女，它的两只脚交媾生出了孩子。另一个原始生物是一头叫奥德姆拉（Auðhumbla）的牛，它的乳汁喂养了伊密尔。这头牛舐食岩石上的盐，三天后舐出了一个人形的动物勃利（Búri），勃利生了儿子勃尔（Borr）。

这些创世神话带有基督教传入之前北欧认知的特点，即把历史看作对立面的碰撞。两个原始群族被勃尔和巨人女儿贝丝特拉（Bestla）的婚姻联系起来，他们生下了几个儿子，奥丁、维利（Vili）和伟（Vé），象征着"精神""意志"和"神圣"。他们是第一代亚瑟神族，并且创造了宇宙。他们杀死了伊密尔，用它的身体塑造了世界。它的肉变成大地，骨头变成山脉，血液变成大海，颅骨成为苍穹，脑子变成云。伊密尔的巨人家族即神族的母系家族成为他们的敌人。神族创建了秩序。太阳、月亮和星辰有了永恒的轨道，时间有了昼夜之分，神族还发明了工具，建造了铁匠铺和寺庙。

《西比尔的预言》说，"他们不乏黄金"。这是创世描述的结束。神族创建了一个理想的环境，可以同希腊的黄金时代和犹太–基督教的伊甸园相媲美。但是人类还没有被造出来。序列的第二部分解释了当三位年轻的巨人女子入侵神族时，原始静止的宇宙是如何变成动态的。女性和巨大权力的双重因素开始了全新的活动。现代研究经常从基督教的角度把这三位巨人女子解释为毁灭性的"邪恶"力量，能够毁灭神族的理想世界。但是在诗中，她们的到来除了伴随着命运和死亡之外，还伴随着创造力。人被创造出来，时间开始运转，迈向"诸神的黄昏"的整个过程开始了。

在"诸神的黄昏"中，一切事物分崩瓦解。兄弟相残，诸神同来自混乱世界的怪兽开战，之后消失；世界陷入火海，地球被大海吞没，苍穹塌裂。但在《西比尔的预言》的结尾有一个愿景，从宇宙的海洋中诞生了新世界。新世界将由新一代神族统治，人类幸福地生活在其中。斯诺里在他散文式的神话中接受了这一结局。在现代，这被解释为富有基督教色彩的永恒生命的愿景。然而，宗教历史的最新研究提供了很好的理由，让我们把重新创造地球的神话看作是真正接受基督教之前的社会的结晶。

在北欧神话中不难找到与基督教世界观相似的观点，尤其是《西比尔的预言》，它似乎借鉴了基督教的观点。但是，这些观点以一种本质上完全不同的对生命和世界的解读融入神话之中。在现代人看来，这种解读从某种意义上说与基督教同样高级，尤其表现在把宇宙的所有事物都视为必要的一部分这一观点上。这种智慧的典型代表就是"世界之蛇"这个巨大的海怪。在"诸神的黄昏"中，它爬上岸，杀死了被诗歌称颂为"人类保护神"的雷神托尔。但是在这之前，它一直躺在大海深处，环绕大地，形成一体，是宇宙的一部分。它立刻变得必不可少，又具有毁灭性。

异教神话与基督教神话之间的相似性不应该作为证据来解读，我们不应该相信在正式皈依之前基督教和它的世界观就已经逐渐在斯堪的纳维亚立足。基督教观点被吸收进了北欧世界图景，但并未改变它的基础。尤其在维京时代，基督教肯定是激发那些身为北欧神话保管者的诗人们的源泉。

宗教习俗与象征

我们对维京人接受基督教之前宗教习俗的了解远低于对其神话的了解。基督教教会视异教仪式为邪恶，中世纪的作者们很难对它们产生与神话同样的兴趣。当时外国作家的作品中——不管是基督徒还是穆斯林——或是中世纪的历史文献中，都有异教礼仪的描述。这些资料很重要，但是也提出了如何解读的难题。此外，地名和考古发现也提供了有价值的证据。

异教崇拜和基督教崇拜的最重要区别是，异教的宗教习俗不像基督教会那样正式组织。宗教不是拥有特定寺庙和教士的独立机构，它是普通生活的一部分，由社会中的个体来维护，也就是由自由民和家庭主妇来维护，并且在农场主和酋长的家中举行。圣奥拉夫的吟唱诗人西格瓦特（Siggvattr）创作的几行诗中提到了一个真实的异教礼仪。根据斯诺里所记，1019年这位国王派遣西格瓦特前往西约特兰的斯卡拉酋伯爵那里执行外交公务。行程中的一个晚上，他和同伴想在一个农场借住却被拒绝，原因是农场正在祭祀精灵。据我们所知，这是一场向与先祖和丰收有关的神灵的献祭。在几行描述这次遭遇的诗句里，西格瓦特讲述了他如何需要低头进门，但是被农场的妇人拒绝入内：

"不许再前进一步，
你这个恶人，"妇人说，
"我害怕奥丁的震怒，
我们是这儿的异教徒。"
这个可憎的妇人，
坚决地拒绝我进入，
好像我是一只狼。
她正在祭祀农场的精灵。

这给人们留下了这样的印象：一个小农场和一个由妇人主持的仪式。当地肯定是以此种方式拜祭诸神，但是也有报告记载了主要的公共仪式。我前面曾提及不来梅的亚当描述过乌普萨拉的祭奠。德意志主教蒂特马尔（Thietmar）编写的11世纪初编年史中有一段相似的描述，记载了100年前在丹麦西兰岛的莱杰尔（Lejre）如何将人和动物献祭给神灵。

这段描述被渲染为基督教反对异教的政治宣传，萨迦里有对于酋长大堂中进行的祭祀中立且详细的描述。这种祭祀被称为"布拉特"（blót），可以译为"加强"。这种祭献意在增进与诸神的关系，以使他们对人类施以恩惠。根据萨迦所记，动物尤其是马和猪被献祭：它们被杀死，然后在一个深坑中被煮熟，血洒在墙上和神像上。作为仪式的一部分，参与者会吃肉，并且饮用圣酒。这就是斯诺里·斯图鲁松在《海姆斯克林拉》中对于10世纪中期在特伦德拉格举行的祭祀筵席的描述。斯诺里还讲述了酋长为酒和食物祝圣。参加者向奥丁敬酒，为国王的胜利和权力祝愿，然后向尼约德（Njord）敬酒，最后向弗雷敬酒，祈求富饶与和平。之后，他们为坟墓中的祖先敬酒。

现代学者对这些萨迦的描述表示怀疑，指责它们是中世纪的奇幻故事。然而我们知道，像斯诺里这样有学识的历史学家对基督教传入之前的社会有较全面的了解，我们没有理由怀疑他们希望尽可能真实描述的愿望。这些描述完全有可能是对口述传统的自由演绎，否则我们根本无从知晓这些口述传统。

考古证据和地名则表现出完全不同的特点，为了解接受基督教之前的时期提供了直接、真实的信息。然而，在文化和宗教历史语境下解释这一信息通常又很困难。地名能够在宗教习俗的广泛程度和社会重要性方面提供一些想法，考古则不总是支持文本的证据。比如，没有找到能够证实不来梅的亚当所描述的乌普萨拉神庙的考古证据。

当考古发现能够以诗歌和中世纪历史作品的角度被解读时，它们才能够被最好地理解，偶尔赋予我们一些有关不同类型证据之间联系的想法。在斯堪的纳维亚的许多地方出土了一种小而薄的金片，它们很好地说明了将实物发现和文学证据结合起来的潜在价值。它们通常不超过一立方厘米，上面印着一两个人物的浮雕。由于太轻又易碎，它们不能用作货币，因而它们应该具有象征性和宗教性的意义。常见的图案是一男一女面对面相互拥抱——一个相爱的场景。这种纪念金片曾在丹麦、挪威和瑞典被发现，但没有在斯堪的纳维亚之外的地方被发现。这种金片被大量发现于人们居住的房屋内，位于柱子之下或其附近，在一些地方这个柱子用来支撑国王或酋长大厅内的高座。它们曾在权力中心所在地被发现，如丹麦的古默、挪威的迈尔和伯格、瑞典的黑尔格。也许它们是在国王或酋长的结婚典礼上被存于高座之下的，因此可能象征着家庭和农场与诸神和巨人宇宙的神话起源之间的联系。金片上的夫妇同埃达诗歌《斯基尼尔之歌》（Skírnismál）有关联，诗中描述了弗雷对巨人少女葛德（Gerðr）的爱慕，并试图通过礼物、威胁，最后是法术来赢得她的芳心。我们有充分的理由相信，这对夫妇的确代表了那一对恋人，因此象征着神圣婚礼，《斯基尼尔之歌》是婚礼的序曲。

北欧神话的特点是婚姻将对立的双方——神和巨人——联系起来，因此包含了整个宇宙。宗教历史学家格罗·斯泰因斯兰德（Gro Steinsland）曾表示，神圣婚礼对于神话和仪式而言是最基本的部分，其对基督教传入之前的社会意识形态同样也是基本的。斯诺里·斯图鲁松在《海姆斯克林拉》中声称，神和巨人女子的婚姻是传说中瑞典尹格林王族（Ynglings）的起源，中世纪挪威的国王也是他们的后裔。神族是国王的祖先这一思想在许多宗教中是相似的，但是这些斯堪的纳维亚众王朝的第一位女祖先却出乎意料地来自巨人族。正如我们所见，宇宙对立的运用在北欧世界观中是基本的。《西比尔的预言》将命运、人类生活和世界进程置于动态之中。

弗雷和葛德的故事是神话在历史中实现的一个例子。在斯堪的纳维亚宗教改变之前与之后，历史都是根据神话模式来解读的。在基督教史学中，《圣经》就是模板，基督的出生和死亡是每个王国和国王的历史上不断重复的分界线。基督教传入前的人也使用其他模式，最重要的一个就是神注定遇到一位巨人女子。中世纪的历史作品中不断重复描写国王与一位遥远而神秘的女子结合。因此斯堪的纳维亚语的国王萨迦讲述了挪威国王"血斧"埃里克娶了美丽的冈尼希尔德（Gunnhild），她同精通魔法的人们住在极北地区。在另一个传说中，据说冈尼希尔德是丹麦国王高姆的女儿。

死亡和安葬

死亡是生命的一个事实，它显然是我们在维京时代的资料中面对最多的一个事实。在古斯堪的纳维亚语文学中，死亡是生命的目的，这与之后的基督教思想完全不同。在基督教传入之前，活着是为了获得死后的声誉，这点非常重要。因此他们很看重死亡的方式：最糟糕的便是可耻的死亡。"牛死了，同族人死了，像他一样死去的男子/我知道永不会死亡的一件事就是：对一个死人的判决。"埃达诗歌《哈瓦玛尔》（Hávamál）中的著名诗句这样写道，是以奥丁的话呈现出来的。良好的尘世名声，而不是天堂的救赎，才是生与死的最深刻目的。

墓地中的发现表明人们相信死后仍有生命。富裕的家庭通常会为死者陪葬物品；男子以武器或工具陪葬，女子以珠宝和器皿陪葬。坟墓中还发现了食物和饮料残渣。

坟墓中的这些食物有何意义？神话提到了死者之地，这里是阴暗的，是黑暗的冥界（在基督教时期被解读为地狱、"死神的惩罚"）。萨迦谈及死后的生活，死者由死去的同族人陪伴住在圣山之中。一首埃达诗歌指出，死者之地属于女神弗蕾雅，在维京时代末我们听说了奥丁的瓦尔哈拉，即"英灵殿"。10世纪，一些斯堪的纳维亚人以马和骑具陪葬。这些发现可以用瓦尔哈拉神话来解释，这些战斗中死去的人住在奥丁的宫殿直到"诸神的黄昏"，他们将同神族一起与混乱之地的强大力量战斗。一些人在这个神话中发现了基督教的天堂观念。这可能（尽管是推测的）就像认为它受穆斯林的天堂思想启发一样，因为斯堪的纳维亚人熟悉近东的思想。

在斯堪的纳维亚发掘的装饰最豪华的坟墓位于挪威南部奥斯伯格墓地，墓内有两个妇女，可能分别是王后和侍女，被埋葬在一艘长21米的装饰华丽的维京船只内。船上有死者需要的所有物品，就好像她们还活着一样，有做家务和烹饪的器皿、床和床上用品、织布机、锅和容器，以及使我们困惑的艺术品。还有马车和雪橇，13匹马、6条狗和2头牛。毫无疑问，坟墓里还应包括珠宝首饰和其他珍品，但是已经被盗墓者拿走了。

我们应该这样解读这个坟墓以及其他类似但不那么豪华的坟墓：它们暗示死者被象征性地送上一段旅程。还存在其他的船葬，但通常是以石头象征性地表示逝者船只的轮廓。在一些地方，比如位于奥尔堡（Aalborg）附近的林霍尔姆（Lindholm Høje），就有用无数石头摆放成这种形状的大型墓地。在瑞典的古乌普萨拉和挪威的伯雷，有大量的大型坟墓被认为是身份和王朝延续的标志。在丹麦，"蓝牙王"哈拉尔大约于960年在王室中心耶灵建造了一个纪念碑和两个坟墓。这两个坟墓建在一个更古老的船型结构之上，因此标志着打破了更早的安葬习俗。然而，纪念碑建成后不久，哈拉尔皈依基督教，在两个坟墓之间修建了一座教堂。考古发掘显示，北边坟墓的墓穴在葬礼后很快就被清空，一位男子的骨骼被安葬在木质教堂的唱经楼。这里显然有一个暗示，哈拉尔在受洗后，他将父亲高姆的遗骸移入教堂，给予他一个基督教式的安葬。教堂前刻有如尼文的大石碑上刻有一个野兽和耶稣受难像的图案，碑文记录了哈拉尔为纪念父亲高姆和母亲翠拉，以及哈拉尔自己"使丹麦人接受基督教"而修建此碑。耶灵石因此是见证丹麦宗教变迁的宏伟纪念碑。

皈依中的政治

斯堪的纳维亚的宗教变迁在每个国家都有不同的政治背景。它与社会和政治组织的巨大变迁同时发生，本身也充满一系列变化：首先，当王国统一时，新的政权结构和新的管理形式就会发展起来；其次，基督教与交流方式的变革有密切联系，从以口述为主到书面文化的转变使新的权力体制成为可能；最后，教会实施了综合措施，包括道德、文化和宗教教育，来教育民众了解他们在新的集权化秩序中的位置。

基督教传入斯堪的纳维亚比爱尔兰、英格兰和欧洲大陆晚几个世纪，这反映了欧洲不同地区的情况存在较大差异。对基督教统治者来说，他们的子民理所当然应该是基督徒，但是罗马人和法兰克人都没有能够征服斯堪的纳维亚的任何一个地区。查理曼的帝国止于丹麦南部边境，他的基督教化计划没有进一步延伸。他的儿子"虔诚者"路易首先派遣传教士，试图向丹麦人施加法兰克的霸权。路易支持流亡的丹麦国王哈拉尔，哈拉尔也向路易效忠，并且依靠法兰克人的帮助，重新登上王位。823年，兰斯大主教埃博在丹麦传播福音，3年后哈拉尔成为第一位接受洗礼的丹麦国王。在美因茨举行典礼后，哈拉尔由教会人士安斯卡尔陪同返回丹麦。然而，1年后他又被迫流亡，20年后安斯卡尔才得以在丹麦正式重新执行他的使命。

大约830年，安斯卡尔抵达瑞典的比尔卡，他后来被任命为汉堡大主教。9世纪70年代，林贝特（Rimbert）撰写了安斯卡尔的履历。根据他的记载，安斯卡尔在那里修建了教堂。9世纪中期，他还在丹麦南部的海泽比和里伯修建了教堂。据林贝特记载，他买下丹麦男孩，教育他们笃信基督教。除此之外，安斯卡尔没有获得永久性成果。

尽管我们对基督教在斯堪的纳维亚传播的第一阶段没有多少证据，但是有足够证据说明英格兰传教士同日耳曼人一起起了重要作用。有两个关于"蓝牙王"哈拉尔皈依的版本，最古老的版本是大约970年维杜金德（Widukind）在《萨克森编年史》中的描述。据他记载，一位名为波波的教士通过一个奇迹让国王信服基督教上帝的力量。他经历了火烤的考验，像国王所希望的那样他长时间手握一块烧红的铁块，却没有受伤。大约一个世纪后，不来梅的亚当声称，哈拉尔的皈依是迫于日耳曼皇帝的压力。这是典型的教会政治宣传。如果日耳曼皇帝将基督教传入丹麦，那么根据基督教帝国的想法，即暗示丹麦国王已向日耳曼皇帝屈服。但是面对这样一个威胁，哈拉尔在耶灵石碑上刻上声明"他使丹麦人接受基督教"，这是一个政治宣言，是丹麦独立的宣称。在哈拉尔继承者"八字胡"斯文和克努特大帝的统治下，英格兰教会在丹麦获得了更大的影响。但是从长期来看，丹麦同汉堡–不来梅的联系更紧密。

挪威的皈依经历了几个阶段，都有英格兰传教士的参与。根据萨迦记载，第一位统一挪威的异教国王"金发王"哈拉尔派他的儿子哈康前往英格兰，并将其交给基督教国王埃塞尔斯坦（924—939年在位）培养。这个故事虽然不同寻常，但也许是可信的。它不仅表明挪威的第一位国王希望同西方建立外交联系，也表明他具有远见卓识，意识到基督教思想会为新王国提供有力支持。

哈康没能使挪威皈依基督教。他被当作一个叛教者，于960年去世。斯诺里在《海姆斯克林拉》中高明地解释了当时的背景，用两个片段举例说明了国王和挪威农场主之间的冲突。首先是前文提到过的描述特伦德拉格的祭祀仪式，国王被迫参加异教礼仪。第二个是在大会或庭上，一位农场主首领在一次演讲中把权力和宗教联系在一起，提出他们的要求。他辩论说，如果挪威人同意国王的信仰，那么他们就要服从于一个新的政权形式，并声称国王的宗教会使他们成为奴隶。半个世纪后，奥拉夫一世率领船队从英格兰向挪威出发，试图用武器使挪威皈依。他把基督教作为征服民众的权力政治工具。但是在任务远没有完成之时，他就死了。二三十年后，圣奥拉夫通过基督教化、武力和立法有效完成了挪威的宗教变革。他在1030年的斯迪克勒斯塔德战役战死后，挪威不再出现针对新信仰的强烈反对。

第三个宗教变化的类型出现在冰岛。我们同样可以在这里观察到宗教是如何适应已有秩序的。当时冰岛没有国王，由大型农场主和酋长组成的寡头集团统治。这些首领通过阿尔庭的多数投票决定让冰岛信奉基督教。关于这件事的最重要资料是学者阿里·索吉尔松写于12世纪30年代的《冰岛人之书》。书中写道，奥拉夫一世派遣传教士唐布兰德（Thangbrand）前往冰岛，但是没能使冰岛人皈依。像耶灵石上"蓝牙王"哈拉尔所声称的那样，阿里强调改变宗教的决定是由冰岛人自己的合法代表决定的，而不是外国统治者强迫的。阿里以此宣称了这个国家的独立性。

异教徒的反应

基督教的传入引起了异教徒的反应。阿里写道，阿尔庭的决定伴随着特定的例外，其中包括允许私下向异教神祭祀。10世纪末期，酋伯爵哈康领导了一次异教复兴，尽管他已经在丹麦接受了洗礼。洗礼后，他承认了"蓝牙王"哈拉尔的领主地位，哈拉尔才得以在耶灵石上宣告"赢得了整个丹麦和挪威"。哈康通过叛教，宣布政治独立。

基督教大约于1000年在瑞典立足，在随后的一个世纪里，许多权贵信奉了新的信仰。但是这一进展中也有挫折，因为异教信仰深深扎根在瑞典的许多地区。

一般来说，年轻的基督教会在较长一段时期内都比较弱小，不得不谨慎地开展工作。大约1120年，出身盎格鲁－撒克逊的一位欧登塞教士埃尔诺斯（Ælnoth）围绕圣克努特的生平撰写了一部丹麦史书，在前言中他评论了斯堪的纳维亚其他地区的宗教：

> 斯韦尔人和戈塔尔人（Götar）似乎只有在事情如他们所愿及拥有好运时才信奉基督教信仰。但是如果暴风雨违背他们的意愿，如果土地由于干旱而贫瘠或因大雨而遭受洪灾，如果敌人威胁要进攻或焚烧，他们就会责怪他们声称信仰的基督教，并且威胁和不公地对待那些忠诚的信徒，要把他们赶出国家。

在斯堪的纳维亚其他地区，局面也好不到哪里。教皇格里高利七世在写给丹麦国王哈拉尔三世（1076—1080年在位）的信中，不得不告诫他要保护可怜的寡妇、孤儿和教士。在1080年的一封信中，教皇对丹麦人"因无常的天气、暴风雨造成的毁坏和各种身体疾病而责怪神职人员"提出严厉批评。六年后，叛乱的农场主在欧登塞的圣奥尔本教堂杀死了哈拉尔的继承者克努特（1080—1086年在位）。

教会和国王相互支持，双方的力量都逐渐增强。整个斯堪的纳维亚都建起了教堂，最初是木制的教堂，但是自12世纪开始在丹麦和瑞典一些地区用石头修建了教堂。教会的精神力量和组织都得到了加强。从政治角度来看，教会与王室政权的新联盟最明显的表现就是1103年或1104年时，在当时还属于丹麦的隆德设立了大主教区。在此之前，斯堪的纳维亚教会归属汉堡–不来梅大主教区。斯文·埃斯特里德松试图摆脱德意志教会的控制，并且在11世纪70年代几乎成功。但是在他的儿子埃里克一世统治时期，教皇承认了这个教区，并随后承认斯堪的纳维亚在同德意志的关系中保持政治独立。

信仰改变和文化变革

在丹麦、挪威和瑞典，宗教变化是由王室领导自上而下进行的，并且经常使用暴力。在冰岛，信仰的改变是酋长们迫于挪威国王的压力而做出的决定。这主要是一个政治变革，但信仰改变对个人来说意味着什么？又是如何发生的？

有人声称，这种变化之所以发生是因为异教已经过时，当遇到基督教这样一个有着更强的组织性和思想性的宗教时就由于内部原因而衰落。然而，这并不意味着维京时代的宗教不重要或不能一直起作用，或它的生命观和相关的道德不足以在非基督教社会中存在。

在北欧语中表示宗教变化的单词是"*siðaskipti*"，这个词说明了当时的人们如何理解信仰变化。单词的第二个词素与英语单词"变迁"（shift）同根，"*siðr*"意思是"方式和习俗"，和我们所说的"文化"（culture）类似。这个单词也有宗教层面的含义。基督教的传入也意味着文化的全面变化，即使这不是一夜之间发生的。整个生活方式被改变。基督教传入前的宗教是社会和各方面生活不可分割的一部分。宗教和社会是融合在一起的，只有在社会发生了变化时这个宗教才会衰落。政权的改变需要一个新宗教，它要有一种能够使集权政权合法化的思想，而基督教教会正好提供了这种思想。

教会最重要的工具就是书籍。这是颠覆性的变化，因为它可以保留和传播遥远地区或年代久远的知识。知识不再依赖于个人的理解和记忆，口述传统中的多变性不再是交流中的一个自然后果。教会是一个强大的国际组织，随着书写的普及，斯堪的纳维亚的欧洲化开始了。书籍使人们接触到外国诗歌、哲学和历史的丰富宝库，北欧文化接受了这些，并且被其所改变。书写还引起了人们对当地诗歌和传统的兴趣。它们开始被记载下来，人们意识到基督教传入之前的时期与中世纪截然不同。

拉丁文字受到了与异教的如尼文字同等的尊敬。如尼文起源神圣，是奥丁赐给人类的礼物。而基督教则不同，它与拉丁文字有千丝万缕的联系，是基于《圣经》的有文化的宗教。教会所传达的信息，以及它的思想和道德信条，都深深植根于书面文字。

新文字创造出一种新的意识形态，因为书面文化意味着一种新的历史概念。以前时间是以代来计算的，普通人很难对两三代人之前的时间有具体概念，而现在引入了长久的历史年代序列。人们可以看到自己同久远到亚当夏娃时期的过去的关系，也要接受在同样遥远的未来出现世界末日。在这一长久的视角中，个人和王国都有各自的位置。重心从同族人和家庭转移出去，农场主和他们大会的权力被剥夺。

尽管我们可以追溯宗教变化在政治、文化和社会方面的重要作用，但是很难了解其对个人的思想产生了什么影响。教会号召个人敬畏上帝，并虔诚修行。基督教中，人死后会在天堂获得永生并由此得到救赎，或受到地狱之火的诅咒。它要求人们无条件地只服务并敬拜一位神，只能期待上帝的恩典。这彻底颠覆了传统宗教和道德准则。

同异教神的关系则类似于友谊，是人向神祭祀、从而获得神的保护的一种契约。对没有提供足够保护的神，人可以放弃对其忠诚。因此，埃吉尔·斯卡拉格里姆松在《亡子挽歌》（*Sonatorrek*）一诗中因为他的儿子溺亡而斥责奥丁：他将这件事视作与神之间友谊的终止。基督教传入前的斯堪的纳维亚崇尚多神，所以基督可以被接纳进来，不会立刻产生问题。这解释了为什么维京时代的人们允许安斯卡尔在一些城镇修建教堂。在那里，基督只不过是众神之一。冰岛的《定居者之书》讲述了海尔吉·因恩·玛格瑞（Helgi inn Magri）在大约公元900年踏上冰岛，他信仰基督，但是在大海上遇到危难时却向雷神托尔祷告。他还祈求托尔指明哪里可以建新的农场，最后却以基督的名字给农场命名。

基督教意味着民众与上帝间的距离更远以及一种新道德。它影响了各行各业，它的道德信条反映在规定日常习惯的教会立法，尤其是与饮食和性生活有关的方面。斋戒的时间固定了下来，马肉被禁止食用。婚姻的规定也被引入，一夫多妻制和婚外性行为被禁止。教会还介入婚后生活。挪威的《管制法》（Gulating Law）禁止周日、周三、周五以及斋戒日和教会节日前的晚上有性行为。

现在，罪孽的后果开始影响生活了。大多数教会法律不是基于人与人之间的关系，而是基于人与看不见的上帝之间的关系的确立。上帝是受害方，惩罚是属于他的权力。孽罪的概念是新的。在基督教传入前，人们相互负责，行为受荣辱标准支配；判决和复仇在于其他人。而现在对耻辱的恐惧被罪孽所带来的恐惧替代，异教社会的权利和义务——首要的是复仇——现在变成对上帝和国王的冒犯。更有甚者，教会引入了迄今为止他们从未知晓的"原罪"概念，意味着所有人都欠上帝的债，所有人都害怕永恒的诅咒。

对于整个社会和个人而言，宗教的变化暗示距离的产生。世界变大，权力更加遥远。权力在许多方面，从农场、家庭和当地大会转移到国王和神职人员。宗教活动从农场大厅转移到上帝的专用房子里。上帝本身是遥远的，而且奇怪的是，生命的意义从生命本身转移到死亡。对妇女而言，这种变化是巨大的。教会视她们为男子的附属品，把她们与不能永生和罪孽联系在一起。基督教传入前，她们可以主持宗教习俗活动，但是现在领导权是男子的专属，女子则处于监护之下。另外，教会坚持一个原则，女子有权利不违背其意愿而结婚。教会把贞洁提升到理想的高度，为女子提供了作为修女而生活的方式。

| 第十章 |

历史上和传奇中的维京人

拉尔斯·隆罗特

首先记录维京人活动的中世纪作家是从受害者角度来看待维京人的，因此很自然没有对维京人给予好感。一些早期作家理所当然地认为维京人野蛮、残暴，在西欧尤其如此。阿拉伯人也把斯堪的纳维亚人看作野蛮人，从伊本·法德兰超然但可怕的见证人角度的描述可见一斑。他描述了大约930年时伏尔加河上的一处维京船葬，生动地描绘了当时的暴力、肮脏、酗酒和无礼的性行为。

斯堪的纳维亚的英雄时代

然而当斯堪的纳维亚人自己开始记录维京祖先的英雄行为时，他们描绘了一幅非常辉煌的图景——作为勇士、水手、定居者和外国地区的拓荒者的所有成就。12、13世纪，当古典的古斯堪的纳维亚语萨迦和吟唱诗歌写在羊皮纸上时，维京时代开始被看作斯堪的纳维亚的英雄时代。令人着迷的文学发展起来，尤其是在冰岛，某种程度上也出现在挪威和丹麦。与其说是其他事物，不如说是文学塑造了后来直至现在人们对维京生活的概念，远不仅仅在斯堪的纳维亚是如此。

实际上我们不可能在早期古斯堪的纳维亚语文本中清楚地区分"历史"和"小说"，因为大多数都相互蕴含、无法分割。在这方面，可以把它们比作关于杰西·詹姆斯（Jesse James）或美国西部神枪手比尔·希科克（Wild Bill Hickock）等传奇英雄的美国西部影片。在大多数情况下，很难确定有多少叙事成分是基于真正的口述传统，有多少是"重新建构"或由中世纪作家创作的。实际上，这才是古斯堪的纳维亚语学者面临的主要问题之一。

但大多数专家同意这样一种说法，即吟唱诗歌包含了最早和最可信的证词，其中一些毫无疑问源自维京时代，因为它们似乎被非常认真地记了下来，并且多少以文字的形式保留了大约几代人的时间。这类诗歌按照非常复杂的格律创作，语言华丽，充满比喻，只能由少数知识分子精英掌握。诗歌创作的目的是以配得上他们英雄事迹的华美修辞来赞美某些国王或酋长。尽管这些充满艺术气息的诗行中的复杂文字游戏对于内行来说赏心悦目，但它们所传达出来的事实性信息却少得令人失望。通常情况下，在理清楚倒装句法、破解复杂的比喻后，我们只能得知，某一个伟大的统治者在英勇的勇士陪伴下，在某一个地方击败了他的敌人，从而使食尸的狼和渡鸦获得了略微愉悦的生活。

萨迦史诗般的叙事在表现方式上似乎更加直接、真实、"客观"，但是从现代历史学家的角度来看，它更容易受到怀疑，因为尽管一些萨迦明显基于古老的吟唱诗歌和口述故事，但是直到12世纪才出现以现在形式书写或编撰的萨迦。国王萨迦首先（自大约1150年）被记录下来，呈现了最宏大的重要历史事件，涉及挪威、丹麦和瑞典国王。家族萨迦通常出现时间稍晚（13世纪）；它们因其戏剧化而又令人惊奇的真实故事而著名，这些故事涉及冰岛农场主和家庭这样普通维京人之间的恩怨，深受文学评论家和人类学家的赞赏。另外，大多写于14世纪之后的传奇萨迦更加毫不避讳地进行虚构，显然是基于民间传说、浪漫故事和埃达体的传奇诗歌。尽管现在民俗学家和文学学者而不是历史学家对这些后来撰写的萨迦研究更多，但是17世纪的瑞典民族主义古文物研究者却把它们作为重要历史资料。

萨克索·格拉玛提库斯和斯诺里·斯图鲁松

在中世纪所有关于斯堪的纳维亚的文本中，有两部里程碑式的史学作品比其他作品获得了更多的权威认可，从而在北欧传统中更有影响力。这两部作品就是丹麦神职人员萨克索·格拉玛提库斯（死于约1220年）用拉丁文书写的丹麦历史《丹麦人的业绩》，以及冰岛酋长斯诺里·斯图鲁松（死于1241年）以古斯堪的纳维亚语撰写的国王萨迦集《海姆斯克林拉》。两部作品都是基于更早（一部分已遗失）的诗歌和萨迦散文材料，并成书于13世纪上半叶。斯堪的纳维亚后人讲述的关于维京人的许多传奇故事都可以追溯到这两部闻名遐迩的作品，几个世纪以来它们都被视作是基于相似的叙事材料，但萨克索和斯诺里的风格和历史哲学却相差甚远，由此吸引了不同类型的读者。萨克索是出色的拉丁文学家，通晓如何运用古典修辞规则和罗马模式的英雄行为使一个粗野的维京首领看起来像一个地位非凡的贵族领袖。他的目标是使欧洲学界相信，丹麦早期的国王可以同罗马帝国统治者中的楷模相媲美。他以浮夸的、充满感情的语言来描述他们的美德，当然也包括敌人的恶行，并通过强调他讲述的每一个故事的寓意来达到宣教的目的。16世纪和17世纪，《丹麦人的业绩》一书尤其受到推崇，为莎士比亚提供了哈姆雷特戏剧性的故事，也为丹麦和瑞典王室史学家的爱国式炫耀提供了丰富多彩的材料。

另一方面，斯诺里完全致力于一种简洁、看似客观的冰岛萨迦风格。他是含蓄式描写的大师，很少给出自己的观点或直接表达价值判断，尽管他明显同萨克索一样崇拜一些著名的维京首领。他不仅仅为有学问的神职人员写作，也为未受过教育的平信徒写作。他没有向读者说教，而是通过巧妙地构建一系列的戏剧化场景来设置悬念，令人信服地展现维京时代的英雄主义。最初他的作品《海姆斯克林拉》被认为不如萨克索的作品典雅，但是自19世纪以来，他逐渐被视为成就更高的作家。通过翻译，他的挪威国王萨迦在现代有了更广泛的读者。

斯诺里书写的国王奥拉夫一世（死于1000年）萨迦可作为关于维京统治者的典型古斯堪的纳维亚语故事，直到现在也备受推崇，是这一类故事中最有影响的一个。在奥拉夫还是孩子的时候，他的父亲国王特里格维（Tryggvi）遇害，母亲不得不带他离开这个国家，躲避特里格维的敌人冈尼希尔德王后和酋伯爵哈康的谋杀阴谋。在波罗的海，海盗登上他们的船，将少年奥拉夫和他的母亲分开，并把他卖到爱沙尼亚做奴隶。他从小就表现勇猛，杀死了贩卖他的海盗，之后很快就被罗斯国王收养。他在那里长大，做出许多非凡的事迹，以他的勇敢、英俊和魅力吸引着周围的每一个人。换句话说，他是典型的"幸运儿"，是萨迦所要呈现的注定成功的那类英雄。

后来，奥拉夫成功地召集到一批猛士，和他们航行到德意志和不列颠群岛。他在那里进行大规模维京式征服，赢得无数财富，迎娶了几个美丽的外国女子（一个接一个地适时死去）。尽管他是异教徒，但是他不想祭拜异教神，不久之后，在决定返回挪威前他成为一个虔诚的基督徒。巧得出奇，特隆赫姆的挪威农场主此时决定除掉他们当时的统治者酋伯爵哈康，奥拉夫就被立为新的国王。然后他顺利地统治挪威许多年，并且使他的国民信奉新的信仰。

在这个成功故事之后，萨迦的第二部分着重描写奥拉夫悲剧式的没落，他的运数改变，命运与他作对。没落始于他生气地抽打并侮辱他最新结交的女性朋友——高傲的瑞典女王西格丽德（Sigrid），原因是她不想成为基督徒。之后她联合瑞典和丹麦的国王以及哈康伯爵的儿子密谋反对奥拉夫。当奥拉夫乘坐著名的龙船"长蛇号"从温德人的领土视察返回时，在波罗的海南部的斯沃尔德遭到一支巨大船队的埋伏。奥拉夫和手下寡不敌众，然而尽管胜算概率很小，他们仍英勇地防卫。"长蛇号"上著名弓箭手埃尔纳（Einar）的弓弦最终被敌人毁坏。当奥拉夫问："什么东西断了？"艾尔纳回答："是您手中的江山，陛下！"——这个简洁的回答标志着奥拉夫的统治以那类最出色萨迦中典型的含蓄方式终结。奥拉夫意识到自己的大限已到，纵身跳入水中，再也没人见过他。据说，一些人证实他在这场战斗中幸存并逃到国外。但是斯诺里自己则相信当时的吟唱诗歌，说奥拉夫的确葬身于斯沃尔德的大海中。

尽管这个萨迦中有许多神话的因素——一些因素显然从民间故事、英雄诗歌甚至国外的浪漫故事中借鉴而来——但斯诺里以如此真实、令人信服的方式讲述这个故事，以至于长达几个世纪人们一直把它当作历史。它的许多基本文学主旨，如英雄早期的流亡、童年时的英雄行为、运气极佳、富有魅力、能够忍受艰难困苦、拒绝祭拜异教神、表达简单而风趣以及命中注定最终在大战中阵亡，都成为解读伟大维京领袖生平的既定模式。萨迦中这类领袖的重要特征通常是克制、理智、公正、风趣幽默，他们受到手下人的尊敬，事业上幸运，直到他们被不公正的同族人或爱人激怒而开始鲁莽行事。混乱和悲剧总是由这类情绪方面的错误而引发。

英雄和恶棍

然而一个有趣的事实是，萨迦从来不把这些尊贵的维京英雄称为"维京人"。这个称呼似乎因一些反对的声音而被玷污，通常只用来指鲁莽、令人不快的人物，如狂暴的恶棍或将年幼的奥拉夫卖作奴隶的那类无情海盗。另一方面，进行维京式的探险不仅被认为是一个真正萨迦英雄合情合理且必须有的经历，而且前提是这一经历发生在他的事业早期，之后他应该在农场安顿下来，过着平静而受人尊敬的生活。

由此萨迦对于维京人的呈现就出现了内在矛盾，甚至到如今这个矛盾依然在文学叙事中盛行。一方面，他们是最伟大的英雄；另一方面，如果他们的一生中过多时间花在典型的维京活动（如战争、海盗和抢劫）上的话，那么他们就又不是英雄，而是麻烦的制造者——甚至恶棍。这个矛盾在一些萨迦人物充满矛盾的表现中尤其明显，比如最具现实主义的家族萨迦之一——《埃吉尔萨迦》中有争议的冰岛吟唱诗人埃吉尔·斯卡拉格里姆松。埃吉尔在人生的不同阶段（有时甚至同时），既忠于家庭，又疯癫狂妄；既悲情，又诙谐、粗俗，善于蛊惑人心；既是高尚价值的捍卫者，又是无情的复仇者。

据说他12岁时创作了一首诗，表达了他想成为一名维京人的愿望，其中的几行诗成为表达"维京心态"的经典：

> 我的母亲向我提到
> 给我买一艘船，
> 航行迅速、船桨漂亮；
> 站在船首，
> 在亲爱的大海上纵横，
> 守护她的避风港，
> 砍死这个人，劈死那个人。

> （格温·琼斯 译）

这首短诗开端质朴而浪漫，结尾突然扭转，变得非常残暴。它的结构反映了整个萨迦的面貌。具有讽刺意味的是，埃吉尔的后半生有时就处于这样的局面：他向一个敌人泼啤酒，挖出另一个敌人的眼睛，咬断第三个敌人的脖子。这些事情发生在他远离家乡进行一次传奇式探险的时候。另一方面，在冰岛的农场家里，他通常被描绘得拥有同情心、受人尊敬，比如他捍卫家族荣誉或为儿子的死而悲痛。但到了老年，他会突然在家里表现出维京心态，甚至在阿尔庭上令同族人讨厌，比如他提议抛撒从英格兰带回的金银财宝，只为了看人们争抢财富的乐趣。

如果说奥拉夫一世和埃吉尔·斯卡拉格里姆松代表了萨迦中维京硬汉英雄的两种主要类型——超凡魅力的领袖和粗俗、狂野、不那么高贵的斗士，那么《鲑鱼河谷萨迦》（*Laxdœla Saga*）里的古德隆恩·奥斯维夫斯多蒂尔（Guðrún Ósvífrsdóttir）或许可以代表典型的维京女英雄。她是非常骄傲、健壮、美丽的女子，结过几次婚，还有情人，但是在独立、坚忍和权威方面绝不比何一位男人逊色。她想同情人克雅丹（Kjartan）一起离开冰岛，但克雅丹拒绝她上船，因为她还要照顾年幼的弟弟，克雅丹要她等待三年时间。古德隆恩不想做任何承诺，当克雅丹返回时，她嫁给了他最好的朋友波利（Bolli）。克雅丹就娶了另一位女子，并且安顿下来。很快，克雅丹就成为冰岛最了不起的人之一，尽管古德隆恩依然偷偷地爱着他，但是她因自尊心作祟而不愿承认，她开始变得嫉妒并对自己的婚姻不满。

这时两个家庭之间结下了悲剧性的仇恨，全因古德隆恩而引起，她最后怂恿丈夫波利杀死克雅丹。当波利杀死克雅丹回来时，她以轻描淡写的口吻迎接他："我们早晨完成了不同的任务。我织了12埃尔的布，你杀死了克雅丹。"当她所有的男人都死后，直到生命的最后一刻她才做好准备说出她对克雅丹的炽热情感："我对我最深爱的男人最坏。"

13世纪冰岛最杰出的作家编写了许多类似的故事，它们影响后来受过教育的读者并形成他们对维京时代生活的看法。尽管如此，它们最初只在斯堪的纳维亚西部有名。甚至在斯堪的纳维亚世界最偏远的冰岛，到中世纪末这些故事也似乎被忘记了，而骑士传奇和民谣取代萨迦成为上层社会最喜爱的文学形式。16世纪斯堪的纳维亚再次掀起对维京的兴趣，主要是丹麦和瑞典新兴民族国家的知识分子领袖鼓励爱国主义式的古文物研究兴趣。他们希望向世界展示，他们国家的历史比欧洲大多数国家的历史更加长久、更加辉煌。

哥特复兴

为了达到此目的，几位斯堪的纳维亚历史学家感到他们必须回到比维京时代更早的历史，以表示他们的国家在希腊和罗马时代就神圣且令人敬仰，在瑞典尤其如此。他们还试图将论点建立在欧洲学界了解并且通常认为可信的拉丁语权威资料上。因此，像1514年在巴黎首次出版的萨克索的《丹麦人的业绩》这样的历史书籍而不是古斯堪的纳维亚语文本首先引起了爱国古文物学家的兴趣，后者尚未出版，当时也很少有人能够阅读或理解。

其中最有影响力的古文物学家是瑞典兄弟约翰纳斯·马格努斯（Johannes Magnus）和奥拉夫斯·马格努斯（Olavus Magnus），他们自宗教改革后就居住在罗马，由于拒绝放弃其天主教信仰而改信路德宗，他们被国王古斯塔夫·瓦萨驱逐。受到萨克索非凡成就的激励，兄长约翰纳斯（1488—1544）写下了《所有哥特和瑞典国王的历史》一书（在他死后于1554年出版）。他在书中提出，有着"早期欧洲人"美誉的哥特人实际上来自瑞典，由此使瑞典人成为比丹麦人更加辉煌的民族，而维京时代只不过是复兴了罗马时期所成功实施的军事政策。弟弟奥拉夫斯（1490—1557）写了《北欧民族史》（1555年），他满怀激情地描述了斯堪的纳维亚古老而高贵的文化，以及事无巨细的日常生活，这些内容一部分来自拉丁权威学者（包括萨克索），一部分来自他自己的经历。

在17世纪，萨克索和马格努斯兄弟充满爱国情感的史学由一些学者进一步发扬光大，如丹麦的奥利·沃姆（Ole Worm，1588—1654）和托马斯·巴托林（Thomas Bartholin，1659—1690），瑞典的奥洛夫·鲁德贝克（Olof Rudbeck，1630—1702）。丹麦人和瑞典人之间激烈且有时又令人不快的竞争使得双方都极力利用各自的历史。这段时期，维京时代的如尼铭文更加频繁地被用作历史资料，最终被印在学术书籍上，并且被译成拉丁文。斯诺里的《海姆斯克林拉》和其他萨迦文本的中世纪早期手稿从冰岛农场转移到哥本哈根和斯德哥尔摩的档案馆。它们与拉丁文本相媲美，常常被极富想象力地解读，让丹麦和瑞典的过去更加辉煌。这些学术努力最终以奥洛夫·鲁德贝克臭名远扬的四卷本《亚特兰提卡》（Atlantica，1679—1704年）收场。博学的作者在这套书中试图证明瑞典不仅仅是希腊和罗马文化的摇篮，而且就是亚特兰蒂斯（Atlantis），即柏拉图讲述的神话中提到的那个沉入大海的神奇岛屿。

然而应该注意的是，尽管鲁德贝克和17世纪其他古文物学家受到维京时代或大篇幅描绘那个时期的古斯堪的纳维亚语资料的极大启发，他们对粗鲁和野蛮的海上勇士这种意义上的"维京人"一点儿也不感兴趣。相反，这些饱学之士希望向世界表明他们的祖先根本不是野蛮人，而是睿智、高贵的人，拥有比维京时代早几个世纪的伟大文明。无可否认，这些祖先适应严酷的北方气候下艰苦而简朴的生活，这样，当环境迫使他们离开家园前往欧洲其他地区时，他们才能极具坚韧性且善于克服各种困难。但是同时他们也是把文明带到所到国家的文化英雄。

启蒙运动和北欧文艺复兴

开明的18世纪（短暂）中止了这种史学以及瑞典和丹麦的强国地位。诸如历史学家丹麦人路德维格·霍尔伯格（Ludvig Holberg，1684—1754）或瑞典人奥洛夫·达林（Olov Dalin，1708—1763）的著作中体现的史学研究变得更加理智、务实，他们倾向于把文明等同于自己所处时代的启蒙运动。无论维京人还是哥特征服者都不是他们特别的英雄，奥洛夫·鲁德贝克的沙文主义理论很快被摒弃。冰岛萨迦依然被作为最早期的重要历史证据，但维京时代不再被看作黄金时代，而是北欧国家历史上一段野蛮、未开化的时期。

然而，18世纪后半叶维京人再一次成为时尚，这次不是作为文化英雄，而恰恰是因为他们的野蛮人身份——对现代文明和启蒙文化充满敌意。卢梭和"高贵野蛮人"的时代到来，维京人因令人着迷的狂野和浪漫受到推崇。他们拥有崇高的激情，而这正是启蒙运动中儒雅的理想主义者所忽略的。这种崇拜推动了所谓的"北欧文艺复兴"，但它不是开始于斯堪的纳维亚，而是欧洲大陆和英格兰，尤其吸引艺术和文学界年轻的学术叛逆者。

这些年轻叛逆者将崇高艺术定义为违背和谐、正确判断和平衡等传统规则的艺术。艺术应该如同暴风雨、巨大阴沉的山脉、茫茫大漠、噩梦、疯狂、神的启示和地狱一般可怕、暴力、令人敬畏。所以最崇高的艺术是野蛮而古老的诗歌，是关于诸如凯尔特人、斯基泰人、斯堪的纳维亚维京人等狂放而原始的民族的诗歌。这些人自然淳朴，未经驯服，也没有被现代文明玷污。为了体验这种高尚艺术，上层社会的人要离开舒适、高雅和文明的环境，去寻求古老狂野的自然，重新发现他们的原始情感。简单来说，一个人要回归过去，回到最初人类的真正状态。

受到这些观念的启发，北欧文艺复兴运动将古斯堪的纳维亚语的埃达诗歌和冰岛萨迦介绍到西欧的文坛。但是我们不能把这次文艺复兴理解为真正北欧理想的复兴，它其实是从新美学理论的角度对这些理想进行的一次系统修改或重新解读，并在部分程度上进行了歪曲。这个过程的结果是，埃达诗歌中的神话叙事诗——以及凯尔特人关于莪相（Ossian）的诗歌，斯堪的纳维亚民谣和其他多种被认为起源于野蛮人的神话文本，它们被认为拥有能够摧毁一切的特别及神秘的力量，这种力量来自大自然，来自狂野、没有文化的诗人，而不是来自受过良好的教育诗人所创作的文明艺术。

第一位北欧文艺复兴重要人物是保罗·亨利·马利特（Paul Henri Mallet，1730—1807），他是来自日内瓦的瑞士公民，18世纪50年代被哥本哈根大学聘为法语教授。1775年，他出版了《丹麦史导论》。他在一定程度上认为古斯堪的纳维亚语诗歌的特点与奥利·沃姆以及其他17世纪斯堪的纳维亚古文物学家的观点一致：艺术形式极其复杂，有严格的规则，对读者来说令人费解，如同智力难题。但是，在1763年日内瓦出版的第二版中，为了顺应崇高诗歌的新思想，马利特改变了他对这种诗歌的描述，使之更吸引紧跟风潮的欧洲年轻文人。现在他认为埃达诗歌和冰岛吟唱诗歌"崇高但是晦涩"，他写道：

> 异想天开的翅膀可能只属于粗犷、未经开化的民族，而不是文明民族。伟大的自然事物对粗犷的想象更有感触。他们的情感没有因律条和教育而受损，思想的匮乏和语言的贫瘠迫使他们从大自然借取一切能够给他们的认知披上外衣的形象。那么，使我们的诗歌衰弱无力的抽象术语和本能想法怎么从他们的诗歌中发现呢？如果有人问，古人赋予艺术的这种神奇力量现在怎么样了？可以说它已经不复存在了。现代语言的诗歌只不过是有押韵的推理，回应了认知，而不是人心。它不再与宗教、政治或道德在本质上相关，我认为它现在只不过是一种个人艺术，通过获得一些上流评判者的冷漠认可而达到目标的一种取悦，如果可以这么说的话。
>
> 〔托马斯·帕西（Thomas Percy）译，1770年〕

这个陈述坚持认为崇高诗歌情绪化、不合逻辑、野蛮且具有充满魔力的意象，这是对崇高诗歌新美学的典型看法。正是通过这类煽动性的呼吁，马利特对古冰岛诗歌的描述对整个欧洲的年轻学者产生了极大的影响。像英格兰的托马斯·格雷（Thomas Gray，1717—1771）和托马斯·帕西（1729—1811），苏格兰的詹姆斯·麦克佛森（James Macpherson，1736—1796年）、德国的哥特弗雷德·赫尔德（Johann Gottfried Herder，1744—1803年），这些学者都被这种诗歌的魅力所感染，他们进行收集、翻译、模仿，并将其这样展现给世人：它是高贵的、爱国主义的，可以替代古典诗学中的教育。对淳朴祖先原始但高贵灵魂的崇拜成为出发点，是新的、更加浪漫的民族主义的源泉，它强调自然和"平民精神"而不是文明或武力征服。

几十年后，这种思想才传到斯堪的纳维亚。但是当它于18世纪末传到斯堪的纳维亚时，产生了广泛而深刻的影响，引发了对维京时代的重新评估。维京时代现在似乎成了所有北欧国家的真正黄金时期，那时斯堪的纳维亚文化与大自然和平民精神处于完美的和谐状态中。尽管北欧文艺复兴的意识形态在很大程度上是平民化的，但最初接受它的只是一小批文化精英，他们把自己当作这种平民精神的选定代表。这种思想从德意志传播到哥本哈根、乌普萨拉和斯德哥尔摩的学术界，然后从那里再传播到斯堪的纳维亚中产阶级中的大部分人。

对维京人的新热潮在丹麦和瑞典尤其强烈，特别是在19世纪第一个10年两个国家经历了令人耻辱的军事失败之后。1807年丹麦经历了英格兰对哥本哈根的炮击，1809年瑞典在对俄国的战争中丢掉了芬兰。两国接受过良好教育的人们相信，是时候恢复斯堪的纳维亚人在维京时代所拥有的影响力、活力和自尊了。北欧文艺复兴逐渐从主要在知识分子中盛行的美学潮流演变成一个更加广泛的、带有政治含义的民族主义复兴运动。

丹麦作家亚当·欧兰施拉尔（Adam Oehlenschläger，1779—1850）和格伦特维（N. F. S. Grundtvig，1783—1872）基于古斯堪的纳维亚语和深奥的德意志哲学的结合，为一小群文学仰慕者写下了他们最早的诗歌。但是他们二人都成为在政治意识形态方面有着重要影响力的民族人物。欧兰施拉尔的诗歌《金号角》（*Guldhornene*，1803年）赞颂了来自古丹麦的两件珍贵手工艺品，把它们作为由诸神赐予但又消失的神秘荣耀的象征。尽管这首诗最初无意以这种方式来阅读，但它还是被丹麦一代代的学生从民族主义的角度来解读。格伦特维对古斯堪的纳维亚语神话的诗歌式解读，最终为斯堪的纳维亚民众高中的思想意识形态奠定了基础。

哥特协会、耶耶尔和泰格纳尔

瑞典民族主义情绪与对维京时代和古斯堪的纳维亚语文学的兴趣相结合，导致1811年追崇爱国主义的"哥特协会"成立。这个协会由斯德哥尔摩的一群年轻院士和官员建立，他们喜欢用牛角饮蜂蜜酒，用古萨迦的名字互相称呼，背诵埃达诗歌中的内容，举行维京仪式，乐观地希望这些活动能够使他们的国家恢复活力，并且在今后同俄国的冲突中提高国家力量。协会的学术领袖是埃里克·古斯塔夫·耶耶尔（Erik Gustaf Geijer，1783—1874），他后来成为瑞典最有影响力的历史学家和最受人崇拜的诗人。他编辑了协会杂志《伊都娜》（*Iduna*，根据古斯堪的纳维亚女神命名，她向瓦尔哈拉提供了"青春之苹果"），不仅发表了有关维京文化不同方面的古文物研究文章，还有爱国主义的社论和（有较大变化的）古斯堪的纳维亚语风格的诗歌。

杂志出版的第一年，耶耶尔发表了两首诗《维京人》（*Vikingen*）和《自耕农》（*Odalbonden*），这两首诗很快就被认为是真正"维京精神"的经典表述，常常在爱国集会和后来的许多瑞典学校被诵读或歌唱。在《维京人》一诗中，我们听到一条失事船只上的海上勇士讲述他年轻时疯狂的故事：他在15岁时逃离家乡，不停地在海上游荡，拼命冒险和寻找荣耀，又丢失了所得的一切，最后20岁时准备英雄般地死在冰冷的海上。第二首《自耕农》巧妙地同第一首诗形成对比，我们听到一个农场主留在家里捍卫同样英勇的生活方式：

> 尽管没有被名誉的名义所诱惑，
> 我心中清楚它的价值。
> 我不是在名利的田地上收割，
> 而是在自己的沃土上收获。

> 我不爱嘈杂和虚荣的炫耀，
> 伟大的行为从来不花哨。
> 燃烧的云彩退去时，
> 暴风雨没有留下踪迹。
> 每一个病人都在不同地哀号，
> 但健康的人不需要如此吵闹。
> 因此没人提及我，
> 也没人想到我。

> 在尖叫和呻吟中，
> 强大的贵族到处播撒毁灭；
> 沉默的农夫和他的儿子，
> 在红土地上耕作。

〔C. W. 斯多克（C. W. Stock） 译〕

通过展示维京人和农场主这两种古斯堪的纳维亚社会同时存在而又截然相反的生活角色——从斯诺里·斯图鲁松《海姆斯克林拉》学来的戏剧性技巧，耶耶尔让维京时代对不同政治信仰的人产生了吸引力。将两种英雄对比，争论孰好孰坏，一时成为瑞典教室中最常见的练习。这种学术练习的预期结果通常是两种英雄对国家同样必要和有利，尽管自耕农在瑞典

225

现代福利国家以牺牲维京人为代价获得了政治权力。

在《丹麦民族史》（1832—1836年）一书和其他历史著作中，耶耶尔运用了相似的对比来表现作为社会典范的维京时代的斯堪的纳维亚。在他看来，这个社会的和谐一方面依赖于伟大君主间的微妙平衡，另一方面依赖于自由农场主的农村庭或大会。维京国王提供了领导和军事实力，大会保障了正确的判断、民间常识和一定程度的民主。真正意义上的贵族的缺失使民众同国王、国王同子民得以接近。根据耶耶尔的观点，中世纪时期这种平衡被天主教会和封建贵族破坏，大会失去了权力，农场主也失去了大部分的古老自由。在他看来，像瑞典这样强大、自由、独立的斯堪的纳维亚国家不应该在中世纪寻根而是应该去异教的维京时代以及古斯堪的纳维亚习俗和制度中寻根。这种斯堪的纳维亚文化发展观对19世纪瑞典的新教徒和爱国主义精神极具吸引力，并且在长达一个世纪的时间里或多或少被民族主义历史学家接受。我们在19世纪其他许多斯堪的纳维亚作品中能够发现非常相似的观点：维京时代由自由、骄傲的农场主主宰，他们在当地大会上对国王直言不讳。比如鲁道夫·凯瑟（Rudolph Keyser，1803—1864）和P. A. 蒙克（P. A. Munch，1820—1863）撰写的挪威历史。这种观点可以最终追溯到斯诺里·斯图鲁松，但是它非常好地适应了19世纪的政治环境——农场主为争取更多权力而斗争。

尽管耶耶尔是他那个时代"哥特协会"中最具影响力的一员，但另一位成员埃萨亚斯·泰格纳尔主教（Esaias Tegnér，1782—1846）因出版了《福瑞特约夫的传说》（*Frithiofs Saga*，1825年）而在瑞典以外的地区更加广为人知。这部作品基于冰岛传奇萨迦而创作，是一部关于一位维京英雄和他的情人的浪漫史诗，总共有24首诗。通过将拜伦式诗歌、浪漫主义和古斯堪的纳维亚语神话精彩地融合，《福瑞特约夫的传说》成为瑞典第一部在国际文学市场上获得成功的重要作品，被翻译成多种外语，包括英语、法语、德语、俄语、匈牙利语和克罗地亚语等。可以说，泰格纳尔对维京时代的解读在欧洲学术阶层最为知名。他作品中的英雄像许多之前的冰岛萨迦英雄一样，在维京人和自耕农的角色之间摇摆。在年少轻狂时，福瑞特约夫失去真爱英格博格（Ingeborg）。之后，他行为处事就像拜伦式的维京英雄，他的"维京准则"是埃达诗歌中一些对女人表示厌恶的著名诗节的19世纪浪漫版：

> 他一会儿跨越大海，一会儿四处游荡，像雄鹰翱翔在它广阔的家园中一样——
>
> 他为船上的勇士立下规则和律条。要我来告诉你流浪者的准则吗？

> "不要在船上搭帐篷，不要在屋子里睡觉：敌人会站在大厅里；
>
> 以苍穹为篷，让维京勇士手持利剑，
>
> 倚在盾上睡眠……

> "当暴风雨变得猛烈，将帆升到最顶端，狂风大作，
>
> 这是多么令人愉快：
>
> 随它去吧，随它去吧，蜷缩的人是懦夫，宁可沉没，
>
> 也不要收帆。

> "把姑娘留在岸上，不要让她上船，假如她是弗蕾亚，
>
> 她会欺骗；
>
> 因为她的酒窝是陷阱，她的搂抱是张网，相信她的笑容
>
> 会使你遭殃。"

> 〔L. A. 谢尔曼（L. A. Sherman） 译，1877年〕

但是，当福瑞特约夫最终与英格博格团聚时（毫无疑问，英格博格一

直坚贞不渝地爱着他），他成为一个安分负责的自耕农：

> 他维京式的生活像一个血影一样消失，
>
> 随之而去的是所有的怨怼和疯狂冒险。

泰格纳尔以此把维京经历按照德国的成长小说模式调整。在这类小说中，未成年的主人公在青年漫游时期过着坎坷、悲伤的生活。但是他逐渐成熟，为衣锦还乡做好了准备，最终成为睿智、顺从、有教养的社会成功人士。这可能是《福瑞特约夫的传说》能够成功的原因之一，不仅瑞典教育家让所有学校的学生都必须阅读这部作品，而且它也在英国维多利亚时代包括维多利亚女王本人在内的虔诚的宫廷圈子获得成功，其中一个英译版本就是献给女王的。正如一位英国学者所说："斯堪的纳维亚故事鼓舞了维多利亚时代的妇女，她们被莎拉·贝恩哈特（Sarah Bernhardt）扮演的克利奥帕特拉（Cleopatra）所震惊，惊呼'和我们亲爱的女王的家庭生活多么相似！'"

格伦特维的维京文艺复兴

尽管哥特协会在几十年后解散，但它的思想持续了一个多世纪，启迪了大批教育家、艺术家、诗人和政治家。但是影响更大的是向丹麦的学校体系注入大剂量维京精神的格伦特维的活动，追随者视他为先知。19世纪30年代，这位魅力非凡的教士和远见卓识的诗人提出了一项将基督教复兴主义和古斯堪的纳维亚神话结合的新教育项目。格伦特维极其反对学究似的学习，厌恶传统的学术教育。他希望宣扬"生动的话语"，即不仅仅是福音书里上帝的话语，还有埃达诗歌中的诗歌和被常规学校体系忽略的一切形式的口述民间传统。他想为平民建立一种崭新、自由、人道而且自愿的学校体系，在这种乌托邦式的体系中"生动的话语"胜过死气沉沉的学习。这种理想激发了丹麦农场主反对保守的上层社会并最终取得胜利的斗争运动。在农场主的协助下，19世纪60年代格伦特维的追随者建立了第一批民众高中，学生们可以听讲关于瓦尔哈拉的虔诚布道，学唱关于维京祖先的爱国歌曲。

民众高中运动很快推广到其他斯堪的纳维亚国家。尽管最终缩小了古斯堪的纳维亚文化在课程中的比重，但是至少由于这些新学校的出现，19世纪后半叶维京人不仅是民族主义精英，也是许多普通农场主、（一定程度上）城市自由资产阶级的主要关注对象。维京人的商业价值第一次被许多斯堪的纳维亚公司利用，它们使用古斯堪的纳维亚神族和萨迦英雄的名字作为商标。非常古老但充满浪漫气息的"维京风格"一度成为家具、设计和室内装潢以及社交集会及各类社会活动中的时尚。画家描绘古斯堪的纳维亚神族和著名萨迦英雄的浪漫图画；政治家试图像维京国王那样向选民演讲；餐馆提供牛角杯来饮用蜂蜜酒，以及组织维京派对，而人们参加时则戴着角状头盔，挥舞着玩具武器；公共建筑、船只、家具和家用物品都被装饰以精美的龙头、如尼文字和其他维京时代的符号。

对维京人的兴趣也以稍小的规模波及维多利亚时代的英国，泰格纳尔主教的《福瑞特约夫的传说》和更多真正的冰岛萨迦被译成英文，牛津大学和剑桥大学开始开展宏伟的古斯堪的纳维亚语项目。更重要的是，英国一些古斯堪的纳维亚语学者和萨迦译者是全国知名的人物，如塞缪尔·拉宁（Samuel Laing，1810—1897）和威廉·莫里斯（William Morris，1834—1896）。拉宁的兴趣（和其他一些苏格兰学者的兴趣一样）显然和他认为自己是定居在奥克尼的维京人的后裔这个事实有关。另一方面，威廉·莫里斯的热情似乎是从他对维京时代艺术和工艺品更广泛的兴趣发展而来。第三位知名的英国萨迦译者是乔治·韦伯·达森特（George Webbe Dasent），他讨好似的把维京人和维多利亚时代他的同时代人比较：

> 他们（维京人）同19世纪的英格兰一样：在制造和商业方面
> 比世界上其他所有地方都先进50年，——在铁路方面先进20年。
> 他们在文明和进步的竞赛中名列前茅，在其他人还没有想到跑步
> 的时候他们已经出发了。难怪双方都是胜者。

  斯堪的纳维亚各国也在进行维京精神和现代企业家、旅行者、科学家、政治家等人的进取精神之间的类似比较。艺术、文学、商业和室内装潢方面都在模仿"维京风格"，背后的思想显然是要将19世纪的斯堪的纳维亚人提升到维京人后裔的高度。但是如此骄傲的比较和浮华的模仿很快就遭到城市许多年轻知识分子的嘲讽，因为城市里的现代生活与维京时代几乎毫无共同之处。19世纪的最后几十年通常被视为斯堪的纳维亚艺术、文学和工业的"现代突破"运动时期，也被看作社会民主的开端。这几十年中，前几代对维京人的激情再次被排斥，有时甚至被激进的学术领袖公开嗤之以鼻，比如丹麦评论家格奥尔格·勃兰兑斯（Georg Brandes，1842—1927）或瑞典戏剧家和小说家奥古斯特·斯特林堡（August Strindberg，1849—1912）。这两个国家的历史学家在对待萨迦中维京英雄故事的态度上也变得更具批判性，格伦特维式的民众高中不得不收敛起一些对古斯堪的纳维亚语的浪漫激情。

  然而，在挪威、冰岛和法罗群岛，地方文化一直保留了一些真正的古斯堪的纳维亚时期的特征。维京人也同这些西斯堪的纳维亚国家独立于丹麦和瑞典的时期联系起来。尤其是冰岛人和法罗群岛人，也有一些挪威人，他们的语言类似古斯堪的纳维亚语，从埃达诗歌和萨迦中流传下来的传统在当地民俗中依然存在。另一方面，这些被称为北欧文艺复兴或格伦特维维京复兴的学院派学术思潮在较长时间之后才从哥本哈根传入这些偏远而保守的地区。最终传到那里时，恰好与民族独立运动的兴起同时发生。对于这三个国家的任何一个爱国公民来说，回归维京时代或多或少等同于回归政治独立。因此，维京人逐渐成为西斯堪的纳维亚民主主义者的主要关注，并在"现代突破"运动后长期存在。

但即使在民族独立斗争期间，吸引挪威、冰岛或法罗群岛读者的也不是最具浪漫色彩的故事或"崇高"的维京人故事，而是家族萨迦或斯诺里的《海姆斯克林拉》中的粗鲁而低调的英雄。其特点之一是，斯诺里创作的关于挪威国王的冰岛萨迦不仅在冰岛，而且（尤其）在挪威成为19世纪主要的民族经典，之后它被不断地翻译重印。书中精彩的木刻插图由"现代突破"运动中一些最著名的挪威现实主义画家创作，如克里斯蒂安·克罗格（Christian Krohg，1852—1925），埃里克·维伦斯基奥尔德（Erik Werenskiold，1855—1938年）等画家。特点之二是，这些插画往往不是强调杰出维京首领的气势、魅力和财富，而是强调贫穷而坚强的挪威人为在冰冷的峡湾和高山这样恶劣的环境下生存而苦苦奋争。受冰岛家族萨迦启发，有关维京时代的一些早期故事和剧本中也展现了类似的现实主义精神，如亨里克·易卜生（Hnrik Ibsen，1828—1906）、比昂斯滕·比昂松（Bjørnstjerne Bjørnson，1832—1910）、奥古斯特·斯特林堡以及其他一些"现代突破"运动中的作家，典型的例子就是易卜生的《海尔格兰的海盗》（*Hœrmœndene på Helgeland*，1858年）。

19世纪末，人们在奥斯陆湾发现一处大型墓地并发掘了两艘宏伟的维京船只——1880年的科克斯塔德船和1904年的奥斯伯格船，由此挪威人对维京人的兴趣有了极大提高。这些发现不仅本身令人赞叹，船只被发现的盛况在许多方面也引起巨大轰动，而且当时正是挪威为独立而奋斗的最后阶段。挪威在1905年取得独立。因此，这些船只自然成为珍贵的民族象征，在挪威新首都奥斯陆中心的醒目位置进行展示。

维京人在美洲

对于19世纪期间移民到北美洲的斯堪的纳维亚人来说，维京遗产也具有重要的民族意义，尤其当他们在与美国和加拿大其他移民群体的关系中树立自己的地位时。移民中的许多人——其中一些人定居在西北部如明尼苏达州或威斯康星州——极其认同萨迦中生动描绘的曾经生活在北大西洋诸岛和文兰定居点的维京农场主。美洲的斯堪的纳维亚人必然选择传奇式的挪威维京人莱夫·埃里克松（Leif Eriksson）为他们的特别英雄，他被认为在哥伦布之前发现了美洲大陆。他们也必然会在他们的民族出版物（甚至一些以古斯堪的纳维亚语命名）中撰写有关维京人的事——不管是事实还是虚构，并且急切地欢迎任何能够向世界证明斯堪的纳维亚人的确是首先到达美洲的证据。这为赝品的出现提供了动机，比如肯辛顿石碑（Kensington Stone），据称是1898年在明尼苏达州的地下被"发现"，上面刻着被认为是出自14世纪维京定居者的业余杜撰水准铭文。事实上，肯辛顿石碑在至少半个世纪内成为主要的民族象征，直到现在依然有一些明尼苏达人相信它的真实性。然而，从长期看，它更重要的意义是美国的斯堪的纳维亚群体鼓励一些美国大学开启了宏伟的维京历史和古斯堪的纳维亚文化学术研究计划。

瓦格纳和纳粹

与此同时在德国，人们对维京人的兴趣经历了一个更浪漫、更极端，最终也更危险的过程。这个基调是由理查德·瓦格纳（Richard Wagner，1813—1883）在《尼伯龙根的指环》（*Ring des Nibelungen*）中定下的，这是基于古斯堪的纳维亚和早期日耳曼神话创作的一部令人赞叹的歌剧盛宴。瓦格纳对这些神话进行了戏剧和音乐再创作，从美妙但晦涩的德国哲学角度进行解读。它们对整个日耳曼民族有了新的宗教意义。齐格弗里德（Siegfried）作为悲剧式的日耳曼英雄，在其将诸神和世界从贪婪、邪恶、毁灭性的宇宙中拯救出来时注定会失败。他和热烈但自毁的情人女武神伯伦希尔（Brünnhilde）逐渐得知他们是沃坦（Wotan）选定的继承人，而沃坦既是世界精神的化身又是神圣自然的地球母亲的化身。在观众看来，《尼伯龙根的指环》的整个表演是日耳曼精神的崇高展现，由巴伐利亚国王资助该剧在拜罗伊特剧院上演，一时成为盛况空前的神圣民族仪式。

19世纪末期瓦格纳式的神秘性与尼采的超人精英哲学、帝国主义野心以及新兴的日耳曼种族至上思想相结合，不久之后一些德国人开始认为自己是统治民族，维京人是自己种族的祖先和楷模，注定要打败其他国家的劣等民族。20世纪第一个10年，这些种族主义思想引发了一场日耳曼人对维京时代和古斯堪的纳维亚文学不加以任何批判的欣赏热潮，这些作品的文本被当作纯粹日耳曼"热血和土地"哲学思想的神圣表达，它们植根于家乡的故土以及从英勇的维京祖先那里承袭的血统。这些半宗教的思想也进入英格兰和斯堪的纳维亚，尽管它们没有像在德国那样有影响力或激进。

几十年后，德国在第一次世界大战遭到惨败之后，这些思想变成了阿道夫·希特勒及其追随者的政党政治。1933年民族社会主义者执政时，他们开始了对"堕落的"现代文化的反对运动，有步骤地用他们自己基于维京、古斯堪的纳维亚神话、瓦格纳及日耳曼农民文化的"雅利安"（Aryan）文化加以取代。纳粹尤其鼓励一种新型的、据说是日耳曼形式的戏剧，被称作"庭剧"（Dingspiel）。这是一种展示民族精神的大规模集体表演，表演者游行并集体唱诵政治口号，在看起来很像萨迦里北欧农场主举行"庭"会议地方的宏伟户外剧场演出。在德国占领挪威和丹麦期间（1940—1945年），纳粹尤其急切地把维京人用在他们的政治宣传中，比如，一支在挪威志愿者中招募的臭名昭著的纳粹士兵军团就取了"维京人"的名称，这个军团在战争末期被派遣到东部前线来对抗苏联。这段时期一份典型的海报上画着一名党卫军士兵同一位年轻的金发挪威人站在一艘巨大的维京船前握手，上面写着下面的信息："党卫军和挪威军团反对共同的敌人……布尔什维克主义。"

这种纳粹政治宣传似乎对普通斯堪的纳维亚人没有多大影响。事实上，维京符号还用在反对德国占领的地下抵抗运动中。比如，丹麦南部的一个传奇抵抗组织根据一位著名古斯堪的纳维亚萨迦英雄命名为"丹麦人霍尔格"。它的成员主要由在格伦特维民众高中传统中成长的农场主组成，因此在反抗德国敌人的斗争中，他们很自然被斯堪的纳维亚神话所激励，他们在日常对话中随意地（或开玩笑式地）把德国敌人称为"魔狼芬里斯"（Fenriswolf）或"尘世巨蟒"（Midgard Serpent）。

现代人的态度

1945年战争结束时，纳粹式的维京兴趣至少暂时走到了尽头。总体来说，维京遗产在德国和斯堪的纳维亚国家失去了大部分吸引力，尤其是在研究人员和知识分子中间。20世纪初，由诸如瑞典的劳里茨·威布尔（Lauritz Weibull）这样的历史学家致力于推广对古斯堪的纳维亚资料进行更加理智的批判，这一态度最终在大多数斯堪的纳维亚和英国的大学中盛行，使针对早期维京历史的民族浪漫主义遭到淘汰。现代历史学家和考古学家通常不会把维京人作为伟大的民族英雄或富有刺激性的军事冒险的光荣领袖，而是有能力但比较乏味的商人、殖民者、造船者、工匠、雇佣兵，或劫掠者。

当然，这并不意味着维京人在第二次世界大战后不再受欢迎。相反，他们在全世界越来越流行，尤其是在大众媒介中，甚至在一些以前只把他们看作劫掠者和恶棍的国家。然而我们可以说，在过去的50年，他们已经从"高文化"降到"低文化"。现在他们很少是严肃小说或恢弘诗歌中的主人公，而是像《高卢英雄传》（Asterix）或《恐怖的夏甲》（Hagar the Horrible）之类流行连环画中的反正统主角。他们的龙船和角形头盔拥有吸引大批人群的商业价值和能力，但是如今这些维京文化符号通常被认为是有趣的而不是浪漫或英勇的。现在真正的维京迷更多是没有受过良好教育的足球迷，而不是先锋派知识分子。

最受欢迎的有关维京的现代小说也许就是瑞典作家弗朗斯·G. 本特松（Frans G. Bengtsson，1894—1955）创作的《长船》（*Röde Orm*，1941—1945年）。它被译为包括英语在内的多种语言，还被改编为音乐剧和好莱坞电影。由于具有扣人心弦的冒险、绝妙的讽刺风格和许多有趣的插曲，这部小说依然值得广泛阅读。从文学史家的角度来看，这部小说最吸引人的地方是它代表了对维京的理解从比较古老的方式转变到了更加现代的方式。一方面，本特松是旧式维京生活的欣赏者，他从萨迦和依然将维京人刻画为英雄的保守历史中学到了很多；另一方面，他又是一位现代知识分子，用大量讽刺对待所有的崇高英雄主义和浪漫的忸怩作态（尤其是瓦格纳或纳粹之流）。这个故事中的男主人公们是维京伙伴奥姆（Orm）和托克（Toke），他们在对待敌人时表现得像真正的英雄，但是在平时却既有趣又不知羞耻，也充满人情味，他俩会在意像啤酒和猪肉这样简单的物质快乐。他们在西班牙被穆斯林监禁许多年之后逃了出来。两个伙伴设法受到邀请参加丹麦"蓝牙王"哈拉尔的尤尔节庆典，他们在同尤其粗鲁的维京暴徒之间的战斗中表现出高超的本领。但是，当国王的仆人奉献食物时，他们突然表现出被小心翼翼地隐藏在粗犷外表之下的柔情：

> 当仆人将一块块美味的猪肩肉放在他们的盘子里时，他们幸福地感叹，彼此提醒多久没有吃到这样的晚餐了，感慨他们居然在不允许吃猪肉的国家生存了那么多年。但是当血肠端上来时，他们的眼睛湿润了。他们声称，自从和克罗克一起远航以来，从来没有吃过一顿像样的饭菜。

> "这是最好的味道。"奥姆小声说。
> "说得太有道理了。"托克声音沙哑地说。

〔迈克尔·麦尔（Michael Meyer） 译〕

是这些场景而非传统的维京式探险和战斗使《长船》成为现代的维京经典。正如《恐怖的夏甲》一样，奥姆和托克似乎是因为毫不斯文和世故而成为受欢迎的喜剧英雄。他们绝不会成为泰格纳尔作品中福瑞特约夫那样受过教育并有教养的人。这些维京人像现代工人阶级的英雄一样，把品位简单、粗犷外表和粗鲁举止变成了美德。自然，他们的心灵是由纯金做成的。

20世纪最后几十年，维京人再度受到比之前更热烈的欢迎。斯堪的纳维亚各国、英国、德国和美国每年夏季都会举行维京集市，庆祝维京节日。这时通常会卖出大量的蜂蜜酒和角形头盔，还有维京首饰，如托尔之锤、维京面包、维京宝剑、维京房屋模型和其他许多奇异的产品。年轻人学习建造维京船只，并且驾船出海。他们还上演维京戏剧，模拟维京战斗以纪念马尔登战役、斯坦福桥战役、斯迪克勒斯塔德战役以及维京时代的各种著名事件。一些狂热者甚至为庆祝古斯堪的纳维亚诸神而建立新的教派。但是，似乎只有少数群体完全认真地对待维京人。事实上，有一些人使用维京符号来模仿纳粹并试图传播种族主义思想，以至于有些好心的教育家声明是时候让我们将维京人全部忘记了，因为他们与现代斯堪的纳维亚福利国家的进步、自由和多元化理想不能完全兼容。然而，历史应该告诉我们，维京人既可以从多种方式被理解，也可以被善或恶所利用。

第十一章

维京遗产

彼得·索耶

我们对维京人在西欧活动的主要了解依赖于教会人员写下的文本。考古证据、硬币和地名提供了大量信息，这是其他途径无法提供的。但是只有将这种证据放在由编年史、宪章、法律和其他基督教西方教会和宫廷的文献提供的框架内，它们才能更加有意义。

这种传统历史资料的价值在与东欧的对比中凸显出来。在东欧，只有穆斯林和拜占庭人提供了能够帮助解读大量考古和钱币证据的同时期文献，相反，直接受到斯堪的纳维亚侵略者影响的人并不能提供。这些文献包括了一手资料，尤其是伊本·法德兰和"紫室者"君士坦丁七世的作品。但是同我们对斯堪的纳维亚人在西方的角色的理解相比较，我们对他们在东方所起作用的理解难免会有更多的猜测。

北方人的愤怒

神职人员、僧侣和修女有充分理由惧怕维京人，因为他们的教堂是最吸引袭击者的目标。首先，它们在最初修建的时候没有设防，而且许多教堂有大量用来装饰祭坛和神龛以及书籍封面和法衣的珍贵金属和宝石。在整个西欧，所有教会人员都将维京人的袭击视为上帝的审判。当然在他们描述袭击者造成的毁坏时，这一点并没有被弱化。根据《圣伯丁年代记》记录，841年袭击鲁昂的丹麦人"野蛮地蹂躏了该城镇，到处杀人、放火、抢劫，杀死或俘虏僧侣和其他居民，使所有的修道院和塞纳河沿岸的其他地方变成一片废墟，或者勒索大笔金钱，给整个地区带来极度恐慌"。

这些一一列举的灾难给人留下了维京人极其残暴的印象，这种印象在后来的记录中进一步得到加强，比如12世纪的《爱尔兰人与外国人的战争》，其中包括一段经常被引用的对维京人破坏力的夸张描述：

> 可以这么说，即使脖子上长着一百个钢铁一样的头颅，每个头颅上都长着一百个锋利、冷静、永不生锈的舌头，每一个舌头都能大声发出永不停止的声音，也永远不能形容、不能描述、不能列举、不能讲述盖迪尔（Ghaedhil）到底遭受了多大的苦难。男人和女人、神职人员和平信徒、老人和幼童以及贵族和平民，每个家庭所遭受的苦难、伤害和欺压都无一例外地来自这些国外的凶恶异教徒。

一些现代历史学家也呼应了这种判断，声称"从汉堡到波尔多的所有西部修道院和城镇都被洗劫一空，国家的大片土地尤其是荷兰和法国的西北部被变成荒漠"，还声称维京人造成了"欧洲大西洋沿岸的政治分裂、社会动荡"，使商业和工业陷入停滞、农业难以维持。

本书的一个目的是提供一幅更加全面的图景。毫无疑问，维京人毁灭了太多东西，造成大范围的破坏，但是不能因此认为他们比西欧各民族更加野蛮和残暴。法兰克人、英格兰人、爱尔兰人和其他人以同样的方式对待邻国或参与内部斗争。比如，841年《圣伯丁年代记》记录，在"虔诚者"路易死后的内战期间，他的长子罗退尔在从桑斯到勒芒的途中"破坏、放火、奸淫、亵渎一切"，他甚至不能阻止手下人毁掉他想要参观的地方。他迫不及待地把从教堂或教堂的保险库中搜刮来的珍宝运走。但是维京人和他们的受害者之间有两点重要的不同：第一，他们来自海上，这给了他们出其不意袭击沿海地区并能够相对安全撤退的优势。第二，最初几代维京人是异教徒。我们不应该把重点放在宗教差异上，尽管当时有一些人是这样做的。教堂也没能免遭基督教徒国王的攻击，基督教徒在彼此的冲突中可能同维京人一样残忍、冷酷，具有毁灭性。与大多数军队一样，基督教国王的军队对自己的人民也像对待敌人一样恐怖。

最初维京人袭击的主要也是唯一目的就是抢劫珍宝，通过赎回俘虏索取保护费或贡金。偶尔他们会得到为赎回一些有地位的俘虏而支付的大笔赎金。858年，为赎回圣丹尼斯修道院院长而支付的赎金比845年为挽救巴黎支付的钱还多。994年，袭击者沿易北河而上，俘虏了斯塔德（Stade）伯爵和他的弟弟，并索要了7000马克。大多数赎金的数量要少许多。841年，塞纳河谷的圣万德里耶修道院支付了26磅白银以换回68名犯人。

也许法兰克雄厚的财富是维京人似乎没有将那里的俘虏卖作奴隶的原因：索要赎金更简单，而且回报更丰厚。而爱尔兰的教堂没有多少金银，维京人更喜欢把俘虏卖作奴隶。奴隶贸易在东欧更为重要。8世纪，森林地区几乎没有金银，但是斯堪的纳维亚人很快发现他们通过将奴隶、皮毛和其他产品卖给穆斯林商人换取白银，能够间接获得财富。正如在第六章所述，也许他们是从当地捕兽人那里购买皮毛，但是大多数皮毛可能是作为贡品获得的，如同后来基辅、诺夫哥罗德和其他贸易中心的大公所为。10世纪，俄罗斯积累的大量白银就像西欧的教堂珍宝一样对维京人极具诱惑。10世纪从东部传入斯堪的纳维亚的许多白银有可能是通过袭击获得的。

维京袭击对西欧各地产生了不同的影响。法兰克的许多修道院拥有分布广泛的地产，来袭前教友可以带着圣物、珍宝、书籍和档案前往他处栖身，直至危险过去。尽管教堂和修道院的建筑可能被毁，但是法兰克中心许多教区通过这种方式至少保留了他们最珍贵的一些资产。沿海地区就没这么幸运了。事实上，"秃头"查理为保护王国中心地区而做出的努力意味着塞纳河和卢瓦河下游以及其他沿海地区被放弃了，任凭维京人摆布。大多数宗教团体和主教逃到其他地区寻求安全便是很自然的一个后果。据说9世纪70年代初以后的一段时间，阿夫朗什（Avranches）、巴约、埃夫勒（Évreux）或利雪（Lisieux）都没有主教。库唐斯（Coutances）主教在鲁昂避难，一位法兰克伯爵在那里保留了一些名义上的权力；南特主教放弃了教区。10世纪，诺曼底地区不断有公爵鼓励恢复教区组织，但是修道院复兴的速度更加缓慢，只是在11世纪时才加快了步伐。

不列颠群岛没有一处可以躲避维京人的避难所。阿尔弗雷德把维京入侵时期描述为一切都被洗劫烧毁的时期。尽管如西蒙·凯恩斯在第三章指出的那样，没有关于任何修道院命运的确凿证据，但是阿尔弗雷德或许并没有夸大其词。一些修道院可能被彻底毁掉了，但我们无法了解具体数量。一些宗教团体在依然处于英格兰统治下的地区或很快被恢复的地区幸存下来或很快恢复。

同法兰克一样，英格兰受到的破坏主要位于被丹麦人征服或殖民的地区。殖民者获得的大部分土地曾经属于宗教团体，这比建筑的损毁和珍宝的丢失更加威胁到他们的生存。财产的损失可以弥补，但失去地产等于剥夺了他们赖以生存的资源。结果是，截止到9世纪末，在蒂斯河（Tees）与韦兰河（Welland）之间的英格兰地区或东盎格利亚，修道院所剩无几。教区组织依然受到斯堪的纳维亚人征服的干扰，但是约克大主教们留在了教区，至少有两名大主教与约克的斯堪的纳维亚统治者积极合作。事实上，征服对他们有利，因为他们可以收回曾经属于自己教区的林赛。

在爱尔兰，一些修道院幸存下来，甚至连都柏林和科克附近的修道院都保存完好，部分得益于斯堪的纳维亚定居点不如英格兰的定居点分布广泛。但事实正如唐查德在第四章解释的那样，尽管一些修道院遭到数次攻击，爱尔兰全境还是有许多修道院幸存下来。这的确让人对"英格兰的修道生活被维京人削弱了"这个说法产生怀疑。尽管后来的修道院改革者把10世纪早期的英格兰看作"修道的荒漠"，但那是因为幸存的宗教团体不正规，因此这在改革者们的眼中不是真正的修道生活。这当然不是维京人摧毁英格兰修道生活的证据。甚至在9世纪国王阿尔弗雷德传记中，阿瑟也抱怨说，英格兰有许多修道院，但是它们"没有恰当地遵守这种生活的规则"。

政治影响

维京人应该为许多政治变化负有责任。在一段时期内他们在爱尔兰建立的几处基地保留了一定程度的独立，这些基地直到12世纪都是爱尔兰政局中的一个麻烦因素。维京人还在法兰克一些地区建立沿海基地，但是都经过法兰克统治者的许可，至少在理论上如此，只有诺曼底是永久性的。英格兰的变化更具实质性：诺森布里亚和东盎格利亚两个王国被征服，第三个王国麦西亚被削弱，唯一幸存的本土王朝只剩下威塞克斯的国王们。他们成功地抵制了入侵者，声望得到极大的提高，从而使阿尔弗雷德宣称其真正代表了所有盎格鲁-撒克逊人，为他的子孙扩大政权并最终统一王国奠定了基础。阿尔弗雷德建立的要塞或自治市镇由王室派人管理，这是英格兰国王加强政权的一个重要因素。随着阿尔弗雷德的继承者们逐渐控制了丹麦人曾经征服的地区，他们将这种自治市镇网络延伸到最北端的切斯特和约克。10世纪，其中的许多地方建立了造币厂，密切管制皇家铸币，标志着王国的统一。

同基辅公国发展的规模以及它在东欧广大地区建立的霸权相比，维京人直接或间接在法兰克、英格兰和爱尔兰造成的变化就相形见绌了。托马斯·努南在第六章清楚地说明，这不仅仅是斯堪的纳维亚人的业绩，还因为基辅大公及其帝国疆域内的几位统治者同他们的仆人一样是斯堪的纳维亚人的后裔。

相比之下，大西洋诸岛的殖民过程几乎完全是斯堪的纳维亚人进取的结果。在英格兰、爱尔兰、法兰克和俄罗斯定居的斯堪的纳维亚人后裔很快被同化，但是在先前鲜有人居住的大西洋岛屿上，挪威殖民者及其后裔继续使用自己的语言。在奥克尼群岛、设得兰群岛、赫布里底群岛和马恩岛的定居者也是如此。这是斯堪的纳维亚世界的一个巨大、永久性的扩张，它与挪威保留了如此密切的联系，以至于最终大部分并入了挪威王国。

定居和经济变化

目前尚不清楚9世纪和10世纪斯堪的纳维亚移民的数量。俄罗斯有关斯堪的纳维亚定居者的考古证据比西欧更加丰富，但这是因为异教埋葬习俗在东部的持续时间比西部更久。对斯堪的纳维亚殖民规模的大多数推测是基于斯堪的纳维亚地名的证据，但是这些地名反映了斯堪的纳维亚语言对当地口语的影响，并不一定表明斯堪的纳维亚人所定居的地方。英格兰的斯堪的纳维亚地名比诺曼底和爱尔兰多一些，部分是由定居点的密度和范围造成的。另一个因素是，某地使用斯堪的纳维亚语言的时间长短。比如，在诺曼底西部，斯堪的纳维亚语言对地形次要特征名称的影响比诺曼底东部大，因为丹麦话在西部的使用比在鲁昂地区更久。一批批新定居者在876年最初定居之后的四十年中陆续抵达英格兰，保证了斯堪的纳维亚语在一些地区的使用持续到10世纪。一个更为重要的因素是，

9世纪丹麦语和英语之间的关系比丹麦语或挪威语与法语或爱尔兰语之间的关系更加紧密。因此，斯堪的纳维亚语对英格兰语言的影响比其他地区要大许多。英语从斯堪的纳维亚语中借入大量词汇，首先是从斯堪的纳维亚人定居地区的方言中借用。后来许多借词在全英格兰被采用，比如take（拿）、call（叫）、window（窗）、husband（丈夫）、sky（天空）、anger（生气）、law（法律）、scant（欠缺的）、loose（松的）、ugly（丑陋的）、wrong（错误的）和happy（开心的）等。正如一位丹麦学者所言，"英国人无法离开斯堪的纳维亚词汇表达茁壮成长（thrive）或患病（ill）、死亡（die），它们对于英语来说就像面包（bread）和鸡蛋（eggs）对于每日的饮食一样"。

英格兰的斯堪的纳维亚定居者肯定比诺曼底或爱尔兰的定居者更多，但是斯堪的纳维亚地名让人对它们之间的不同产生了误解。在英格兰，地名显然表明了那些受斯堪的纳维亚语言影响最大的地区。但是，定居的主要地区有可能是根据斯堪的纳维亚地名最密集的区域来显示的，比如在林肯郡丘陵（Lincolnshirne Wolds）和斯利福德（Sleaford）东部。重要的一点是，在林肯郡发现的10世纪和11世纪斯堪的纳维亚风格的大多数胸针、戒指和其他金属装饰物都来自这些地区。

面对不断的洗劫，比如834年至965年期间杜里斯特至少经历7次袭击，贸易中心依然展现了极大的恢复力。尽管如此，袭击依然在西欧的许多地区造成贸易的严重下滑。维京人后来刺激了他们所征服的法兰克、英格兰和爱尔兰部分地区的经济，算是做了一些补偿。在爱尔兰，9世纪中期维京人建立的许多沿海据点不仅是继续进行海陆袭击的基地，而且很快成为活跃的贸易中心。他们积累的财富吸引了爱尔兰国王们，爱尔兰历史学家弗朗西斯·拜恩（Francis Byrne）曾指出国王努力去"保护"它们："爱尔兰的地方君主可以榨取都柏林、沃特福德或利默里克的贡金，他们比其他那些敲诈20个部落首领的君主更加强大。"

在英格兰和法兰克，维京人的征服范围比在爱尔兰的更加广大。在这些地区，曾经被英格兰或法兰克国王的代理人和修道院以及其他大地主把持的大量产品留在了生产者手中。斯堪的纳维亚统治者和主要的下属索取了一些，但总量可能比以前的统治者索要的会少一些。由于有了更多的剩余产品，10世纪欧洲许多地方的经济不断发展，当地人和斯堪的纳维亚人都从日益增长的需求中大大受益。

而斯堪的纳维亚定居者自己也将获得的财富再次分配和消费，从而为经济的发展做出贡献。他们的战利品里有黄金和宝石，但是大部分是硬币形式的白银、首饰和金银餐具。维京首领可能保留了最有价值的物品，而把白银赏给手下人。维京人的白银窖藏包括英格兰和法兰克的硬币、戒指、铸锭，偶尔在不列颠群岛的许多地方尤其是在英格兰国王控制范围之外的地方也发现了一些首饰，而英格兰国王在自己的领土上通常把这类财宝换成硬币。尽管这类窖藏数量较小，它们的拥有者却比斯堪的纳维亚统治地区内的当地人更有购买力。大量富有的人的出现必定刺激了当地经济，维京人开始在约克和林肯及其周围地区定居之后，这些地区得到一定的恢复。10世纪末期，这些地方和其他英格兰城镇的快速发展也有其他原因，但是最初阶段在很大程度上还是归因于维京人。正如珍妮特·L.纳尔逊在第二章所述，维京人对法兰克经济发展所起的作用要微小得多。9世纪时开始的城镇扩张在经历了维京袭击的破坏后继续发展，尤其是在莱茵河和默兹河谷地区。只有在诺曼底地区，斯堪的纳维亚定居者的财富像在英格兰那样刺激了当地城镇发展，推动了鲁昂地区的重振和卡昂及其他城镇的出现。

斯堪的纳维亚

斯堪的纳维亚在维京时代经历了重大转型。到11世纪末，基督教化进程在大多数地区迅速开展。新的管理方法使丹麦和挪威国王的政权更有效率，得以将不稳定的霸权转变为相对稳定的王国。到12世纪初，丹麦和挪威的大部分中世纪城镇已经建立。维京人推动了这些改变，但是商人、传教士和王室代表等也做出了同样的贡献。

两个最根本的发展——皈依基督教和创建中世纪王国——密切相关。从9世纪中期开始，基督教传教士得以在斯堪的纳维亚许多地方宣教。一个结果就是一些斯堪的纳维亚人准备接受基督为一个神，哪怕不是接受基督为独一的神。正如10世纪日耳曼编年史家维杜金德所说："丹麦人成为基督徒很久了，但是他们以异教仪式祭拜神像。"传教士的容忍为基督教化的下一阶段——正式接受基督教的神为唯一的神铺平了道路。这就意味着他们要摒弃传统的宗教信仰，或将它们归于迷信。这是与过去的断然决裂，需要统治者的支持。

斯堪的纳维亚第一位接受洗礼的国王是丹麦人"蓝牙王"哈拉尔，但是有迹象表明至少有一位挪威国王在他之前接受了基督教。"金发王"哈拉尔之子哈康在英格兰国王埃塞尔斯坦的宫廷接受培养。尽管这种安排是出于政治或外交原因，而非宗教目的，但是当哈康继位时，他的外国教育经历对斯堪的纳维亚产生了重要的宗教影响。他是第一位在挪威积极推广基督教的国王，或许真的曾邀请英格兰传教士到挪威传教。斯诺里根据一首纪念哈康的诗《哈康之歌》来支持他所声称的哈康放弃了基督教。诗中暗示，哈康至少有一段时间自己接受了基督教，但是没有认真在民众中强制推行。挪威基督教化的早期进程被后来强化的奥拉夫一世的功绩所遮蔽。毫无疑问，奥拉夫一世是新宗教的积极支持者。他在挪威的传教活动看上去的确巩固了几十年前开始的进程。

在瑞典，后来被认为是第一位基督教国王的奥洛夫·斯科特科农在995年就已经在发行锡格蒂纳造币厂铸造的基督教硬币了。然而，直到1080年乌普萨拉才停止信奉异教宗教信仰。650多块如尼石刻和许多异教徒墓地表明，在11世纪的斯韦阿兰（Svealand）基督徒和异教徒一直共同生活。

　　在大众接受基督教之前，传教士肯定已经受到中意于他们的统治者和权贵的保护和礼遇。后来，国王成为基督徒后，皇家随从人员中通常会包括一名主教来完成礼拜仪式，并且向国王进谏。一段时期之后，斯堪的纳维亚的教会组织才顺应了其他地方的模式，主教才常驻大教堂，其管理的教区才有了固定的范围。这种情况首先在丹麦出现。到1060年，丹麦的所有中世纪主教教区已经建立。10年后挪威的主教教区开始建立，首先在埋葬圣奥拉夫的塞利亚岛（Isle of Selja）上的尼德罗斯（Nidaros）建立教区，但是它很快就转到卑尔根，之后则在奥斯陆建立教区。瑞典主教教区的早期发展不太明晰。第一个是11世纪中期建立的斯卡拉（Skara）教区，但是到1100年，林雪平（Linköping）和锡格蒂纳可能也有了大教堂，但那时教区界限不是固定的。

　　到11世纪末，基督教开始影响斯堪的纳维亚社会的方方面面，他们修建了无数的教堂，许多是由地主修建的。第一批教堂是木头建造的，几乎没有留下什么痕迹。但是许多12世纪的教堂是石头建造的。教会推行一种新语言，即拉丁语，以及一种新字母系统，即罗马字母，它们同斯堪的纳维亚各语言以及如尼文共同使用了几百年。它们带来了新的礼拜形式，教会人员还推广了大量不同的文学作品，包括《圣经》、圣徒生平故事、书信集、编年史和其他形式的历史作品，这些作品曾经用来教育未来的神职人员，最终为本地文学提供了范本。

　　斯堪的纳维亚早期的主教大多数是外国人，许多人来自英格兰或德意志。一些主教曾经在基督教王国为王室做过管理工作，他们教斯堪的纳维亚人使用文件作为经费和其他交易的证据，也推动了第一批书面法律的编撰。尽管教会法律不总是或不在所有斯堪的纳维亚地区被接受，他们依然开始根据教会法律来修改传统习俗。这些法律的幸存版本均在1100年之后被编撰或编辑，但是没有理由怀疑，在这之前在基督教顾问的影响下已经产生了一些变化。

　　11世纪，斯堪的纳维亚的基督教化进程加快步伐，主要受益者是国王，尤其是丹麦人和挪威人的国王。由于拥有了书面法律和王室证书等创新性的事物，他们的管理更加有效，他们的地位由于王权思想和教会推行的仪规而得到提高。此外，新形式的政治组织得到发展，主教不仅是王室顾问，而且是有文化修养的王室代理人。

皈依的最重要影响之一是同教皇的联系日益密切。1027年克努特访问罗马，对斯堪的纳维亚没有产生什么影响。但是50年后，改革中的教皇开始宣称对斯堪的纳维亚拥有直接管辖权，要求斯堪的纳维亚人按照罗马的解读来服从教会法律。1100年，埃里克一世（Erik Ejegod）成为拜访教皇的第二位丹麦国王，部分原因是为提升隆德为大主教区铺路，另一部分原因是为获得教皇对他的哥哥克努特封圣的确认。1086年克努特在欧登塞被刺杀，并且已经在丹麦被公认为殉道者。埃里克一世邀请英格兰伊夫舍姆修道院（Evesham Abbey）的僧侣前去供奉这位王室圣徒的圣龛，之后不久就开辟了一张新的重要宗教团体关系网，制定出有助于将斯堪的纳维亚与欧洲其他地方更加紧密地联系在一起的修道规定。

日益强化的皇家政权也在维京时代末的经济发展中得到印证。由于维京人而流入斯堪的纳维亚的大量财富在许多人中广泛散播，但是它并没有自动刺激经济变化或导致城镇的发展。直到11世纪，大部分财富还存于窖藏中，一些大型的窖藏用于重大交易，比如支付嫁妆、赎金和贡金，或购买农场或船只。包含大量适用于日常使用的碎白银最早窖藏可以追溯到10世纪末的丹麦，表明当地市场得到了发展。同一地区的城市也在丹麦国王及其代理人的保护下发展起来，他们能够提供商人和手工艺人所需要的安全环境；重要的是，这一时期在斯堪的纳维亚的同一个地区制造了第一批能够运载大宗货物的帆船，第八章曾讨论过这个发展。

10世纪中期，在斯堪的纳维亚地区仅丹麦有城镇：里伯、海泽比（后来被石勒苏益格取代）、奥胡斯；之后丹麦建立了比尔卡、欧登塞、罗斯基勒和维堡等城镇，挪威地区的奥斯陆和特隆赫姆在1015年之前的大部分时间在丹麦国王或承认挪威人领主地位的首领控制下。瑞典的王室政权发展缓慢，城镇化发展亦是如此。1000年时只有修建于约975年的锡格蒂纳一座城市。这里是奥洛夫·斯科特科农和以后11世纪国王们的基地，他们试图从这里出发去索取对斯韦尔人的权力，但收效甚微。

到11世纪末，几乎没有斯堪的纳维亚人希望在不列颠群岛或大西洋诸岛上寻找新的家园，或真的期待重演祖先用武力在西欧或东欧敛财的英雄事迹。然而，他们能够从和平的贸易中受益，不仅获得白银，还有有用的产品，如布匹、谷物、面粉和啤酒，以及教堂和富有平信徒家的装饰和陈设。除了斯堪的纳维亚的腌制食品，西欧城镇的快速发展还需要木材和其他原材料。12世纪早期，或许更早，挪威人就已经在出口后来他们最重要的出口产品鳕鱼干了。尤其是在城镇，鳕鱼干在冬春季节可以补充粮食供给。12世纪，丹麦和瑞典南部修建了大量石头教堂，其中许多教堂是由外国工匠修建（当地没有用石头建房的传统）。这表明斯堪的纳维亚这些地方以及挪威的许多地主从贸易中受益，这种贸易在维京时代之后又像以前那样继续蓬勃发展。

拓展阅读

第一章　维京时代及前维京时代

概况

下面所列作品包含许多关于本书各话题的评论和额外信息，在后面章节的推荐书单里就不再重复列出。

Peter Foote and D. M. Wilson, *The Viking Achievement* (2nd, edn, London, 1980)。这本书用英语对800年至1200年期间斯堪的纳维亚社会进行了最详尽的描述。

James Graham–Campbell, *The Viking World* (2nd edn, London, 1989)。这是一本图文并茂的入门级教程。

Gwyn Jones, *A History of Vikings* (2nd edn, Oxford, 1984)。这本书的描述生动有力。

John Haywood, *The Penguin Historical Atlas of the Vikings* (Harmondsworth, 1995)。这本书拥有实用的最新地图。

Else Rosedahl, *The Vikings* (Harmondsworth, 1991)。这本书对本土国外的斯堪的纳维亚人都有涉及。

Else Roesdahl and David M. Wilson, *From Viking to Crusader: Scandinavia and Europe 800–1200* (Copenhagen, 1992)。这本书通过精美图片展示了1992年至1993年期间巴黎、柏林和哥本哈根进行的一场巡回展出，颇具启发意义。除了对展出的物品进行详细的描述和评论外，专家还针对广泛的话题写了简短的文章。

P. H. Sawyer, *The Age of the Vikings* (1st edn, London, 1962)。这本书对许多被人们广为接受的假设提出了质疑。

P. H. Sawyer, *Kings and Vikings* (London, 1982)。这本概述包括了*The Age of the Vikings*一书引发的讨论。

公元8世纪

Mogens Bencard, *Ribe through 1000 years* (Ribe, 1978)。这本书图文并茂，颇受欢迎。

Helen Clarke和Björn Ambrosiani, *Towns in the Viking Age* (Leicester, 1991)。这本书简单介绍了欧洲西北部、斯堪的纳维亚和波罗的海地区最早的主要贸易场所。

Ulf Näsman, 'Vendel Period Glass from Eketorp–Ⅱ, Öland, Sweden: On Glass and Trade from the Late 6th to the Late 8th Centuries AD', *Acta Archaeologica*, 55 (1984), 55–116。这是一篇很重要的文章，概述并讨论了西欧和波罗的海地区贸易联系早期发展的考古证据，其内容比题目所表明的重要性具有更广泛的意义。

Ian Wood, *The Merovingian Kingdoms* 450–751 (London, 1994)。这本书（第十七章）包括了对7世纪末开始的西北欧贸易场所早期发展的权威讨论。

第二章　法兰克王国

前三本译作是最重要并被频繁引用的资料。

Janet L. Nelson, *The Annals of St-Bertain* (Manchester, 1991)。

Timothy Reuter, *The Annals of Fulda* (Manchester, 1992)。

W. Scholz, *Carolingian Chronicles* (Ann Arbor, 1970)。这本书包括了《法兰克王室年代记》。

Albert D'Haenens, *Les invasions normandes en Belgique au ixe siecle* (Louvain, 1967)。这本书是关于现在比利时地区资料的批判性研究。

George Duby, *The Early Growth of the European Economy, trans. H. B. Clarke* (London, 1974)。这是一篇非常精彩的文章。

Margaret Gibson和Janet L. Nelson, *Charles the Bald, Court and Kingdom* (2nd edn, Aldershot, 1990)。这本书包括了许多相关文章，包括Richard Hodges写的一篇关于"9世纪贸易和市场起源"的文章。

Donald Logans, *The Vikings in History* (2nd edn, London, 1994)。这本书对于研究卢瓦河谷的维京人尤其有帮助。

Rosamund McKitterick (ed.) *The New Cambridge Medieval History, ii* (Cambridge, 1995)。这本书包括了Simon Coupland写的一篇文章'The Vikings in Francia and Anglo-Saxon England' (pp. 190–201) 和Janet L. Nelson写的一篇文章'Kingship and Royal Government' (pp. 383–430)。

Janet L. Nelson, *Charles the Bald* (London, 1992)。这本书讨论了维京活动以及西法兰克人在同时遇到其他压力的背景下对维京活动的反应。

Neil S. Price, *The Vikings in Brittany* (London, 1989)。这本书详细描述了维京人在布列塔尼的活动。

Reuter, 'Plunder and Tribute in the Carolingian Empire', *Transactions of the Royal Historical Society*, 5th ser., 35 (1985), 75–94。该文将维京活动放在一个大背景下来研究。

第三章 在英格兰的维京人（约790—1016年）

资料和概述性作品

Campbell (ed.), *The Anglo-Saxons* (Oxford, 1982)。这本书是有关英格兰的维京人活动的更广阔背景的基本读物。

Hooper和M. Bennett, *Cambridge Illustrated Atlas: Warfare: The Middle Ages 768-1487* (Cambridge, 1996)。这本地图册能够让读者更容易地想象并跟随阿尔弗雷德大帝（pp. 18-25）、10世纪他的继任者（pp. 26-30）以及"仓促王"埃塞尔雷德（pp. 36-39）统治时期的事态发展。

Keynes和M. Lapidge, *Alfred the Great: Asser's 'Life of King Alfred' and Other Contemporary Sources* (Harmondsworth, 1983)。这部作品收集了阿尔弗雷德大帝统治时期最重要的基本资料。（翻译中）

H. R. Loyn, *The Vikings in Britain* (London, 1977)。这本书的讨论很有见地，将不同地区的研究之间建立起联系。

J. D. Richards, *English Heritage Book of Viking Age England* (London, 1991)。这本书提供了非常有力的研究，尤其是这个主题中依赖考古证据的各方面研究。

F. M. Stenton, *Anglo-Saxon England* (3rd edn, Oxford, 1971)。这本书最早出版于1943年，现在多方面进行了更新。但是它的分析性叙述和对斯堪的纳维亚人在英格兰定居点的一般性讨论至今依然有很大的价值。

D. Whitelock (ed.), *English Historical Documents c. 500-1042* (2nd edn, London, 1979)。这本书包括了一些重要资料的翻译和评论，包括《盎格鲁-撒克逊编年史》、法律法规、宪章、阿尔昆的书信和伍尔夫斯坦大主教的《豺狼讲道集》。

8世纪和9世纪的维京袭击

Biddle和B. Kjølbye-Biddle, 'Repton and the Vikings', Antiquity, 66

(1992), 36–51。这篇文章对9世纪70年代维京人一个基地的重大发现进行了初步描述。

Brooks, *The Early History of the Church of Canterbury: Christ Church from 597 to 1066* (Leicester, 1984)。这本书关于维京活动对英格兰教会影响的讨论尤其重要。

P. Smyth, *Alfred the Great* (Oxford, 1995)。这本书包括了一些关于阿尔弗雷德抗击维京人斗争的有益讨论。但是作者质疑阿瑟《阿尔弗雷德大帝传》的权威性，而许多理由不令人信服，导致这本书的整体价值受到损害。

丹麦区的斯堪的纳维亚人定居点

N. Balley, *Viking Age Sculpture in Northern England* (London, 1980)。这本书详细分析了盎格鲁–斯堪的纳维亚雕塑资料，充分展示了这份材料在历史和文化方面的重要性。

Cameron (ed.), *Place–Name Evidence for the Anglo–Saxon Invasion and Scandinavian Settlements* (Nottingham, 1975)。这本书再版了作者关于地名证据的开创性文章。

M. Gelling, *Signposts to the Past: Place–Names and the History of England* (London, 1978)。这本书是地名证据的进一步指导。

R. A. Hall, *English Heritage Book of Viking Age York* (London, 1994)。这本书对铜门（coppergate）及约克其他地区的考古发掘资料进行了精彩的概述，并巧妙地将它放在城市整体发展的概括性描述之中。

N. Lund, 'King Edgar and the Danelaw', *Medieval Scandinavia*, 9 (1976), 181–95。这篇文章试图在不断变化的政治事件中阐释丹麦区的历史，读起来颇为有趣。

Ordnance Survey Historical Map And Guide, *Viking and Medieval York* (Southampton, 1988)。这本书颇有启发意义，装帧精美。

A. P. Smyth, *Scandinavian York and Dublin: The History and Archaeology of Two Related Kingdoms* (2 vols, Dublin, 1975-1979)。这本书在该主题的概念上比较重要，但是在其他方面存有争议。

埃塞尔雷德统治时期（978—1016年）的维京袭击

D. Scragg (ed.), *The Battle of Maldon*, Ad 991 (Oxford, 1991)。这本书纪念马尔登战役的方方面面，同时收录了著名的古英语诗歌原文和译文。

第四章 爱尔兰、威尔士、马恩岛和赫布里底群岛

Bo Almqvist和David Greene (eds), *Proceedings of the Seventh Viking Congress* (Dublin, 1976)。这本书收录了D. Greene、L. de Paor、Magne Oftedal、J. Graham-Campbell和其他专家在语言、历史、地名、艺术和考古方面的评论性文章。

John Bradley, 'The Interpretation of Scandinavian Settlement in Ireland', in John Bradley (ed.), *Settlement and Society in Medieval Ireland* (Kilkenny, 1988), 49–78。这是一篇富于启发性的重要概述。

B. G. Charles, *Old Norse Relations with Wales* (Cardiff, 1934)。这本书非常详细，如果写上日期的话就更好了。

Howard Clarke (ed.), *Medieval Dublin: The Making of a Metropolis* (Dublin, 1990)。这本书再版了H. B. Clarke、P. E. Wallace、E. Curtis、B. Ó Ríordáin和A. Simms关于维京时代都柏林的重要文章。

Barbara E. Crawford, *Scandinavian Scotland* (Leicester, 1987)。这本书对苏格兰–维京关系进行了非常好的概述。

Wendy Davies, *Wales in the Early Middle Ages* (Leicester, 1982)。这本书在威尔士整体历史的背景下进行了简洁的批判性讨论。

A. J. Goedheer, *Irish and Norse Traditions about the Battle of Clontarf*

(Haarlem, 1938)。这本书对历史上和文献中的克隆塔夫进行了重要研究。

Françoise Henry, *Irish Art during the Viking Invasions* (800–1020AD) (London, 1967)。这本书对爱尔兰艺术进行了经典描述。现在增加了一些时间标注。

Poul. Holm, 'The Slave Trade of Dublin: Ninth to Twelfth Centuries', *Peritia*, 6 (1986), 317–45。这篇文章运用大量文献对这个重要话题进行了讨论。

A. T. Lucas, 'Irish Norse Relations: Time for a Reappraisal', *Journal of the Cork Historical and Archaeological Society*, 71 (1966), 62–75。这篇文章标志着重新评价维京–爱尔兰交往的重要阶段。

Carl. Marstrander, *Bidrag til norske sprogs historie i Irland* (Kristiania [Oslo], 1915)。这是一位真正伟大的语文学家对于语言关系的经典描述。

D. Ó Corráin, *Ireland before the Normans* (Dublin, 1972)。这本书在爱尔兰整体历史的背景下对维京时代进行了概述。现在增加了一些日期标注。

D. Ó Corráin, 'High–kings, Vikings and Other Kings', *Irish Historical Studies*, 21 (1979), 283–323。

E. Rynne (ed.), *North Munster Studies* (Limerick, 1967)。这些文章研究了维京人对修道院的袭击和戴尔·凯斯家族的兴起。

Haakon Shetelig, *Viking Antiquities in Great Britain and Ireland* (6 parts, Oslo, 1940–54)。现在随着一些重大基础考古的发现而进行了时间标注。

A. P. Smyth, *Scandinavian York and Dublin* (2 vols, Dublin 1975–1979)。这本书是关于维京–爱尔兰一个最重要方面的重大研究。

J. Todd (ed.), *Coghadh Caedhel re Gallaibh: The War of the Gaedhil with the Gael* (London, 1867)。这部作品曾影响了几个世纪爱尔兰人对维京人的认知，现在依然如此。

E. Wamers, *Insularer Metallschmuck in wikingerzeitlichen Gräber Nordeuropas* (Neumünster, 1985), and briefly 'Some Ecclesiastical and Secular Insular Metalwork found in Norwegian Viking Graves', *Peritia*, 2 (1983), 277–306。这本书对于在斯

堪的纳维亚找到的袭击获利品进行了权威讨论。

第五章 大西洋诸岛

Colleen E. Batey, Judith Jesch和Christopher D. Morris (eds), *The Viking Age in Caithness, Orkney and the North Atlantic: Select Papers from the Proceedings of the Eleventh Viking Congress... 1989* (Edinburgh, 1993)。这本书包括了关于法罗群岛的几篇文章。

The Book of Settlements: Landnámabók, trans. Hermann Pálsson and Paul Edwards (Winnipeg, 1972)。这本书是Sturlubók版本的译著。

Jesse L. Byock, *Medieval Iceland: Society, Sagas and Power* (Berkeley and Los Angeles, 1988)。

Jón Jóhannesson, *A History of the Old Icelandic Commonwealth: Islendinga Saga,* trans. Haraldur Bessason (Winnipeg, 1974)。

Gwyn Jones, *The Norse Atlantic Saga*, (2nd edn, Oxford, 1986)。这本书收录了几份冰岛语文本的译文，包括了《冰岛人之书》。本书还对兰塞奥兹牧草地进行了描述。

Kund J. Krogh, *Viking Greenland* (Copenhagen, 1967)。

Laws of Early Iceland—Grágás: The Codex Regius of Grágás with Material from Other Manuscripts, i, trans. Andrew Dennis, Peter Foote, and Richard Perkins (Winnipeg, 1980)。

Orkneyinga Saga: The History of the Earls of Orkeny, trans. Hermann Pálsson and Paul Edwards (Harmondsworth, 1981)。

Dag Strömbäck, *The Conversion of Iceland: A Survey*, trans. Peter Foote (London, 1975)。

Preben Meulengracht Sørensen, *Saga and Society: An Introduction to Old*

Norse Literature, trans. John Tucker (Odense, 1993)。这是1977年丹麦出版作品的译著。

第六章　俄罗斯欧洲部分的斯堪的纳维亚人

Björn Ambrosiani和Helen Clarke (eds), *The Twelfth Viking Congress: Developments around the Baltic and the North Sea in the Viking Age* (Stockholm, 1994)。这本书包括了Thomas S. Noonan关于斯堪的纳维亚和东欧之间往来的硬币证据的一篇文章。

M. Brisbein (ed.), *The Archaeology of Novgorod, Russia: Recent Result from the Town and its Hinterland* (Lincoln, 1992)。这本书包括了E. N. Nosov一篇关于留里科沃戈罗季谢的很好研究。

Johan Calimer, 'The Archaeology of Kiev to the End of the Earliest Urban Phase', *Harvard Ukrainian Studies*, 11 (1987), 323–353。这篇文章揭示了基辅的兴起和斯堪的纳维亚人在基辅早期历史中的作用。

Constantine Porphyrogenitos, De Administrando Imperio, ed. *Gy. Moravcsik*, trans. R. J. H. Jenkins (Budapest, 1949)。这部作品（第九章）描述了罗斯商人从基辅到君士坦丁堡的行程。

H. R. Ellis Davidson, *The Viking Road to Byzantium* (London, 1976)。这本书是众多关于"东部维京人"的一般性读物之一。

Simon Franklin和Jonathan Shepard, *The Emergence of Rus, 750–1200* (London and New York, 1996)。这本书对俄罗斯欧洲部分的中世纪早期历史进行了精彩的介绍，重点关注了斯堪的纳维亚人、罗斯人、伏尔加-保加尔人和维京时代的其他重要民族。

Norman Glob和Omeljan Pritsak, *Khazarian Hebrew Documents of the Tenth Century* (Ithaca, New York, 1982)。这本书分析了可萨的书面材料所展

示的罗斯国。

Hermann Pálsson和Paul Edwards (trans.), *Vikings in Russia: Yngvar's Saga and Eymund's Saga* (Edingburgh, 1989)。这些文本说明了为什么许多学者非常重视萨迦在研究俄罗斯的斯堪的纳维亚人信息资料中的价值。

The Russian Primary Chronicle: Laurentian Text, ed. and trans. Samuel H. Cross and Olgerd P. Sherbowitz–Weltzor (Cambridge, Mass., 1953)。这是研究早期俄罗斯的斯堪的纳维亚人最基础的文本，其介绍和注释提供了非常有价值的背景。

K. R. Schmidt (ed.), *Varangian Problems* (Copenhagen, 1970)。这本重要的论文集收集了几篇关于俄罗斯的斯堪的纳维亚人的启发性研究。

Anne Stalsberg, 'The Scandinavian Viking Age Finds in Rus: Overview and Analysis', *Bericht der Römisch–Germanischen Kommission*, 69 (1988), 448–471。这篇文章介绍了在俄罗斯欧洲部分发现的斯堪的纳维亚物品和它们的重要性。

Alexander A. Vasiliev, *The Russian Attack on Constantinople in 860* (Cambridge, Mass., 1946)。这本书详细研究了黑海地区最早的斯堪的纳维亚人活动。

第七章　丹麦帝国和维京时代的结束

Janet Cooper (ed.), *The Battle of Maldon: Fiction and Fact* (London, 1993)。这本论文集收录了一次千年会议的论文。

Encomium Emmae Reginae, ed. *Alistair Campbell* (Royal Historical Society, London, 1949)。这本书包括了文本和译文，并对它的历史价值进行了最有益的详细讨论。

Simon Keynes, *The Diplomas of King Æthelred 'the Unready' 978–1016:*

A Study of their Use as Historical Evidence (Cambridge, 1980)。这是关于埃塞尔雷德统治时期的基础研究。

Sten Körner, *The Battle of Hastings, England and Europe 1035–1066* (Lund, 1964)。

M. K. Lawson, *Cnut: The Danes in England in the Early Eleventh Century* (London and New York, 1993)。这是对克努特大帝的新研究，虽然研究有一些不均衡，但比较有帮助。

Niels Lund, 'Scandinavia, c. 700–1066', in *The New Cambridge Medieval History, ii, ed.* Rosamund McKitterick (Cambridge, 1995), 202–227。这篇论文描述了斯堪的纳维亚的政治事件。

J. Niles和M. Amodio (eds), *Anglo-Scandinavian England: Norse-English Relations in the Period before the Conquest* (Lanham, New York and London, 1989)。这本论文集收录了讨论维京时代末期盎格鲁–斯堪的纳维亚关系的文章。

Alexander R. Rumble (ed.), *The Reign of Cnut, King of England, Denmark and Norway* (London, 1994)。这本书收录了关于克努特大帝统治时期各方面的文章。

Birgit Sawyer, Peter Sawyer和Ian Wood, *The Christianization of Scandinavia* (London, 1987)。这是一份1985年召开的该话题研讨会报告。

D. G. Scragg (ed.), *The Battle of Maldon AD 991* (Oxford, 1991)。这期论文集收录了这首诗及其译文，以及对它的历史及文学背景的研究文章。

Pauline Stafford, *Unification and Conquest: A Political and Social History of England in the Tenth and Eleventh Centuries* (London, 1989)。这个研究思考缜密，富有启发意义。

第八章　船和航海术

Niels Bonde and Arne Emil Christensen, 'Dendrochronological Dating of Three Viking Age Ship Burials at Oseberg, Gokstad and Tune, Norway', *Antiquity*, 67 (1993), 575–583。

Niels Bonde and Ole Crumlin–Pedersen, 'The Dating of Wreck 2 from Skuldelev, Denmark', *Newswarp*, 7 (1990), 3–6。

A. W. Brøgger和Haakon Shetelig, *The Viking Ships: Their Ancestry and Evolution* (Oslo, 1951)。尽管该书稍有一些过时，但依然是关于挪威船只发现的最重要英语专著。

Ole Crumlin–Pedersen (ed.), *Aspects of Maritime Scandinavia AD200–1200: Proceedings of the Nordic Seminar on Maritime Aspects of Archaeology, Roskilde, 13th–15th March 1989* (Roskilde, 1991)。这些文章强调了维京时代前和维京时代内斯堪的纳维亚人航海和适应海上环境的不同方面。

Ole Crumlin–Pedersen和Birgitte Munche (eds), *The Ship as Symbol in Prehistoric and Medieval Scandinavia* (Copenhagen, 1995)。宗教历史学家和海上考古学家讨论了从青铜器时代到中世纪船只在斯堪的纳维亚宗教信仰中的作用。

Ole Crumlin–Pedersen和Max Vinner (eds), *Sailing into the Past: The International Ship Replica Seminar, Roskilde 1984* (Roskilde, 1987)。尽管这本书可能不是最新的，但依然很有价值。它介绍了快速扩展的船只考古试验领域。

Detlev Ellmers, *Frühmittelalterliche Handelsschiffahrt in Nord–und Mitteleuropa* (Neumüster, 1972)。这本书包括了北欧的维京时代及相邻几个世纪的最全船只发现目录，也包括了一些重要但也有争议的关于这几个世纪停泊地址和贸易发展的各种理论。

Niels Lund (ed.), *Two Voyagers at the Court of King Alfred: The Ventures of Ohthere and Wulfstan together with the Description of Northern Europe form the Old English Orosius* (York, 1984)。收录的文章精彩地翻译并评论了欧特勒（Ohthere）和伍尔夫斯坦的旅行记录，让读者深入了解有关维京航海的两部最重要作品。

Michael Müller-Wille, *Bestattung im Boot: Studien zu einer Nordeuropaischen Grabsitte* (Neumüster, 1970)。尽管已经有250年历史了，这部作品依然是有关斯堪的纳维亚船葬习俗的最权威研究。它全面地列出了船葬坟墓和相关墓碑类型的目录。它的压缩版在*International Journal of Nautical Archaeology and Underwater Exploration*, 3, 187-204。

Olaf Olsen和Ole Crumlin-Pedersen, 'The Skuldelev Ships, *Acta Archaeologica*, 38 (1968)。这本书提供了丹麦斯库勒莱乌发现的五艘维京时代晚期船只初步但详细的报告。

第九章 新旧宗教

Erik Moltke, *Runes and their Origin: Denmark and Elsewhere*, trans. Peter Foote (Copenhagen, 1986)。

Sven B. F. Jansson, *Runes in Sweden,* trans. Peter Foote (2nd edn, Stockholm, 1987)。这两部作品对斯堪的纳维亚的如尼铭文证据做了很好的介绍。

Jónas Kristjánsson, *Eddas and Sagas: Iceland's Medieval Literature*, trans. Peter Foote (reykjavík, 1988)。这是古斯堪的纳维亚语文学的历史传统。

Margaret Clunies Ross, *Prolonged Echoes: Old Norse Myth in Medieval Norse Society, i: The Myths* (Odense, 1993)。这本书运用了社会学和考古学的方法。

Gro Steinsland, *Det hellige bryllup og norrøn kongeideologi* (Oslo, 1991)。

这本书将神话放在社会背景下进行了详细分析，包括下面这个命题：国王是神族和巨人的后代。

Gro Steinsland和Preben Meulengracht Sørensen, *Mennesker og makter i Vikingenes verden* (Oslo, 1993)。这本书对维京社会、宗教、文化和艺术做了概述。

Preben Meulengracht Sørensen, *Saga and Society: An Introduction to Old Norse Literature*, trans. John Tucker (Odense, 1993)。这本书强调了该主题的社会学方面。

E. O. G. Turville–Peter, *Myth and Religion of the North: The Religion of Ancient Scandinavia* (2nd edn, Greenwich, Conn., 1977)。这是一本综合性的传统作品。

E. O. G. Turville–Peter, *Scaldic Poetry* (Oxford, 1976)。这本书对斯堪的纳维亚诗歌进行了很好的介绍。

第十章　历史上和传奇中的维京人

Sverre Bagge, *Society and Politics in Snorri Sturluson's Heimskringla* (Berkeley and Los Angeles, 1991)。这是关于斯诺里史学的最新作品。

Thor J. Beck, *Northern Antiquities in French Learning and Literature* (1755–1855): A Study in Pre–Romantic Ideas (2 vols, New York, 1934)。

Anton Blanck, *Den nordiska renässensen i sjuttonhundratalets litteratur: En undersökning av den 'götiska' poesiens allmänna och inhemska förutsättningar* (Stockholm, 1911)。这是一部瑞典语经典作品，关于18世纪斯堪的纳维亚语文学的发现。

Úlfar Bragason (ed.), *Wagner's Ring and its Icelandic Sources* (Reykjavík, 1995)。这部作品收录了关于瓦格纳和19世纪其他德国艺术家作品中如何

运用古斯堪的纳维亚神话的文章。

Frank Edgar Farley, *Scandinavian Influences in the English Romantic Movement* (Boston, 1903).

Bo Grandien, *Rönndruvans glöd: Nygöticistiskt i tanke, konst och miljö under 1800-talet* (Uddevalla, 1987)。这本书精彩地概述了19世纪斯堪的纳维亚艺术中的古斯堪的纳维亚主题和"维京"动机。

Kurt Johannesson, *Gotisk renässens: Johannes och Olaus Magnus som politiker och historiker* (Stockholm, 1982)。这本书有关16世纪哥特史学的起源。

Ingemar Karlsson和Arne Ruth, *Samhället som teater: Estetik och politik i Tredje riket* (Stockholm, 1983)。这本书用瑞典语写成，对纳粹美学和它对维京象征的运用进行了精彩的讨论。

Johan Mjöberg, 'Romanticism and Revival', in *The Northern World*, ed. David M. Wilson (London, 1980), 207-238。

Johan Nordström, *De yverbornes ö* (Stockholm, 1934)。这本书是对17世纪瑞典民族主义史学的经典研究。

Margaret Omberg, *Scandinavian Themes in English Poetry*, 1760-1800 (Uppsala, 1976)。

Stefanie von Schnurbein, *Religion als Kulturkritik: Neugermanisches Heidentum im 20 Jahrhundert* (Heidelberg, 1993)。这篇论文研究了崇拜维京人和古斯堪的纳维亚众神的现代原教旨主义者，极有吸引力。

Else Roesdahl和Preben Meulengracht Sørensen (eds), *The Waking of Angantyr: The Scandinavian Past in European Culture* (Århus, 1996)。这本书收录了来自几个国家和不同学科的学者关于西欧的维京文化遗产和古斯堪的纳维亚语研究的文章。

Erica Simon, *Réveil national et culture populaire en Scandinavie: La génèse de la höjskole nordique 1844-1878* (Uppsala, 1960)。这篇论文全面地研究了格伦特维民众高中的兴起，以及它如何运用古斯堪的纳维亚维京象征。

Erik Wahlgren, *The Kensington Stone: A mystery Solved* (Minneapolis, 1958)。这本书有趣地描述了斯堪的纳维亚裔美国人的爱国主义社会环境是如何制造类似世纪之交臭名昭著的肯辛顿石碑之类的"维京"赝品。

Andrew Wawn (ed.), *Northern Antiquity: The Post-Medieval Reception of Edda and Saga* (Enfield Lock, Middlesex, 1994)。这本书收录了英国和斯堪的纳维亚学者的文学文章。

第十一章 维京遗产

Birgit和Peter Sawyer, *Medieval Scandinavia: From Conversion to Reformation c. 800–1500* (Minneapolis and London, 1993)。这本书讨论了维京时代斯堪的纳维亚人和欧洲人之间或敌对或和睦的交往给斯堪的纳维亚带来的主要变化。

大事年表

约705年	里伯建立
约710年	基督教传教士威利布罗德试图使丹麦人皈依基督教，未能成功
737年	在更早的防御工事线上修建了丹内维尔克的中心部分，以控制通往日德兰的陆上交通
约750年	建立比尔卡和旧拉多加
792年	肯特的教堂被迫参与抵御"异教徒"
793年	6月8日维京人洗劫林迪斯法恩修道院
795年	维京人袭击斯凯岛、艾奥纳岛和拉斯林岛
799年	维京人攻击努瓦尔穆捷岛上的圣菲利伯特修道院
800年	查理大帝组织沿海地区抵抗塞纳河口以北的海盗
802年	西撒克逊国王贝奥赫特里克去世。他统治时期内（786—802年）发生了第一次有记载的对威克塞斯的袭击 艾奥纳岛被烧毁
804年	法兰克王国完成对萨克森的征服；利明奇女修女院在坎特伯雷得到一处避难所
806年	68名艾奥纳岛宗教团体成员被杀
808年	丹麦人的国王戈德弗雷德强迫阿博德里特人纳贡，毁掉雷里克（阿博德里特地区的贸易中心），将商人转移到海泽比。戈德弗雷德命令扩大丹内维尔克以保护新的贸易地

810年	一支大型舰队攻击弗里西亚，强收贡品 戈德弗雷德被刺杀，他的侄子赫明继位，赫明与法兰克人讲和
812年	国王赫明去世。经过激烈的斗争，他的同族哈拉尔和雷金弗雷德成为共治国王。他们同法兰克人确认和平共处
813年	哈拉尔和雷金弗雷德入侵韦特福尔，试图收复丹麦的领主地位，被戈德弗雷德的儿子们驱逐
814年	查理大帝去世，他的儿子"虔诚者"路易继位 当雷金弗雷德与哈拉尔试图重新获得权力未果时，雷金弗雷德被杀
815年	法兰克人试图恢复哈拉尔的丹麦国王地位，以失败告终
819年	哈拉尔被戈德弗雷德的两个儿子立为共治国王
819—836年	圣菲利伯特修道院的僧侣每年夏季从努瓦尔穆捷岛撤退
820年	一支拥有13艘船只的舰队在佛兰德斯和普瓦图西部被击退，但是在阿基坦地区获得战利品
约820年	建造奥斯伯格船
822年或833年	教皇帕斯卡一世任命埃博为兰斯大主教，令其在"北部地区"传播福音
823年	埃博大主教率领使团前去使丹麦人皈依 丹麦国王哈拉尔请求法兰克帮助对抗戈德弗雷德的儿子们
826年	哈拉尔及其妻子在美因茨接受洗礼，"虔诚者"路易作为引领人。哈拉尔由安斯卡尔陪同返回丹麦，安斯卡尔的使命是加强哈拉尔的忠诚并在丹麦人中传播福音
827年	哈拉尔被逐出丹麦
829—831年	安斯卡尔首次前往比尔卡宣教
832年	安斯卡尔被祝圣为新建的汉堡教区的主教，后来教皇把这个教区改为大主教区
833年	"虔诚者"路易被儿子们夺去政权，大儿子罗退尔怂恿流亡国王哈拉尔攻击弗里西亚
834年	路易重夺政权，但是罗退尔继续与之作对
834—837年	杜里斯特每年都遭到袭击

835年	泰晤士河口的谢佩岛遭到袭击
836年	西撒克逊人在萨默塞特郡的卡汉普顿被维京人击败 袭击延伸到爱尔兰内陆 圣菲利伯特修道院的僧侣放弃努瓦尔穆捷岛，在欧洲大陆寻找永久避难所，最终于875年在勃艮第的图尔尼安顿下来
837年	大型舰队抵达爱尔兰的博因河和利菲河
839年	拜占庭皇帝派遣被称为"罗斯人"的斯韦尔人前往"虔诚者"路易的宫廷 内伊湖上的舰队洗劫了周围地区 维京人攻击皮克特人
840年	"虔诚者"路易死后法兰克发生内战 一支维京舰队在爱尔兰的内伊湖过冬
841年	罗退尔将瓦尔切伦封给"海盗哈拉尔"，作为帮助反对"虔诚者"路易的奖赏 塞纳河谷被袭击 一支舰队在都柏林过冬
842年	昆都维克和哈姆维克被洗劫 第一次有记载的维京人–爱尔兰人联盟
843年	南特被洗劫 路易的儿子们同意将帝国--分为三，最小的儿子"秃头"查理统治西部王国
844年	图卢兹、加利西亚和安达卢斯遭到袭击 里湖上的一支舰队洗劫了爱尔兰中部地区的修道院
845年	支付7000镑白银阻止巴黎被烧 汉堡被一支丹麦舰队洗劫 异教徒的反抗使传教士放弃比尔卡
845—848年	爱尔兰国王们数次击败维京人
848年	波尔多在长期围困后被维京人攻占
848年或849年	不来梅教区交给安斯卡尔，连同汉堡一起由其管理
849年	佩里格遭到抢劫 一支新舰队抵达爱尔兰

约850年	丹麦的国王霍里克允许安斯卡尔在石勒苏益格或海泽比和里伯修建教堂
851年	一支维京舰队在萨尼特岛过冬 坎特伯雷和伦敦遭到维京人突袭，之后维京人在阿克莱亚战斗中被西撒克逊人击败 丹麦人向爱尔兰的挪威人挑衅
852年	维京人在塞纳河谷过冬 开始袭击威尔士沿海地区 安斯卡尔返回比尔卡继续履行使命
853年	维京人在卢瓦河过冬 图尔的圣马丁修道院遭到攻击 爱尔兰的维京人向莱斯林王国国王的儿子奥拉夫投降，爱尔兰人向他纳贡
854年	霍里克一世在同那些返回的维京人的战斗中战死，同族的霍里克二世继位
859年	一支丹麦舰队进入地中海，攻击了非洲北部的纳库尔 在法兰克南部海岸的卡马格建立了一个维京基地 一支维京舰队活跃在索姆河谷 一般认为这是瓦兰吉人从俄罗斯西北部勒索贡品的时间
860年	索姆河上的维京人攻击温切斯特，然后返回法兰克 罗斯人攻击君士坦丁堡
862年	一般认为这是芬兰人和斯拉夫人邀请留里克和罗斯人来统治他们的时间
862—866年	蓬德拉尔什建造了防御的桥梁，以阻止维京船只抵达巴黎
864年	霍里克二世给教皇尼古拉一世赠送礼物
865年	弗勒里的圣贝诺特修道院遭到袭击 驻扎在卢瓦河上的维京人烧毁了普瓦提埃 一支"庞大军队"的第一批人在东盎格利亚登陆，迫使东盎格利亚人讲和，也就是纳贡 安斯卡尔去世，由林贝特接替大主教之职
866年	"庞大军队"占领了约克 卢瓦河出发的维京人与布列塔尼人结盟，洗劫了勒芒 维京人被赶出爱尔兰北部，以及南部约尔的基地 来自爱尔兰和苏格兰的维京人向皮特克人勒索贡品

867年	诺森布里亚的国王奥斯伯特和他的对手埃伊拉联军试图收复约克，但是未能成功，两人皆战死。维京人离开约克前往诺丁汉过冬，留下一位当地人埃格伯特作为附属国国王来统治诺森布里亚
868年	在西撒克逊人的支持下，麦西亚人包围诺丁汉，但是被迫"讲和"，维京人返回约克过冬
869年	这支"庞大军队"返回东盎格利亚。国王埃德蒙进行抵抗，但是在11月20日战败被杀 奥拉夫洗劫阿马
870年	都柏林的维京人攻占了斯特拉思克莱德首都邓巴顿
约870年	斯堪的纳维亚人开始在冰岛定居
871年	这支"庞大军队"企图征服威塞克斯。在国王埃塞尔雷德及其弟弟阿尔弗雷德的领导下，西撒克逊人成功地阻止了这一企图，但是被迫"讲和"。埃塞尔雷德在4月去世，阿尔弗雷德继位
871—874年	这支"庞大军队"成功地在伦敦、托克西和雷普顿过冬
873年	"秃头"查理包围了占领昂热的维京人，迫使他们投降并离开 "爱尔兰和不列颠的所有斯堪的纳维亚人的国王"（即赫布里底群岛、苏格兰和斯特拉思克莱德）伊瓦尔去世
874年	将麦西亚国王伯雷德驱逐并扶植西奥沃尔夫上位后，这支"庞大军队"分裂。一部分在哈夫丹的率领下返回诺森布里亚，在泰恩河谷过冬，另一部分在三位国王的率领下前往剑桥并在那里过冬
875年	剑桥的维京人入侵威塞克斯，成功占领了维勒姆（Wareham）和埃克塞特（Exeter），但是同阿尔弗雷德讲和，第一次交出人质
877年	维京人从威塞克斯撤退，在格洛斯特过冬。他们占领了麦西亚东北部，并且开始在那里定居。西奥沃尔夫依然是从威尔士边境到伦敦的"英格兰人的"麦西亚国王
878年	在古斯鲁姆率领下，维京人入侵威塞克斯，但是取得最初几次胜利后在埃丁顿被阿尔弗雷德击败。古斯雷姆和他的主要伙伴接受了洗礼，向赛伦塞斯特撤退 一支新的大军在泰晤士河上的富勒姆集结 维京人在达费德过冬

879年	在富勒姆过冬的军队渡过海峡在默兹河-莱茵河下游一带地区作战；古斯鲁姆军队前往东盎格利亚，并开始在那里过冬；在890年古斯鲁姆去世之前，作为东盎格利亚国王，他与阿尔弗雷德达成协议，确定下英格兰人和丹麦人领土的界线
约879年	在俄罗斯的留里克去世，奥列格继位
880年	西法兰克人在蒂梅翁大败维京人；维京幸存者加强了奈梅亨的防御工事，并在那里过冬
约880年	奥列格控制基辅
881年	列日、乌得勒支、亚琛和包括科隆在内的莱茵河谷许多地方遭到蹂躏
882年	法兰克人包围了默兹河上阿塞尔特防御工事内的维京人，但是国王"胖子"查理同意向他们支付贡品，并且将弗里西亚分封给戈德弗雷德 西格弗雷德继续在法兰克西部作战
885年	戈德弗雷德被法兰克人设计谋杀；军队分裂，一部分返回英格兰，试图围困罗切斯特，未能成功；另一部分在西格弗雷德的率领下试图围困巴黎，亦未能成功
886—888年	维京人经过巴黎，在西法兰克中部作战两年，围困桑斯，袭击了包括特鲁瓦、凡尔登和图勒在内的许多地方
890年	布列塔尼人在圣洛打败塞纳河谷的维京人
约890年	在丹麦，已有的王室被奥拉夫取代，至少在日德兰半岛南部是如此。奥拉夫可能是归来的流亡者，后来他的儿子和孙子继位
892年	某舰队在鲁汶附近的戴尔河被击败，余部穿过布洛涅到达英格兰。之后不久由黑斯廷率领卢瓦河上的一支舰队到达泰晤士河口
893—896年	维京人试图占领整个英格兰，未能成功
895—900年	建造科克斯塔德船
896年	英格兰的维京人解散，一些人在英格兰定居，其他人返回法兰克； 伊瓦尔的儿子西特里克在都柏林维京人的派系争端中被杀
899年	阿尔弗雷德去世，他的儿子"长者"爱德华继位

约900年	"金发王"哈拉尔赢得哈夫斯峡湾之战,将政权扩展到挪威
902年	维京人被逐出都柏林
910年	在英格兰东部定居的丹麦人袭击麦西亚,但是在泰滕豪战役中大败
911年	由罗洛率领的维京人袭击塞纳河谷,在沙特尔被打败,但是被允许占领鲁昂和塞纳河下游河谷地区来协助法兰克的防御
912—920年	西撒克逊人和麦西亚人夺回被亨伯河南面的丹麦人占领的大部分领土
约913—945年	伊戈尔任基辅大公
914年	伊瓦尔的孙子拉格纳尔德在泰恩河的科布里奇击败英格兰人和苏格兰人 布列塔尼的维京人在沃特福德建立基地
约915年	在丹麦,奥拉夫的孙子被另一个归来的流亡者替代,这个流亡者的儿子和继承者是老高姆
917年	拉格纳尔德的舰队抵达沃特福德,他的同族人西特里克控制都柏林
917—1042年	伊瓦尔的后代控制都柏林,直至1042年,但在994年之后的大部分时间都受制于爱尔兰国王
918年	拉格纳尔德离开爱尔兰,洗劫了苏格兰的邓布兰,并在泰恩河再次打败英格兰人和苏格兰人
919年	拉格纳尔德征服约克,在那里被立为国王
919—约950年	拉格纳尔德的本族人断断续续担任约克国王,尽管很少有人能够长期独立。大部分人向英格兰国王投降,并且被英格兰国王驱逐
920年	拉格纳尔德向"长者"爱德华投降后不久去世,都柏林的西特里克在约克继位
约920年	有关诺夫哥罗德的最早考古证据所存年代
921年	允许维京人在南特附近一带定居
924年	"长者"爱德华去世,埃塞尔斯坦继位
927年	西特里克娶了埃塞尔斯坦的妹妹

926年	西特里克去世；埃塞尔斯坦将西特里克的兄弟戈德弗里德驱逐后开始直接控制约克王国
930年	冰岛设立阿尔庭
约931年	挪威国王"金发王"哈拉尔去世，他的儿子"血斧"埃里克继位
约934年	"血斧"埃里克被废黜，他的弟弟、英格兰国王埃塞尔斯坦的养子"善良王"哈康继位
934年	奥拉夫·古特夫里特松继承父亲古特夫里特的都柏林国王之位
936年	汉堡-不来梅大主教乌尼在比尔卡去世
937年	奥拉夫·古特夫里特松征服利默里克，领导了反对埃塞尔斯坦的同盟，但是在布鲁南博尔被打败
939年	埃塞尔斯坦去世，埃德蒙继位 奥拉夫·古特夫里特松返回诺森布里亚
941年	埃德蒙将惠特灵大道以北领土割让给奥拉夫·古特夫里特松，同年奥拉夫·古特夫里特松去世，西特里克的儿子奥拉夫·西特克里松继位
942年	埃德蒙收复被奥拉夫·古特夫里特松侵占的亨伯河以南领土
944年	爱尔兰人洗劫都柏林
945年	埃德蒙统治约克王国
948年	石勒苏益格、里伯和奥胡斯主教接受祝圣，成为汉堡-不来梅大主教的附属主教
954年	"血斧"埃里克短暂作为约克国王后被驱逐，之后被杀
958年	丹麦的国王老高姆去世，被葬在耶灵，他的儿子"蓝牙王"哈拉尔继位
961年	对威尔士的袭击开始变得频繁，直到11世纪中期
约961年	"善良王"哈康被"血斧"埃里克的儿子们打败后去世
962年	冰岛分裂为几个"大区"
964—971年	斯维亚托斯拉夫任基辅大公
约965年	"蓝牙王"哈拉尔皈依基督教

约970年	"蓝牙王"哈拉尔粉碎一次叛乱后,挪威以丹麦国王为领主,由拉德酉伯爵哈康统治
974年	丹麦人被日耳曼人打败,失去日德兰半岛南部的一些土地
约975年	建立锡格蒂纳
978—1015年	弗拉基米尔任基辅大公
980年	相隔较长时间之后,维京人开始再次袭击英格兰 都柏林人在塔拉被南乌伊尼尔国王梅尔·塞赫纳尔二世打败,梅尔·塞赫纳尔二世成为都柏林的领主 奥拉夫·西特里克松退居到艾奥纳岛,981年死于那里
约980年	修建特瑞堡和丹麦的其他环形堡垒
983年	丹麦人收复了974年日耳曼人占领的土地
约985年	开始在格陵兰岛定居
986年或987年	"蓝牙王"哈拉尔在一次反对他的叛乱中受伤而死,他的儿子"八字胡"斯文继位
988年	弗拉基米尔派遣瓦兰吉人前去帮助拜占庭皇帝
989年	"白胡子"西特里克成为梅尔·塞赫纳尔二世领导下的都柏林国王 弗拉基米尔皈依基督教
约990年	建造克拉斯塔德船
991年	维京人攻击东盎格利亚,在马尔登击败英格兰人,获得1万镑
约993年	奥洛夫·斯科特科农继承父亲王位成为斯韦尔国王
994年	"八字胡"斯文、奥拉夫一世和其他人率领的一支舰队围困伦敦,迫使英格兰人缴纳1.6万镑贡金 维京人袭击易北河谷,俘获几位显赫人物,包括斯塔德伯爵
995年	奥拉夫一世同英格兰国王埃塞尔雷德结盟,接受坚信礼,埃塞尔雷德作为引领人。之后他返回挪威,挑战丹麦的领主地位
997年	梅尔·塞赫纳尔二世和布里安·博拉马将爱尔兰一分为二,布里安成为都柏林领主
997—1002年	每一年都会袭击英格兰,导致后者支付2.4万镑贡金

999年	都柏林人叛乱，布里安和梅尔·塞赫纳尔二世在格伦马马将他们镇压 西特里克在布里安的领导下继续保留都柏林的王位 维京袭击者杀死圣大卫大教堂主教
1000年	冰岛的阿尔庭接受基督教 奥拉夫一世在斯沃尔德岛之战中被"八字胡"斯文杀死，斯文因此在挪威重新树立其丹麦领主地位
约1000年	发现文兰
1002年	埃塞尔雷德下令杀死英格兰境内的所有丹麦人
1003—1005年	"八字胡"斯文在英格兰作战
1006年	一支"庞大舰队"入侵英格兰，1007年获得3.6万镑的贡金
1009年	"高个子"托鲁克尔率领的一支巨大突袭军队开始在英格兰作战。埃塞尔雷德下令进行复杂的宗教仪式祈求上帝的帮助
1012年	"高个子"托鲁克尔得到4.8万镑贡金，并且同意率领45艘船效忠埃塞尔雷德
1013年	"八字胡"斯文入侵英格兰，迫使埃塞尔雷德流亡到诺曼底。斯文被英格兰人立为国王
1014年	2月3日斯文在盖恩斯伯勒去世；埃塞尔雷德恢复王位，迫使斯文的儿子克努特返回丹麦 伦斯特人和都柏林人受到布里安的威胁，他们争取奥克尼群岛、赫布里底群岛和马恩岛的支持，但是4月23日布里安和梅尔·塞赫纳尔二世在克隆塔夫将他们打败，布里安战死 奥拉夫·哈拉尔松陪伴埃塞尔雷德从诺曼底返回途中离开，索取挪威国王之位并挑战丹麦的领主地位
1015年	克努特返回英格兰，开始大范围的征服活动
1016年	埃塞尔雷德去世，他的儿子"铁甲王"埃德蒙继位。埃德蒙在阿桑顿战役中失利之后，克努特和埃德蒙将英格兰分裂。埃德蒙保留威塞克斯。11月30日埃德蒙去世后，克努特被英格兰人确立为国王，他们同意支付8.25万镑贡金
1019年	克努特继承哥哥丹麦国王的王位
约1025年	奥拉夫·哈拉尔松和冰岛人达成协议

1026年	奥拉夫·哈拉尔松和阿农德·雅各布率领的挪威人和斯韦尔人联盟入侵丹麦，在霍利河之战（Holy River）中遭到克努特的顽强抵抗
1027年	克努特访问罗马，参加康拉德二世加冕典礼
1028年	克努特将奥拉夫·哈拉尔松逐出挪威
1029年	雅罗斯拉夫允许奥拉夫·哈拉尔松及其儿子马格努斯在诺夫哥罗德避难
1030年	奥拉夫·哈拉尔松返回挪威，6月30日在斯迪克勒斯塔德被杀；克努特决定派儿子斯文和斯文的母亲艾尔夫吉福去统治挪威，但是这个决定不得人心
1035年	克努特死于温切斯特，他与埃玛的儿子哈德克努特在丹麦继位。奥拉夫·哈拉尔松的儿子马格努斯被立为挪威国王
1037年	克努特与艾尔夫吉福的儿子哈拉尔最终被所有人拥立为英格兰国王
1040年	英格兰国王哈拉尔去世，哈德克努特继位
1042年	哈德克努特去世，埃塞尔雷德的儿子"忏悔者"爱德华继承英格兰王位；挪威人马格努斯被确认为丹麦国王，这使克努特的侄子斯文·埃斯特里德松自称是丹麦国王的企图受挫
1047年	挪威的马格努斯去世，他的叔叔哈拉尔·哈德拉达在挪威继位；斯文·埃斯特里德松继承丹麦国王王位
1052年	伦斯特国王迪尔梅德攻占都柏林
1053年	教皇利奥九世最终将汉堡–不来梅大主教区的权力扩大到不止丹麦和斯韦尔，还包括挪威、冰岛和格陵兰岛
1056—1080年	奥斯莱夫任冰岛第一任主教
约1060年	在都柏林或附近建造斯库勒莱乌二号 丹麦分为几个正式主教区 在西约特兰的斯卡拉建立瑞典第一个正式教区
1066年	"忏悔者"爱德华去世；哈拉尔·哈德拉达声称继位，但是在9月25日的斯坦福桥战役中战死；10月14日哈罗德·戈德温森在黑斯廷斯战役中战死；12月25日诺曼底公爵威廉加冕为英格兰国王

1069年	斯文·埃斯特里德松派遣一支舰队支持英格兰人反抗威廉，但是丹麦人不愿意同威廉对抗 哈拉尔·哈德拉达的儿子奥拉夫·基尔成为挪威唯一的国王
1070年	丹麦舰队离开英格兰
约1070年	挪威塞利亚岛上的尼德罗斯（但很快转到卑尔根）和奥斯陆建立第一批正式教区
1072年	被称为"威尔士、群岛和都柏林之王"的迪尔梅德去世，布里安的孙子塔德巴赫继位。塔德巴赫的儿子穆尔赫塔赫被立为都柏林国王
1073年	维京人攻击圣大卫大教堂，并在1080年和1091年再次攻击
1075年	一支丹麦舰队被派遣到英格兰支持反对威廉的叛乱，但是到达得太迟，只能去洗劫约克
1076年	斯文·埃斯特里德松去世，他的五个儿子轮流继位
约1080年	乌普萨拉的异教仪式终止
1085年	丹麦国王克努特和他的岳父佛兰德斯伯爵罗贝尔筹划入侵英格兰，但是从未实施
1086年	塔德巴赫去世，他的儿子穆尔赫塔赫继位，都柏林继续作为首都 国王克努特在欧登塞被杀死
1098年	挪威国王"赤脚王"马格努斯（1093—1103年在位）第一次到奥克尼群岛、赫布里底群岛和安格尔西岛探险远征。他作为群岛领主的地位得到苏格兰国王的认可
1102—1103年	"赤脚王"马格努斯同穆尔赫塔赫一起过冬，他们在阿尔斯特联合作战，马格努斯战死
1104年	隆德教区被确立为大主教区

激发个人成长

多年以来，千千万万有经验的读者，都会定期查看熊猫君家的最新书目，挑选满足自己成长需求的新书。

读客图书以"激发个人成长"为使命，在以下三个方面为您精选优质图书：

1. 精神成长

熊猫君家精彩绝伦的小说文库和人文类图书，帮助你成为永远充满梦想、勇气和爱的人！

2. 知识结构成长

熊猫君家的历史类、社科类图书，帮助你了解从宇宙诞生、文明演变直至今日世界之形成的方方面面。

3. 工作技能成长

熊猫君家的经管类、家教类图书，指引你更好地工作、更有效率地生活，减少人生中的烦恼。

每一本读客图书都轻松好读，精彩绝伦，充满无穷阅读乐趣！

认准读客熊猫

读客所有图书，在书脊、腰封、封底和前后勒口都有"**读客熊猫**"标志。

两步帮你快速找到读客图书

1. 找读客熊猫

2. 找黑白格子

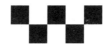

马上扫二维码，关注"**熊猫君**"

和千万读者一起成长吧！